Die Sonderseiten

Neben den ganz normalen Seiten, die du am weißen Hintergrund erkennst, gibt es in deinem Schulbuch verschiedene farbig markierte Sonderseiten.
Wo die Sonderseiten auftauchen, kannst du auch im Inhaltsverzeichnis nachschlagen.

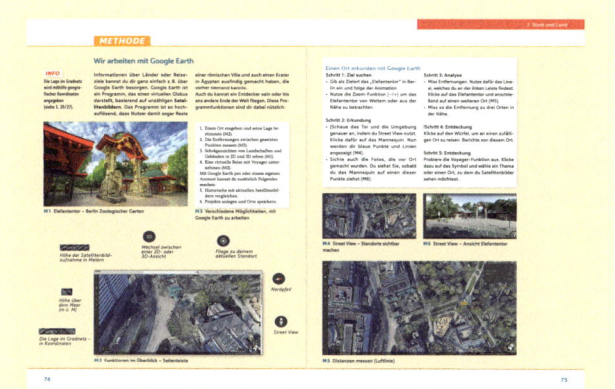

Methoden-Seiten
Auf diesen Seiten lernst du wichtige Arbeitstechniken kennen und wendest sie an. Solche Arbeitstechniken nennt man auch Methoden. Sie helfen dir dabei, eigenständig arbeiten zu können. Manchmal findest du Methoden auch in kleineren Methoden-Kästen.

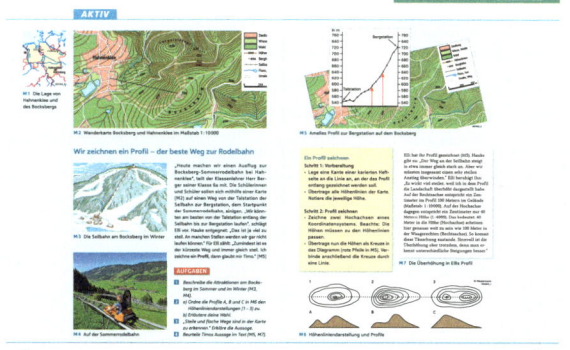

Aktiv-Seiten
Auf diesen Seiten ist Handeln angesagt. Hier wirst du aktiv und gestaltest selbst etwas zu einem Thema, führst einen Versuch durch oder infomierst dich vor Ort über etwas. Neben den Aktiv-Seiten kommen zahlreiche Aktiv-Kästen in deinem Buch vor.

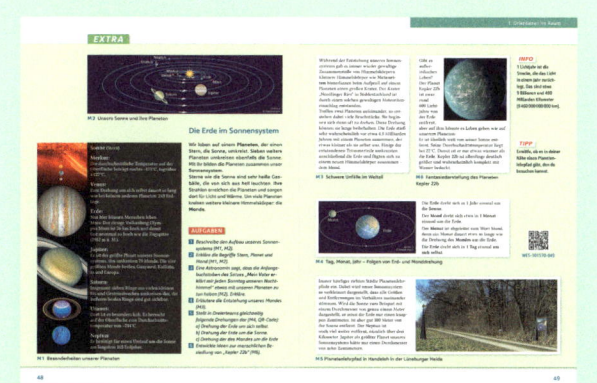

Extra-Seiten
Auf den Spannend-Seiten findest du Inhalte, die ergänzende Informationen zu einem Thema liefern oder Inhalte vertiefen. Wie schon bei den Methoden gibt es im Buch auch kleinere Spannend-Kästen.

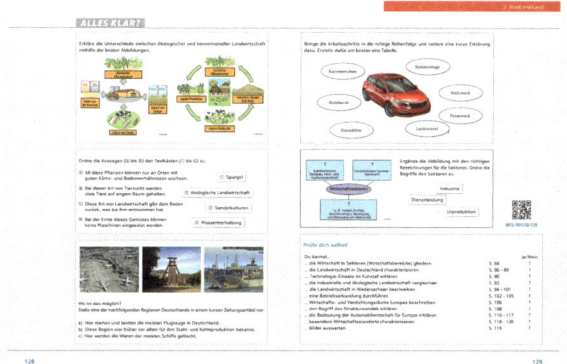

Alles-Klar-Seiten
Am Ende des Kapitels kannst du das vorher gelernte Wissen noch einmal anwenden und überprüfen, ob du alles verstanden hast. Außerdem werden wichtige Grundbegriffe nochmals aufgelistet. Diese solltest du kennen und erklären können.

westermann

Seydlitz 5/6
ERDKUNDE

Gymnasium
Niedersachsen

Autorinnen und Autoren:
Matthias Akkermann
Andreas Bauer
Kirsten Böttcher-Speckels
Frank Gellert
Ina Memenga
Stefan Müller
Anja Niebuhr
Nicole Serafin

Beraterin und Berater:
Anja Niebuhr
Rainer Starke

unter Mitwirkung
der Verlagsredaktion

Coverfotos:
Priele im Watt (oben), Leuchtturm bei Warnemünde (unten)

Mit Beiträgen von:
Reinhold Bok, Kerstin Bräuer, Frank Broder, Patricia Dreizler, Roland Frenzel, Inge Hamm, Dr. Klaus Jägersküpper, Klaus Jebbink, Christian Koch, Eberhard Kolb, Martin Kuhli, Matthias Pahlke, Tammo Rock, Hartmut Rupprecht, Annelie Sartiono, Maria Schlitt, Heiner Schlußnus, Marianne Schmidt, Julia Schreiegg, Rainer Starke, Laura Thurn, Dieter Vorrath, Irmgard Werb, Jens Willhardt

Ernst von Seydlitz-Kurzbach lebte von 1784 bis 1849. Mit der Herausgabe des Lehrbuches „Leitfaden der Geographie" im Jahre 1824 begründete er das traditionsreiche Unterrichtswerk Seydlitz.

westermann GRUPPE

© 2022 Westermann Bildungsmedien Verlag GmbH, Georg-Westermann-Allee 66, 38104 Braunschweig
www.westermann.de

Das Werk und seine Teile sind urheberrechtlich geschützt. Jede Nutzung in anderen als den gesetzlich zugelassenen bzw. vertraglich zugestandenen Fällen bedarf der vorherigen schriftlichen Einwilligung des Verlages. Nähere Informationen zur vertraglich gestatteten Anzahl von Kopien finden Sie auf www.schulbuchkopie.de.
Für Verweise (Links) auf Internet-Adressen gilt folgender Haftungshinweis: Trotz sorgfältiger inhaltlicher Kontrolle wird die Haftung für die Inhalte der externen Seiten ausgeschlossen. Für den Inhalt dieser externen Seiten sind ausschließlich deren Betreiber verantwortlich. Sollten Sie daher auf kostenpflichtige, illegale oder anstößige Inhalte treffen, so bedauern wir dies ausdrücklich und bitten Sie, uns umgehend per E-Mail davon in Kenntnis zu setzen, damit beim Nachdruck der Verweis gelöscht wird.

Druck A[1] / Jahr 2022
Alle Drucke der Serie A sind im Unterricht parallel verwendbar.

Redaktion: Thomas Rahne
Umschlaggestaltung: Visuelle Lebensfreude (Hannover)
Druck und Bindung: Westermann Druck GmbH, Georg-Westermann-Allee 66, 38104 Braunschweig

ISBN 978-3-14-**101570**-6

Inhaltsverzeichnis

Einführung

Arbeiten mit dem Buch 6

1 Orientieren im Raum

Wege finden – Wegbeschreibungen 10
Wir bestimmen Himmelsrichtungen 12
Karten lesen – kein Geheimnis 14
Der Maßstab 16
METHODE Wir arbeiten mit dem Maßstab 17
METHODE Wir werten eine Karte aus 18
AKTIV Wir zeichnen ein Profil – der beste Weg zur Rodelbahn 20
Wir arbeiten mit dem Atlas 22
Die Kugelgestalt der Erde 24
AKTIV Wir beobachten die Erde und den Sternenhimmel 25
Das Gradnetz der Erde 26
AKTIV Geocaching – Schatzsuche mit GPS-Gerät oder Handy 28
Niedersachsen im Überblick 30
Unser Bundesland Niedersachsen 32
METHODE Wir erstellen eine Kartenskizze von Niedersachsen 34
Deutschland – Ein natürliches Quartett 36
Verwaltungseinheiten der Bundesrepublik Deutschland 38
Europa – ein reich gegliederter Kontinent 40
EXTRA Europa – Staatenreichtum und Sprachenvielfalt 42
EXTRA Die Europäische Union – in Vielfalt geeint 44
Kontinente und Ozeane 46
EXTRA Die Erde im Sonnensystem 48
ALLES KLAR? Üben und Anwenden 50

2 Leben und Wirtschaften im ländlichen und städtischen Raum

Die Gründung Lüneburgs an der Ilmenau 54
Städte in Niedersachsen 56
Funktionen einer Stadt – das Beispiel Braunschweig 58
Braunschweig – Stadt und Umland ergänzen sich 60
Dörfer verändern sich 62
Das Problem mit dem (täglichen) Verkehr 64
METHODE Wir zeichnen ein Säulendiagramm 65
Wie können Verkehrsprobleme gelöst werden? 66
AKTIV Wir führen eine Befragung durch 68
METHODE Wir werten Statistiken aus 69
METHODE Wir arbeiten in Gruppen 70
METHODE Wir erstellen und präsentieren ein Wandplakat 71
Berlin – Bundeshauptstadt und Touristenmagnet 72
METHODE Wir arbeiten mit Google Earth 74
Entdecke Berlin mit dem 100er-Bus 76
Metropole Paris 78
Tourismus in Paris 80
ALLES KLAR? Üben und Anwenden 82

Gliederung der Wirtschaft 84
Die Landwirtschaft in Deutschland 86
   EXTRA Landwirtschaft im Klimawandel 88
   AKTIV Wachstumsexperimente mit Mais 89
Hightech im Kuhstall 90
Die industrielle Landwirtschaft 92
Die ökologische Landwirtschaft 94
Landwirtschaft in der Börde 96
Spargelanbau in Niedersachsen 98
   EXTRA Grüne Rohstoffe vom Acker? 100
   AKTIV Wir führen eine Betriebserkundung durch 102
Wirtschafts- und Verdichtungsräume in Europa 106
Wirtschaftsraum Halle-Leipzig 108
Vom Eisenerz zum Autoblech 110
Im Automobilwerk 112
Ohne Zulieferer geht es nicht 114
Die Automobilwirtschaft – Europas Wirtschaftsmotor 116
Wirtschaftsraum Hamburg – der Welthafen im Wandel 118
   EXTRA Europoort Rotterdam – Europas Tor zur Welt 120
Stuttgart – bedeutendes Dienstleistungszentrum
in Baden-Württemberg 122
   EXTRA Wirtschafts- und Verdichtungsraum Rhein-Main 124
Der Frankfurter Flughafen – ein bedeutender
Verkehrsknotenpunkt 126
   METHODE Wir werten Bilder aus 127
   ALLES KLAR? Üben und Anwenden 128

Vom Meer bis in die Berge – Tourismusregionen in Deutschland 130
   AKTIV Radurlaub in Deutschland 132
Urlaub auf einer deutschen Nordseeinsel 134
   EXTRA Tourismus verändert die Nordseeküste 136
   EXTRA Lebensraum Wattenmeer 138
   METHODE Wir führen ein Rollenspiel durch 140
Die Alpen – Europas größte Freizeitregion 142
Gefährdet der Massentourismus die Alpen? 144
   METHODE Wir informieren uns im Internet 146
   ALLES KLAR? Üben und Anwenden 148

3 Raumprägung durch erdinnere und äußere Kräfte

Vulkane – faszinierende Feuerberge oder Zeitbomben? 152
Das Feuerland Deutschlands – die Eifel 154
Der Schalenbau der Erde 156
Platten und Plattenbewegungen 158
Erdbeben – Zerstörung in Sekunden 160
Erdbeben in Deutschland – der Oberrheingraben 162
METHODE Wir werten einen Sachtext aus 164
Tsunami – Urgewalt aus der Tiefe 166
Schutzmaßnahmen – Vulkane und Erdbeben 168
Die Alpen – ein junges Hochgebirge 170
EXTRA Die Schwäbische Alb – ein versteinertes Meer 172
EXTRA Die Sächsische Schweiz – Zeugin intensiver Abtragung 174
EXTRA Wir arbeiten mit der erdgeschichtlichen Zeittafel 176
AKTIV Kräfte verändern unser Gestein 178
AKTIV Wir experimentieren zur verändernden Kraft der Erde 179
Der Gesteinskreislauf – das große Recycling 180
ALLES KLAR? Üben und Anwenden 182

In der Welt des Eises 184
Spuren der Eiszeit – die Mecklenburgische Seenplatte 186
EXTRA Die Gezeiten – Ebbe und Flut 188
Küstenschutz und Neulandgewinnung 190
Sturmfluten an der Nordsee 192
Küstenformen an der deutschen Nord- und Ostsee 194
Flüsse – von der Quelle zur Mündung 196
Hochwasser – wenn Flussufer ertrinken 198
Der Harz – ein Wasserspeicher 200
Der Wasserkreislauf 202
ALLES KLAR? Üben und Anwenden 204

Anhang

Starthilfen 206
Geo-Lexikon 208
Karte Niedersachsen 218
Karte Deutschland 220
Karte Europa 222
Bildquellenverzeichnis 224

Die Arbeitsanweisungen im Seydlitz

Dein Erdkundebuch möchte dir das Lernen im Erdkundeunterricht erleichtern. Deshalb gibt es im Seydlitz immer Aufgaben mit bestimmten Arbeitsanweisungen. Damit du genau weißt, was du zu tun hast, werden dir die Arbeitsanweisungen auf den Seiten 6 und 7 erklärt.

Arbeitsanweisungen gibt es zu vier unterschiedlichen Bereichen:
1. etwas ausführen,
2. etwas wiedergeben,
3. etwas erklären und anwenden,
4. über etwas urteilen und es bewerten.

Und jetzt viel Spaß beim Lösen der Aufgaben!

Wir führen etwas aus:

Kartieren bedeutet, bestimmte Merkmale eines Raumes auf einer Karte darzustellen.

Unterstreichen kannst du z. B. ein Wort.

Zeichnen bedeutet, eine Skizze, eine Grafik usw. verständlich aufzumalen.

Zählen kann man z. B. Autos.

Berechnen bedeutet, eine Gleichung möglichst begründet und richtig zu lösen.

Befragen bedeutet, dir Informationen zu einem Thema von anderen einzuholen.

Beobachten bedeutet, auf bestimmte Ereignisse oder Abläufe zu achten.

Messen bedeutet, sich mithilfe von Instrumenten Daten zu besorgen.

Erstellen bedeutet, etwas (z. B. ein Diagramm) anzufertigen.

Bestimmen bedeutet, etwas anhand von Merkmalen einzuordnen.

Durchführen, planen kann man beispielsweise einen Urlaub.

Entnehmen bedeutet, zum Beispiel einem Dokument Informationen zu entlocken.

Erheben kannst du z. B. Daten.

Recherchieren bedeutet, zu einem Thema Informationen zu finden.

Protokollieren bedeutet, einen zusammenfassenden Bericht zu schreiben.

Überprüfen bedeutet zu untersuchen, ob eine Aussage wahr oder richtig ist.

Verknüpfen bedeutet, z. B. Informationen in einem Zusammenhang zu betrachten.

Wir geben etwas wieder:

Nennen und *benennen* bedeutet, etwas ohne Erklärung aufzuzählen. Du kannst zum Beispiel die Länder Europas nennen.

Wiedergeben bedeutet, etwas in kürzerer Form zu wiederholen. Du kannst zum Beispiel eine Rangfolge wichtiger Automobilhersteller Europas wiedergeben.

Zusammenfassen bedeutet z. B., das Wichtigste eines Textes wiederzugeben.

Darstellen bedeutet, etwas genau und mit den richtigen Fachworten wiederzugeben.

Beschreiben bedeutet, etwas mithilfe der Materialien darzulegen. Du kannst zum Beispiel die Niederschlagsverteilung in Niedersachsen beschreiben.

Gliedern bedeutet, einen Raum oder eine Thematik nach bestimmten Merkmalen aufzuteilen.

Arbeitsanweisungen im Seydlitz

etwas ausführen	etwas wiedergeben	etwas erklären und anwenden	über etwas urteilen und es bewerten
• kartieren • unterstreichen • zeichnen • zählen • berechnen • befragen • beobachten • messen • erstellen • bestimmen • durchführen, planen • entnehmen • erheben • recherchieren • protokollieren • überprüfen • verknüpfen	• nennen/ benennen • wiedergeben • zusammenfassen • darstellen • beschreiben • gliedern	• ein- und zuordnen • vergleichen • analysieren • charakterisieren • erklären • erläutern	• beurteilen • entwickeln • Stellung nehmen • erörtern • diskutieren/ besprechen

1887HX_8 © Westermann

Wir erklären etwas und wenden es auf andere Dinge an:

Ein- und *Zuordnen* bedeutet, Materialien begründet einem bestimmten Thema zuzuweisen. Es ist auch möglich, sie in einen Zusammenhang zu bringen. Am Ende stehen sie in einer Abfolge.

Vergleichen bedeutet, verschiedene Dinge gegenüberzustellen. Du erkennst Unterschiede und Gemeinsamkeiten.

Analysieren bedeutet, etwas (z. B. ein Material) nach bestimmten Ordnungsmerkmalen zu untersuchen.

Charakterisieren bedeutet, eine Sache in ihren Eigenarten zu beschreiben und wichtige Merkmale zu kennzeichnen.

Erklären bedeutet, einen Sachverhalt so darzustellen, dass Bedingungen, Ursachen und Gesetzmäßigkeiten klar werden.

Erläutern bedeutet, etwas so an Beispielen zu beschreiben, dass die vielen Beziehungen klar werden.

Wir urteilen über etwas und äußern unsere Meinung:

Beurteilen bedeutet, z. B. verschiedene Ansichten zu vergleichen und deren Richtigkeit zu prüfen, ohne eine Meinung dazu zu äußern.

Entwickeln bedeutet, etwas darzustellen, das den Inhalt zu einem Thema ergänzt.

Stellung nehmen bedeutet, etwas zu beurteilen und seine Meinung zu äußern.

Erörtern bedeutet, etwas genau und von vielen Positionen aus zu betrachten. Das Ziel ist eine Einschätzung der Lage.

Diskutieren und *besprechen* bedeutet, in einer Gemeinschaft (z. B. Klasse) Aussagen zusammenzutragen, zu überprüfen, zu bereden und zu bewerten.

1 Orientieren im Raum

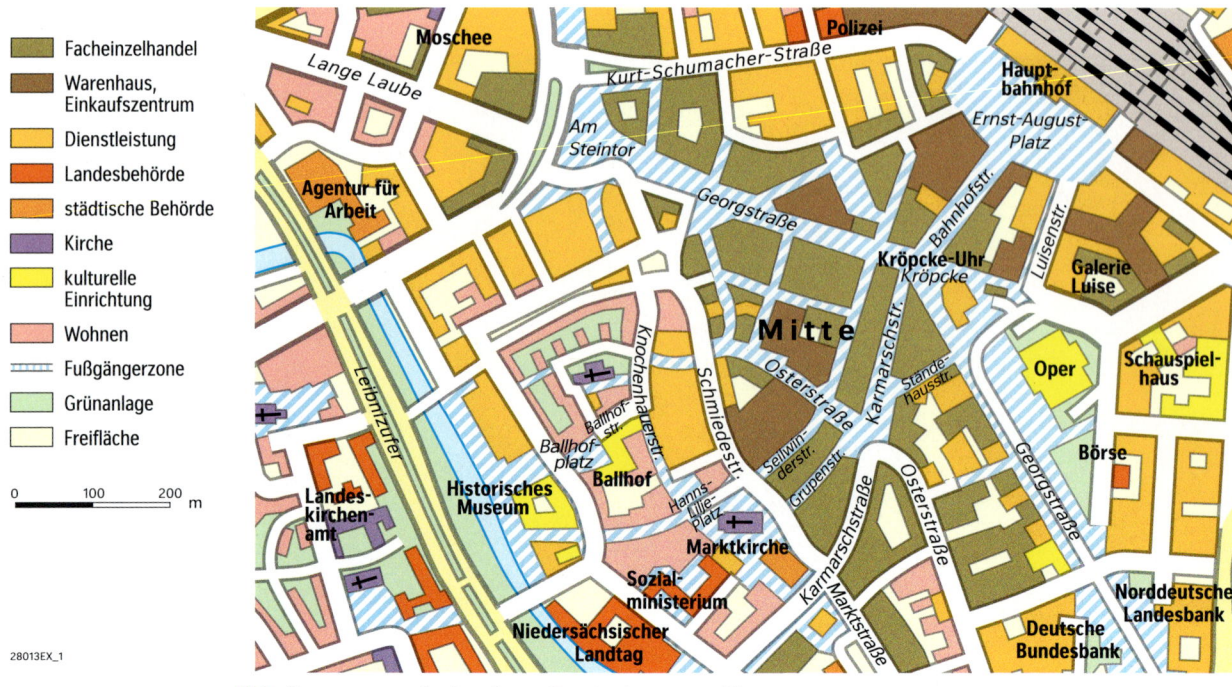

M1 Kartenausschnitt eines Stadtplans von Hannover

Wege finden – Wegbeschreibungen

Zu Beginn der 5. Klasse müssen sich alle Schülerinnen und Schüler an einen neuen Schulweg gewöhnen. Sie haben nun in der Regel einen viel weiteren Weg als zu ihren Grundschulen. Einige können noch zu Fuß gehen, doch viele fahren mit dem Bus oder dem Fahrrad zur Schule. Alle müssen einen neuen Weg finden. Und auch im neuen Schulgebäude sind die Wege neu. Wo geht es zum Musikraum und welcher Weg führt im Notfall schnell und sicher nach draußen zum Sammelplatz?

„Wir waren mit der Klasse in Hannover zu einer Theateraufführung im Ballhof. Mit dem Zug sind wir nach Hannover gefahren. Vom Hauptbahnhof ging es zu Fuß weiter bis zum Theater. Vom Bahnhof mussten wir zunächst eine stark befahrende Straße überqueren, um dann über die Luisenstraße direkt zum Kröpcke zu gelangen. Der Kröpcke ist ein großer Platz, auf dem die Kröpcke-Uhr steht. Von hier aus ging es weiter, am Opernhaus vorbei die Karmarschstraße und dann die Grupenstraße bis zur Marktkirche. Hinter der Marktkirche mussten wir vom Hanns-Lilje-Platz nach links abbiegen in die Knochenhauerstraße. Diese endet an der Ballhofstraße, in die wir links abgebogen sind, da wir zum Eingang zum Ballhoftheater eins mussten, der zum Ballhofspielplatz führt."

M2 Wegbeschreibung von Finn

AUFGABEN

1. Nenne die sechs Fehler in der Wegbeschreibung von Finn (M1, M2).
2. Beschreibe einen sinnvollen Weg vom Ballhof bis zum Opernhaus (M1).
3. Beschreibe deinen eigenen Schulweg.

1 Orientieren im Raum

M 3 Fluchtweg einer Schule (Obergeschoss)

So finde ich den Rettungsweg

Wenn Feueralarm ausgelöst wird, müssen sofort alle das Gebäude verlassen und sich zu dem bekannten Sammelplatz begeben. Dies muss immer wieder geübt werden, damit es in einem Brandfall schnell und reibungslos klappt.

Häufig gibt es neben dem Hauptfluchtweg noch weitere Fluchtwege, die beispielsweise über Fenster ins Freie führen. Diese dürfen nur benutzt werden, wenn der Hauptfluchtweg nicht passierbar ist.

Wenn ihr mal einen Raum sucht, könnt ihr euch auch auf den Flucht- und Rettungswegkarten orientieren.

Verhalten im Brandfall
Ruhe bewahren
Schultaschen liegen lassen
Unterstützung hilfebedürftiger Menschen
geordneter Abmarsch zur Sammelstelle
Sammelstelle: **Mitte Pausenhof**
Vollzähligkeit überprüfen und melden

M 4 Verhalten im Brandfall

AUFGABEN

4 Feueralarm! Beschreibe den Fluchtweg von Raum 210 bis zum Treppenhaus (von diesem gelangt ihr direkt zum Ausgang).

5 In deiner Schule hängen auch Flucht- und Rettungspläne aus. Bestimme mit ihrer Hilfe den jeweiligen Fluchtweg.

6 Beschreibe die Lage vom Sammelplatz deiner Schule.

7 Erkläre den Sinn der einzelnen Regeln von M4.

8 Beschreibe in M3 den Weg von Raum 202 zum EDV Raum 213.

Wir bestimmen Himmelsrichtungen

„Wo ist denn ...?", lautet eine oft gestellte Frage. Doch wie erfolgt die Orientierung in der Natur? Eine Möglichkeit ist die Orientierung mithilfe der **Himmelsrichtungen**.

Draußen ist es warm und es scheint die Sonne. Clara und Josia brechen zu einer großen Fahrradtour auf. Sie fahren kreuz und quer durch den Wald, unterhalten sich über dies und das und haben großen Spaß. Irgendwann schaut Clara auf die Uhr und erschrickt: „Wir müssen sofort nach Hause! Es ist schon 19 Uhr." Sie drehen um, aber sind sich nicht mehr sicher, woher genau sie kamen. Sie erinnern sich nur, dass westlich des Waldes, in dem sie unterwegs sind, eine Straße entlangführt, die sie wiederfinden müssen. Aber wie sollen sie herausfinden, wo Westen ist? Sie versuchen beide, zu Hause anzurufen, aber ihre Handys finden kein Netz. Und ein Navi haben sie auch nicht dabei ...

M2 Ein ungewolltes Abenteuer

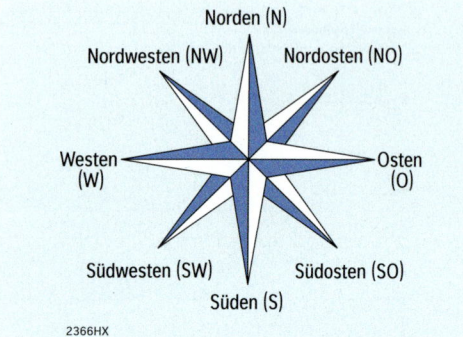

Die **Windrose** wird auch Kompassrose genannt. Sie enthält die Haupthimmelsrichtungen N, O (oder Englisch E für East), S und W sowie die Zwischenhimmelsrichtungen (NW, NO, SW und SO).

M4 Windrose

(A) Im ... geht abends die Sonne unter.

(B) Im ... steht die Sonne ungefähr gegen Mittag (ca. 12:00 Uhr im Winter/ca. 13:00 Uhr im Sommer) am höchsten.

(C) Im ... sind Sonne und Mond nie zu sehen. Der Polarstern ist am Nachthimmel zu sehen.

(D) Im ... geht morgens die Sonne auf.

M3 Hinweise zu den Himmelsrichtungen

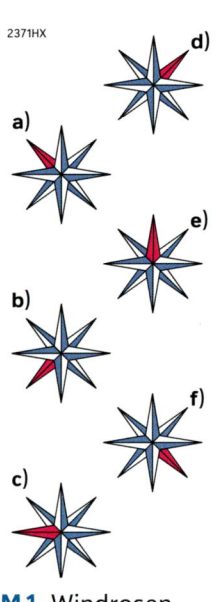

M1 Windrosen

AUFGABEN

1. Bestimme die Himmelsrichtungen, die die Windrosen in M1 anzeigen (rot).
2. Bestimme, wer im Unterrichtsraum nördlich, südlich, westlich und östlich von dir sitzt.
3. Nenne Möglichkeiten, wie Clara und Josia (M2) zur Straße gelangen könnten.
4. Am Nachthimmel sind Sterne zu sehen. Beschreibe dein Vorgehen, um Norden zu bestimmen (M7).
5. Erkläre, weshalb man Karten vor ihrer Verwendung einnordet (M5, M6).
6. Nenne die Windrose in M1, die nach Nordosten zeigt.
7. Ordne in M3 den Texten (A) bis (D) die Haupthimmelsrichtungen zu.
8. Eine Forscherin berichtet: „An dem Ort, an dem ich mich befand, gab es nur eine Himmelsrichtung: Norden." Bestimme diesen Ort.

1 Orientieren im Raum

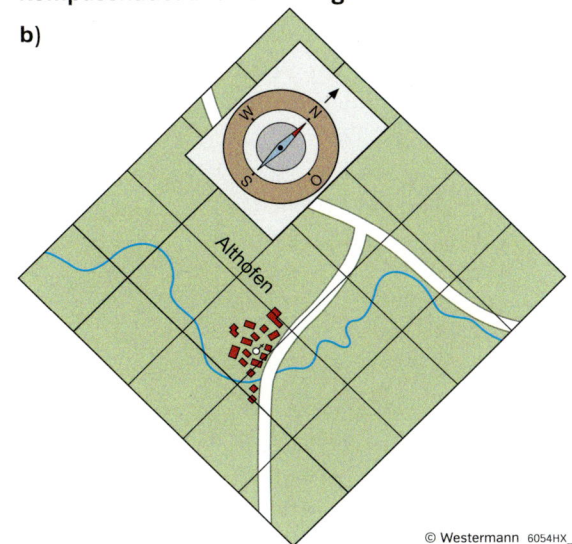

Kompassnadel zeigt nach Norden

a)

Kompassnadel und Karte zeigen nach Norden

b)

a) Anlegen des Kompasses mit der Anlegekante an eine Nord-Süd-Gitterlinie
b) Karte mit angelegtem Kompass so lange drehen, bis die Magnetnadel (rote Spitze) auf N zeigt.

M 5 Einnorden einer Karte mit einem Kompass

Die magnetische Nadel eines **Kompasses** richtet sich stets nach Norden aus. Damit kann ein Kompass nicht nur zur Orientierung im Gelände verwendet werden, sondern zum Beispiel auch zum Aufhängen von Nistkästen. Deren Öffnung sollte nach Südosten zeigen.

M 6 Der Kompass

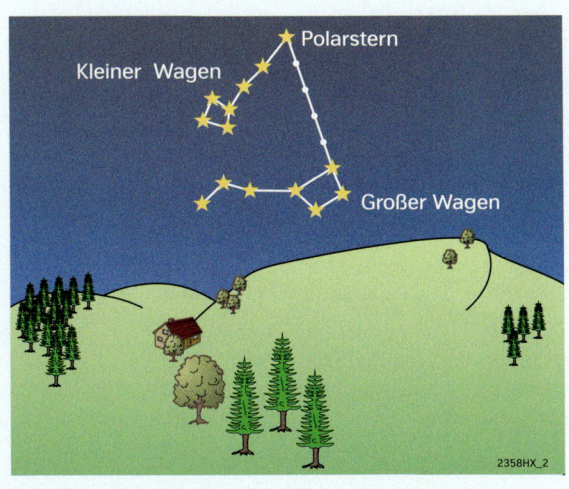

Bei klarem Nachthimmel kann dir der Polarstern bei der Orientierung helfen. Er ist der letzte Stern des Sternbildes Kleiner Wagen und befindet sich immer genau im Norden.
Finden kann man ihn am besten, mithilfe des Sternbildes Großer Wagen.

TIPP

Merksatz:
Im Osten geht die Sonne auf, im Süden nimmt sie ihren Lauf, im Westen wird sie untergeh'n, im Norden ist sie nie zu seh'n.

M 7 Der Polarstern als Orientierungshilfe

Karten lesen – kein Geheimnis

Überall im Alltag arbeiten wir mit Karten. Autofahrer benutzen Straßenkarten und Karten in ihren Navigationsgeräten. Stadtpläne helfen uns zum Beispiel in fremden Orten, Straßen und Gebäude zu finden. Karten stellen die Wirklichkeit verkleinert, vereinfacht und verebnet dar (M2–M5).

M4 Ein Schüler fertigt im Unterricht eine Karte an.

INFO

Die Höhenangaben in Karten erfolgen in Metern, abgekürzt m. Die Höhen werden dabei vom Meeresspiegel aus gemessen, daher auch die Bezeichnung m ü. M (Meter über dem Meeresspiegel).

AUFGABEN

1. *Einige Signaturen (Zeichen) sind in der Legende, aber nicht in der Karte M7 enthalten. Nenne Zeichen, die zu viel sind.*
2. *Nenne je drei Beispiele für Flächen-, Linien- und Punktsignaturen (M7).*
3. *Bestimme die Höhe des Hügels Rügert und des Sendemasts nördlich des Hügels (M7).*
4. *Beschreibe deinem Banknachbarn die Lage von drei Elementen in M7. Beispiel: Die Unionskirche liegt 200 m nordöstlich der Martinskirche.*
5. *Ordne die Texte ①–④ den Abbildungen Ⓐ–Ⓓ zu (M8).*

Um die geographische Lage zum Beispiel eines Ortes auf einer Karte zu beschreiben, werden Himmelsrichtungen verwendet. So liegt zum Beispiel Braunschweig östlich von Hannover und nicht rechts von Hannover.

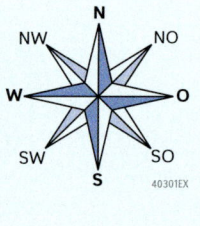

M2 Östlich statt rechts

Karten sind in der Regel so ausgerichtet, dass der obere Kartenrand nach Norden zeigt. Ist dies ausnahmsweise nicht der Fall, so werden die Himmelsrichtungen durch einen Nordpfeil oder eine Windrose angezeigt.

M5 Oben ist Norden

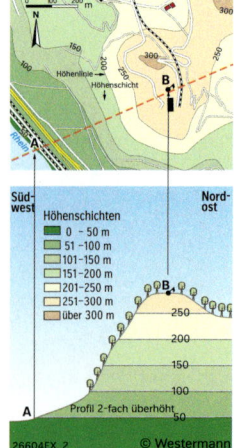

M1 Höhenangaben in Karten

Auf einem Kartenblatt können Berge und Täler nicht räumlich dargestellt werden. Oft ist es jedoch wichtig, Höhen und Höhenunterschiede zu kennen (z. B. um zu wissen, wie steil ein Weg ist).
Die Höhen sind auf einigen Karten durch Höhenschichten dargestellt (M1). Jede Höhenschicht hat eine Farbe. Auf anderen Karten werden die Höhen durch **Höhenlinien** (M7) dargestellt. Diese Linien verbinden Punkte mit derselben Höhe (bezogen auf den mittleren Meeresspiegel). Besonders wichtige Punkte (z. B. Berge) besitzen eigene Höhenangaben (Höhenpunkte).

M3 Einebnen der Landschaft (alles wird flach)

Auf einer Karte kann nicht alles eingetragen werden, was es in der Wirklichkeit gibt. Zur Vereinfachung (**Generalisierung**) werden ähnliche Dinge zusammengefasst oder mit **Signaturen** (Zeichen) dargestellt. Signaturen nennt man die Eintragungen auf einer Karte. Es gibt Punktsignaturen (z. B. ein bestimmtes Symbol für eine Kirche), Liniensignaturen (z. B. eine gelbe Linie für eine Straße) und Flächensignaturen (z. B. eine rote Farbe für eine Siedlungsfläche).
Damit jeder die Zeichen verstehen kann, ist die Bedeutung der Signaturen in der **Legende** (Zeichenerklärung) erklärt.

M6 Vereinfachung durch Zeichensprache

1 Orientieren im Raum

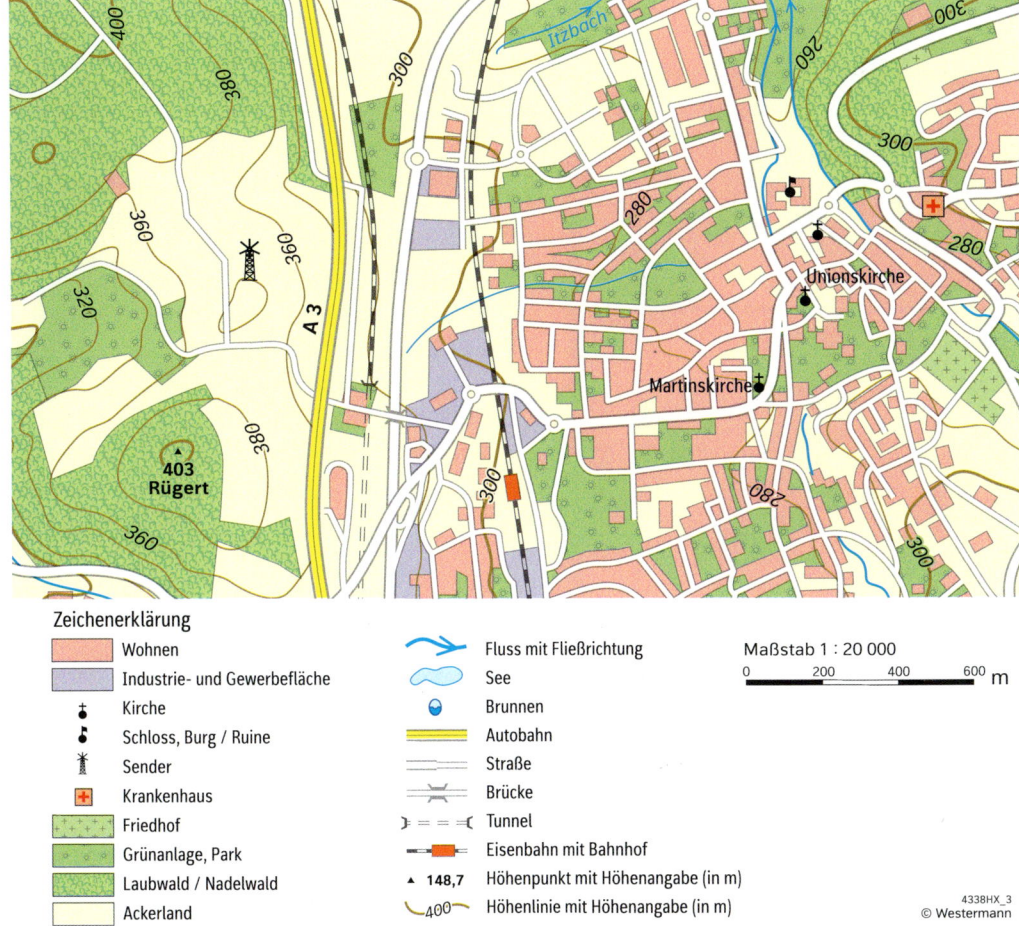

M7 Ausschnitt einer Karte, die die Erdoberfläche (u. a. Geländeformen und Nutzung) eines Raumes darstellt

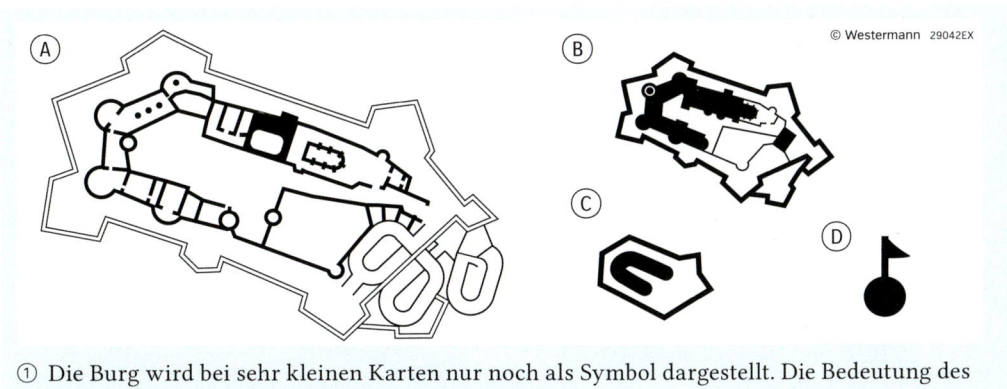

① Die Burg wird bei sehr kleinen Karten nur noch als Symbol dargestellt. Die Bedeutung des Symbols kann der Legende entnommen werden.
② Der Grundriss der Burg ist auf einer Karte mit einem großen Maßstab gut zu erkennen.
③ Wenn der Maßstab noch kleiner wird, dann ist die Burg nur noch sehr stark vereinfacht abgebildet.
④ Je kleiner der Maßstab der Karte wird, desto weniger Details sind von der Burg erkennbar.

M8 Ein Beispiel für Vereinfachung (Generalisierung)

WES-101570-015

M9 Marienburg etwa 30 km südlich von Hannover

15

Der Maßstab

In Karten wird die Wirklichkeit verkleinert dargestellt, jedoch unterschiedlich stark. Zum Beispiel sind in Stadtplänen kleine Straßen, Teiche oder einzelne Gebäude eingezeichnet. Auf einer Weltkarte werden solche kleinen Objekte nicht dargestellt. Sie müssten so winzig gezeichnet werden, dass sie mit bloßem Auge nicht mehr erkennbar wären. Stattdessen finden sich auf einer Weltkarte **Kontinente**, Ozeane und Gebirge. Wie stark die Verkleinerung einer Karte ist, gibt der **Maßstab** an.

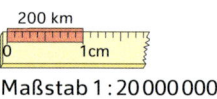

Die Angabe des Maßstabs einer Karte erfolgt durch die **Maßstabszahl**. Sie sagt aus, wie stark verkleinert Dinge dargestellt werden. Bei der Maßstabszahl 200 000 entspricht 1 cm auf der Karte einer Entfernung von 200 000 cm in der Wirklichkeit. Man schreibt für den Maßstab:

$$1:200\,000.$$

Die Maßstabszahl kann zum besseren Verständnis in eine geeignete Einheit umgerechnet werden:
200 000 cm = 2000 m = 2 km.

Beim Maßstab 1 : 200 000 entspricht also 1 cm Entfernung auf der Karte 2 km Entfernung in der Wirklichkeit.

M 2 Der Maßstab einer Karte (vgl. M1)

AUFGABEN

1. *Erkläre den Begriff Maßstab.*
2. *Du hast eine Karte mit einem Maßstab von 1 : 10 000. Vom Bahnhof bis zu deinem Lieblingsladen sind es 2 cm auf der Karte. Bestimme die Entfernung in der Wirklichkeit.*
3. *Ermittle den größten und den kleinsten Maßstab in deinem Atlas.*

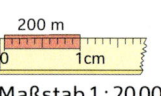

M 1 Karten mit unterschiedlich großem Maßstab

METHODE

Wir arbeiten mit dem Maßstab

Mithilfe des Maßstabs kann man ermitteln, wie groß Entfernungen in der Realität sind. Dazu kann man die gemessene Entfernung auf der Karte entweder umrechnen oder mit der Maßstabsleiste abschätzen (M3, M4). Die Entfernung kann dabei als Luftlinie (kürzeste Verbindung zwischen den beiden Punkten) angegeben werden oder sie kann als die Entfernung des realen Wegs bestimmt werden, den wir beispielsweise mit dem Fahrrad fahren würden.

M3 Anlegen der ermittelten Stecke an der Maßstabsleiste

M1 Ausschnitt aus einer Europakarte

M4 Das Verfahren kann auch mit einem Lineal durchgeführt werden.

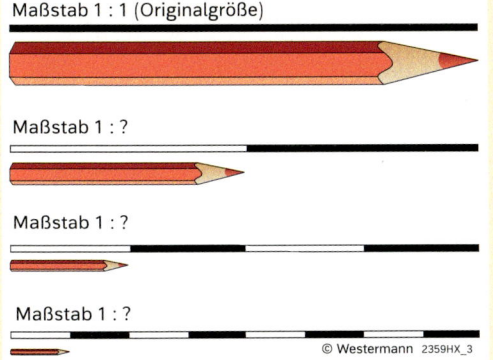

M2 Ein Bleistift in verschiedenen Maßstäben

AUFGABEN

1. Erstelle eine Arbeitsanweisung zur Ermittlung von Entfernungen auf einer Karte mithilfe eines Bindfadens.
2. Erstelle für eine Mitschülerin oder einen Mitschüler fünf Aufgaben, bei denen jeweils die Entfernung zwischen zwei Orten ermittelt werden muss. Du kannst dafür verschiedene Karten aus diesem Buch oder einem Atlas verwenden.
3. Nenne die jeweilige Maßstabszahl in M2.

METHODE

M1 Schülerinnen und Schüler bei der Kartenauswertung

Wir werten eine Karte aus

Geographen fragen sich: „Wie und warum ist etwas auf eine bestimmte Art und Weise im **Raum** verteilt? „Wie und warum ist etwas auf eine bestimmte Art und Weise im Raum verteilt?" Oder beispielsweise: „Wo gibt es in Niedersachsen Gebiete, die für den Tourismus genutzt werden?"
Wie ein Geograph bei der Kartenauswertung vorgeht, zeigt dir der Methodenkasten. Die Kartenauswertung muss so verständlich sein, dass der Leser die Karte nicht unbedingt benötigt.

Eine Karte auswerten

Schritt 1: Thema der Karte
- Wovon handelt die Karte? Oft kannst du dies schon der Kartenunterschrift oder -überschrift entnehmen.

Schritt 2: Raum vorstellen
- Wo liegt der Raum und wie groß ist er?

Schritt 3: Karteninhalt beschreiben
- Was zeigt die Karte und wie sind die Merkmale im Raum verteilt (wichtige Fragen: Was?, Wie viel?, Wo?). Halte eine sinnvolle Reihenfolge ein, z. B. von West nach Ost.

Schritt 4: Wesentliches zusammenfassen
- Was sind wichtige Aussagen / Merkmale?

AUFGABEN

1. a) Benenne die verschiedenen Kartenarten, die in M2 vorgestellt werden.
   b) Ordne diesen Kartenarten Beispiele aus diesem Buch und dem Atlas zu. ↗
2. Erkläre die häufig verwendete Bedeutung der grünen Farbe in einer physischen Karte (M4).
3. Werte die Karte in M3 hinsichtlich der Verteilung der Freizeit- und Erlebnisparks aus (Methodenkasten).
4. Werte die Karte in M4 hinsichtlich der Verteilung der Gebiete, die unter dem Meeresspiegel liegen, aus (Methodenkasten).

WES-101570-018

Es gibt verschiedene Kartenarten. Häufig werden im Erdkundeunterricht **thematische Karten** verwendet. Diese beinhalten Informationen zu einem bestimmten Thema (z. B. zur Wirtschaft oder zum Niederschlag). Zeigt eine Karte allgemeine Merkmale wie Städte, Flüsse und Landhöhen (mit farbigen Flächensignaturen), so handelt es sich um eine **physische Karte**.
Daneben gibt es auch **topographische Karten**. Sie zeigen u. a. mit Höhenlinien die Formen im Gelände (z. B. Berg) und die Landnutzung. In Niedersachsen werden sie vom Landesamt für Geoinformation und Landesvermessung Niedersachsen (LGLN) veröffentlicht.

Das LGLN gibt auch Computerkarten (digitale Karten) heraus. Zu den Anbietern digitaler Karten zählen zudem Google Maps und OpenStreetMap.

Weitere Kartenarten sind die Straßenkarten, wie im Autoatlas oder historische Karten, also sehr alte Karten.

M2 Es gibt verschiedene Kartenarten

1 Orientieren im Raum

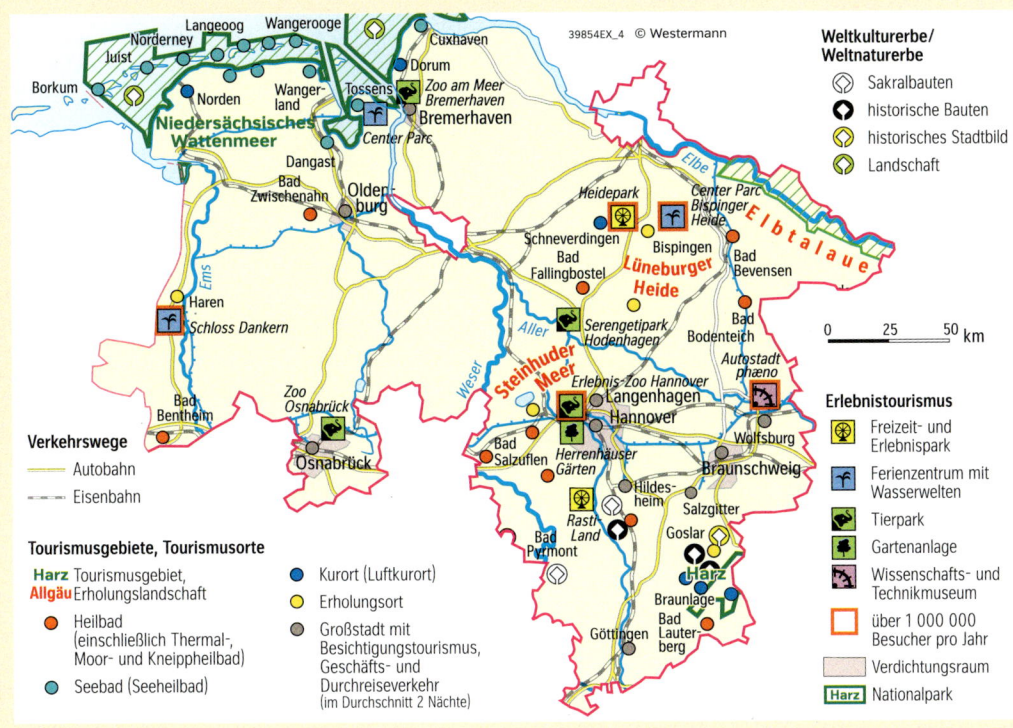

M 3 Tourismusorte in Niedersachsen

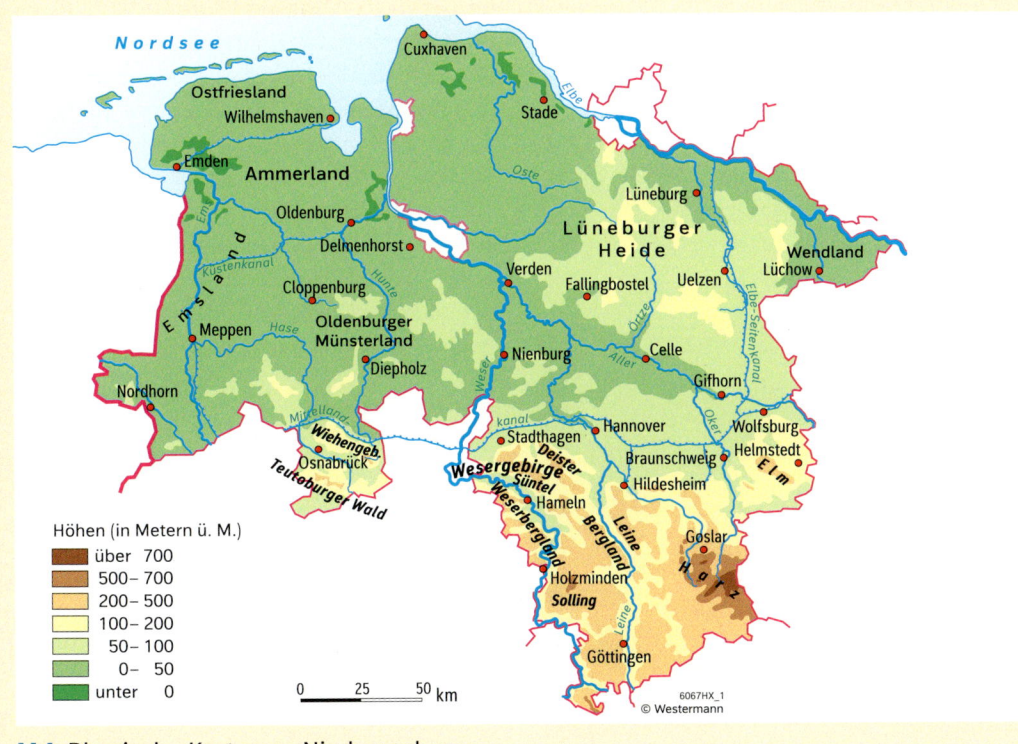

M 4 Physische Karte von Niedersachsen

AKTIV

M1 Die Lage von Hahnenklee und Bocksberg

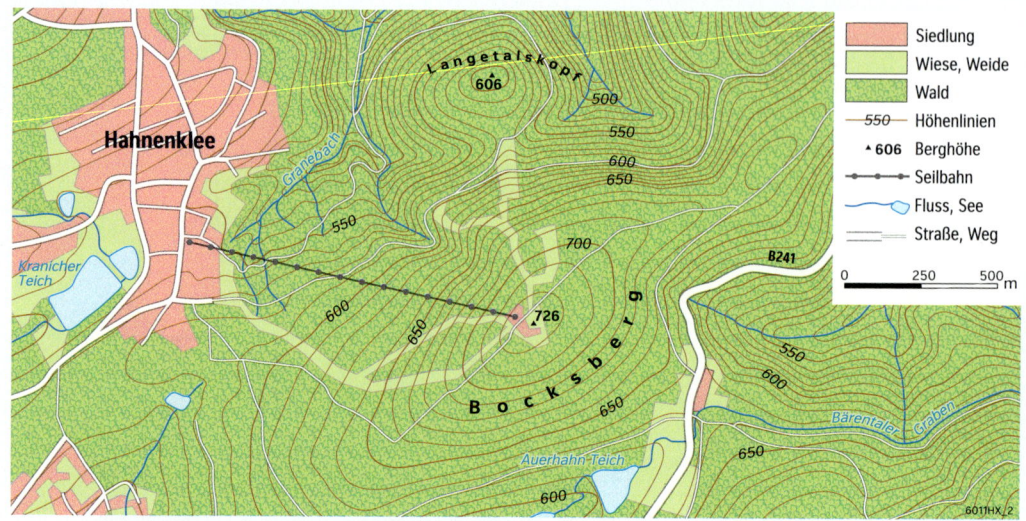

M2 Wanderkarte Bocksberg und Hahnenklee im Maßstab 1 : 10 000

Wir zeichnen ein Profil – der beste Weg zur Rodelbahn

M3 Die Seilbahn am Bocksberg im Winter

M4 Auf der Sommerrodelbahn

„Heute machen wir einen Ausflug zur Bocksberg-Sommerrodelbahn bei Hahnenklee", teilt der Klassenlehrer Herr Berger seiner Klasse 6a mit. Die Schülerinnen und Schüler sollen sich mithilfe einer Karte (M2) auf einen Weg von der Talstation der Seilbahn zur Bergstation, dem Startpunkt der Sommerrodelbahn, einigen. „Wir könnten am besten von der Talstation entlang der Seilbahn bis zur Bergstation laufen", schlägt Elli vor. Hauke entgegnet: „Das ist ja viel zu steil. An manchen Stellen werden wir gar nicht laufen können." Für Elli zählt: „Zumindest ist es der kürzeste Weg und immer gleich steil. Ich zeichne ein **Profil**, dann glaubt mir Timo." (M5)

AUFGABEN

1. Beschreibe die Attraktionen am Bocksberg im Sommer und im Winter (M3, M4).
2. a) Ordne die Profile A, B und C in M6 den Höhenliniendarstellungen (1 – 3) zu.
   b) Erläutere deine Wahl.
3. „Steile und flache Wege sind in der Karte zu erkennen." Erkläre die Aussage.
4. Beurteile Timos Aussage im Text (M5, M7).

1 Orientieren im Raum

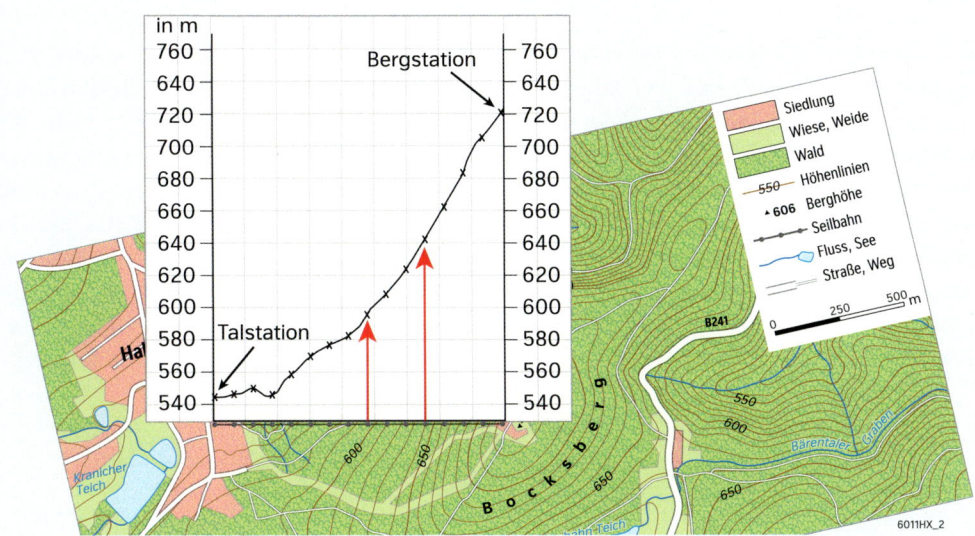

M 5 Amelies Profil zur Bergstation auf dem Bocksberg

Ein Profil zeichnen

Schritt 1: Vorbereitung
- Lege eine Kante einer karierten Heftseite an die Linie an, an der entlang das Profil gezeichnet werden soll.
- Übertrage alle Höhenlinien der Karte. Notiere die jeweilige Höhe.

Schritt 2: Profil zeichnen
- Zeichne zwei Hochachsen eines Koordinatensystems. Beachte: Die Höhen müssen zu den Höhenlinien passen.
- Übertrage nun die Höhen als Kreuze in das Diagramm (rote Pfeile in M5). Verbinde anschließend die Kreuze durch eine Linie.

Elli hat ihr Profil gezeichnet (M5). Hauke gibt zu: „Der Weg an der Seilbahn steigt in etwa immer gleich stark an. Aber wir müssten insgesamt einen sehr steilen Anstieg überwinden." Elli beruhigt ihn: „Es wirkt viel steiler, weil ich in dem Profil die Landschaft überhöht dargestellt habe. Auf der Rechtsachse entspricht ein Zentimeter im Profil 100 Metern im Gelände (Maßstab: 1:10 000). Auf der Hochachse dagegen entspricht ein Zentimeter nur 40 Metern Höhe (1:4000). Das bedeutet: 40 Meter in die Höhe (Hochachse) scheinen hier genauso weit zu sein wie 100 Meter in der Waagerechten (Rechtsachse). So kommt diese Täuschung zustande. Sinnvoll ist die Überhöhung aber trotzdem, denn man erkennt unterschiedliche Steigungen besser."

M 7 Die Überhöhung in Ellis Profil

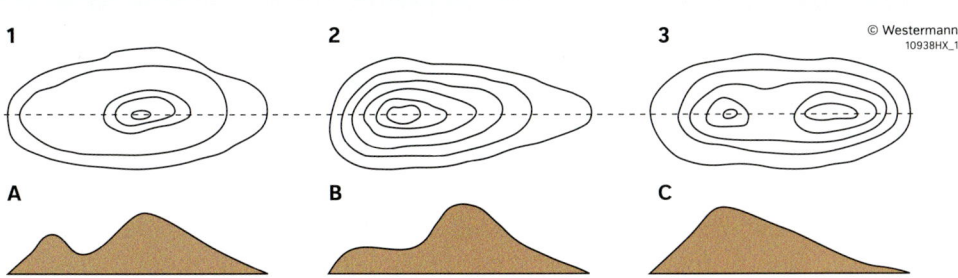

M 6 Höhenliniendarstellung und Profile

Wir arbeiten mit dem Atlas

Der Atlas ist ein Kartenbuch (eine Sammlung von Karten). In einem Weltatlas gibt es Karten von jedem Teil der Erde. In unseren Atlanten befinden sich im vordersten Kartenteil die Karten Deutschlands. Dann folgen Karten zu Europa und zu weiteren Erdteilen. Am Schluss befinden sich die Weltkarten.

Atlanten enthalten eine Vielzahl von unterschiedlichen Karten. Um im Atlas einen Raum oder ein Thema zu finden, gibt es mehrere Möglichkeiten, sogenannte Erschließungshilfen (M1, M3–M5). Am Anfang des Atlas gibt es eine Kartenübersicht (M3) und ein Inhaltsverzeichnis (M4). Das Namensregister (M5) befindet sich im Anschluss an den Kartenteil (M1). Hier gibt es auch ein Sachwortregister. In ihm sind wichtige Fachwörter enthalten und die Seitenverweise, wo du sie im Atlas findest.

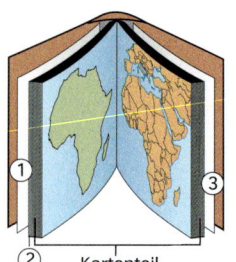

① Kartenteil
① Kartenübersicht
② Inhaltsverzeichnis
③ Namensregister

M1 Die drei Erschließungshilfen (M3–M5)

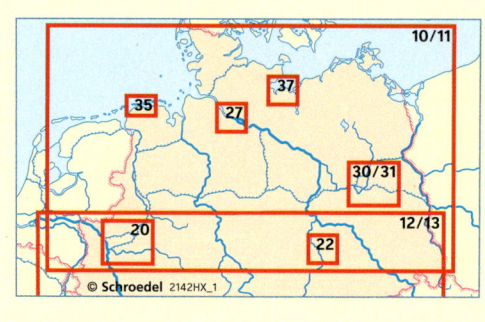

M3 Erschließungshilfe 1: Kartenübersicht

Erschließungshilfe 1: Kartenübersicht
Wenn ihr schon Umrisse mancher Länder oder Erdteile kennt, helfen euch die Kartenübersichten weiter. Auf den ersten Seiten eures Atlas entdeckt ihr in der Regel solche Übersichten.
Beispiel: Ihr sucht eine Karte zum Raum Hamburg. Auf der Kartenübersicht ist dieser Raum mit einem roten Rahmen versehen. Die Zahl 27 gibt euch die entsprechende Seitenzahl in eurem Atlas an.

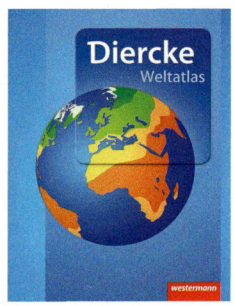

M2 Beispiel für einen Atlas

Deutschland – physisch	20
Deutschland – Wirtschaft	32
Hauptstadt Berlin	40
Deutschland – Tourismus	68
Deutschland – Bevölkerung	84
Europa – Staaten	86
Europa – Geschichte	98

M4 Erschließungshilfe 2: Inhaltsverzeichnis

Erschließungshilfe 2: Inhaltsverzeichnis
Wenn ihr zu einem bestimmten Land oder einer Region Informationen sucht, hilft euch das Inhaltsverzeichnis.
Beispiel: Ihr sucht eine Karte, in der der Tourismus in Deutschlands dargestellt wird. Der Ausschnitt aus dem Inhaltsverzeichnis zeigt euch: Auf Seite 68 im Atlas findet ihr eine entsprechende Karte.

Giant's Causeway 90, C3
Gibraltar 102, 1 C5
Gibsonwüste 180, B2
Giddi-Pass 161, A2
Gien 94, 1 E3
Giengen 22, F3
Giesen 31, 2 A1
Gießen 20, C4
Gifhorn 18, F3
Gifu 177, 1 E6

Name des Ortes · Seite im Atlas · Nummer der Karte · Planquadrat auf der Karte

Erschließungshilfe 3: Namensregister (Register)
Im hinteren Teil des Atlas sind viele Namen von zum Beispiel Orten, Flüssen oder Bergen nach dem Alphabet aufgelistet. Die Angaben hinter dem jeweiligen Namen führen euch nicht nur zur richtigen Atlasseite, sondern sogar genau zu der Stelle auf der Karte, wo der Ort, Fluss oder Berg liegt. Dazu sind viele Karten mit Planquadraten überzogen (M6). Befinden sich mehrere Karten auf einer Atlasseite, steht zwischen der Seitenzahl und dem Planquadrat noch die Nummer der entsprechenden Karte. Beispiel: Ihr sucht den Ort Gifhorn. Gifhorn findet ihr im Atlas auf Seite 18 im Planquadrat F3.

M5 Erschließungshilfe 3: Namensregister

1 Orientieren im Raum

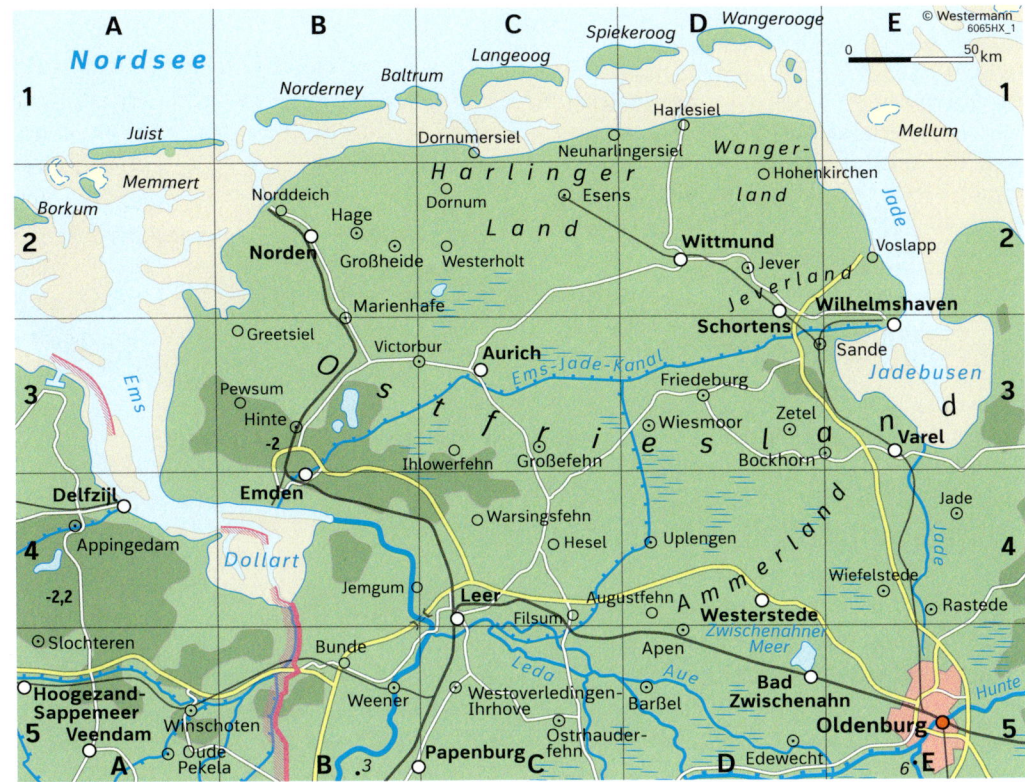

M 6 Ausschnitt aus einer Atlaskarte mit Planquadraten

AUFGABEN

1. Spielt zu zweit das Spiel „Gemüse ernten". Übertrage das Spiel „Gemüse ernten" in euer Heft. Trag in dem einen Spielfeld deine Gemüsefelder (wie im oberen Spielfeld gezeigt) ein. Spieler Ⓐ: Kann ich Gemüse auf B1 ernten? Spieler Ⓑ: richtig/falsch. Wenn die Antwort richtig war, dann darf A noch einmal fragen, sonst ist B dran. Gewonnen hat, wer zuerst alle Felder abgeerntet hat.

2. Spiele folgendes Spiel (zu zweit): Jeder sucht 5 Orte aus dem Atlas aus, die eine andere Person finden muss. Mit der Suche beginnt ihr gleichzeitig. Gewonnen hat, wer zuerst alle Orte gefunden hat.

3. Bestimme die Planquadrate in M7, in denen die folgenden Städte liegen: a) Aurich, b) Westerstede, c) Emden, d) Papenburg, e) Wilhelmshaven, f) Norden, g) Jever.

Suchspiel: Gemüse ernten

	A	B	C	D	E	F	G	H
1		M			M			
2		M			M		K	
3			G					
4			G					
5	K		G			Z		
6			G			Z		
7						Z		
8	Z	Z	Z					
9							M	M
10	K		K					

	A	B	C	D	E	F	G	H
1								
2								
3								
4								
5								
6								
7								
8								
9								
10								

INFO

Die Felder sind wie folgt bestückt:
1 x 4 Felder Getreide (GGGG),
2 x 3 Felder Zuckerrüben (ZZZ),
3 x 2 Felder Möhren (MM),
4 x 1 Feld Kartoffeln (K).

3. August 1492:
Wir sind mit drei Segelschiffen zu einer abenteuerlichen Reise nach Indien aufgebrochen. Dort gibt es Gold, Edelsteine, Seide und besondere Gewürze. Wir segeln aber nicht wie bislang üblich südlich an Afrika vorbei nach Osten, sondern nach Westen. Die anderen Seefahrer halten mich deswegen für verrückt, denn sie glauben, dass die Erde eine Scheibe sei, an deren Rändern man herunterfällt. Ich aber bin fest davon überzeugt, dass die Erde eine Kugel ist. Wir werden schneller in Indien sein als alle bisherigen Schiffe.

12. Oktober 1492:
Wir sind in Indien angekommen und geben dieser Küste den Namen San Salvador. Die Menschen, die hier bereits vor unserer Ankunft lebten, nennen wir Indianer, weil sie schon lange in Indien leben.

M1 Aufzeichnungen von Christoph Kolumbus aus dem Jahr 1492

M3 Modell der Erde (um 1400)

Die Kugelgestalt der Erde

Christoph Kolumbus versuchte zwischen 1492 und 1504 auf vier großen Reisen, Indien auf dem Seeweg zu erreichen. Doch jedes Mal versperrte ihm Amerika den Weg.
Erst der Portugiese Ferdinand Magellan konnte mit seiner Erdumsegelung beweisen, dass die Erde eine Kugel ist. Seine Fahrt führte ihn 1519 von Spanien zunächst in Richtung Südamerika. Er folgte der südamerikanischen Küste nach Süden bis zur ersten Durchfahrt in den Pazifischen Ozean. Seine Schiffe überquerten diesen in 110 Tagen und erreichten 1521 die Philippinen. Nach insgesamt 1100 Tagen kehrte nur eines der fünf ausgelaufenen Segelschiffe ohne den inzwischen verstorbenen Magellan nach Spanien zurück. Damit war der Beweis erbracht: Die Erde ist eine Kugel.

AUFGABEN

1. Beschreibe den Reiseweg von Christoph Kolumbus im Jahr 1492 (M1, M2, Atlas).
2. Erkläre das Modell der Erde aus dem Jahr 1400 (M3).
3. „Wäre Kolumbus immer weiter nach Westen gesegelt, hätte er Indien doch noch erreicht." Überprüfe diese Aussage auf ihre Richtigkeit (M2).
4. Bestimme den Namen der kürzesten Wasserstraße im Süden Südamerikas, über die man vom Atlantischen Ozean in den Pazifischen Ozean gelangen kann (Atlas).

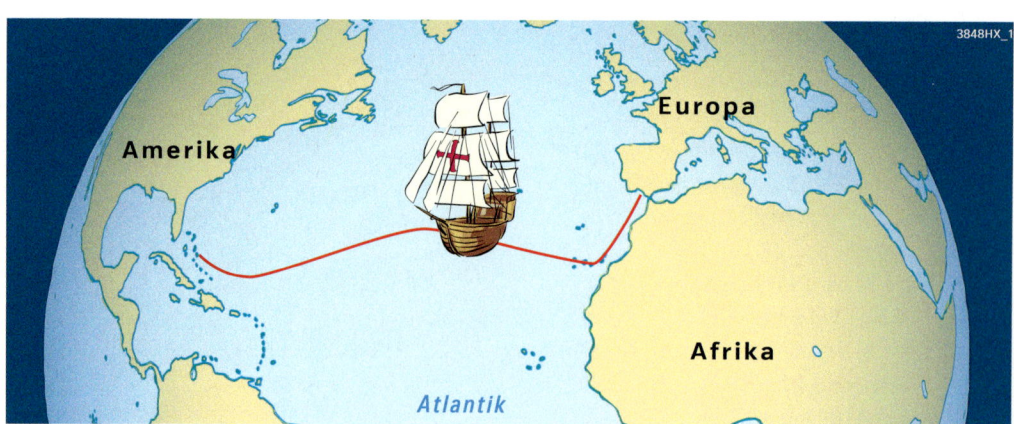

M2 Route von Christoph Kolumbus im Jahre 1492

AKTIV

Wir beobachten die Erde und den Sternenhimmel

Auch wer in seinem Leben niemals ins Weltall fliegen wird, kann die Kugelgestalt der Erde selbst wahrnehmen oder andere Himmelskörper genauer beobachten. Dies geht teilweise schon mit bloßem Auge. Mithilfe einer Kamera oder eines Teleskops kann man noch viel mehr entdecken.

AUFGABEN

1 Erläutere ①–③ in M1.

Beobachten mit den Augen
- Kugelgestalt der Erde: Man kann am Meer oder einem größeren See beobachten, wie ein Schiff am Horizont auftaucht oder verschwindet (M1).
- **Mond** und **Planeten**: Neben dem Mond lassen sich am leichtesten die Planeten Venus, Jupiter und Mars am Nachthimmel finden. Im Internet gibt es Informationen, welcher Planet zu welcher Uhrzeit an welchem Ort des Nachthimmels sichtbar ist.

M1 Beobachtung eines Schiffs am Horizont

Beobachten mit einer Handykamera
- Den Mond kann man mit einer Smartphone-Kamera mit 10-fachem optischem Zoom so detailliert fotografieren, dass man viele Meteoritenkrater erkennen kann (M2). Auch bei Venus und Jupiter lässt sich auf Fotos schon die runde Form erkennen.

M2 Mond (fotografiert mit 10-fach-Zoom)

TIPP
Fertige selbst Fotos des Mondes an und präsentiere sie deiner Klasse.

Beobachten mit einem Teleskop
- Mit einem einfachen Teleskop kann man bereits den Ring des Saturn oder die Jupitermonde erkennen. Auch der Mars ist deutlich zu sehen (M3). Und die Mondoberfläche erscheint zum Greifen nah.

M3 Mars (fotografiert durch ein Teleskop)

M1 Auf hoher See

Das Gradnetz der Erde

Die Vendée Globe gilt als das härteste Segelrennen der Welt. In etwa 80 Tagen segeln die Teilnehmer Tag und Nacht, ohne Unterbrechung allein in ihren Segelbooten um die Welt. Woher wissen die Seglerinnen und Segler, wo sie sich befinden? Und wenn sie in Seenot geraten, was nicht selten vorkommt bei diesem harten Rennen, wie kann man sie mitten auf dem Ozean, quasi im Nirgendwo finden?

Die Positionen der Segelboote werden mit Hilfe der Koordinaten angegeben. Die Erde wird dafür unterteilt in **Breiten-** und **Längenkreise**. Diese gedachten Linien umspannen die Erde wie ein Netz, das sogenannte **Gradnetz**.

Wir arbeiten mit der geographischen Lage

Die geographische Lage eines Ortes wird über die Kombination aus dessen Breitengrad und Längengrad angegeben, z. B. 47° N / 135° W.

Beispiel 1: Ermittle die geographische Lage des Punktes C in Abbildung M5.
Lösung: Der Punkt C liegt nördlich (N) des Äquators auf der Breite 60° und östlich (O) des Nullmeridians auf der Länge 30°. Der Punkt C hat folglich die geographische Lage: 60° N / 30° O.

Beispiel 2: Ermittle, welcher der fünf Punkte in Abbildung M5 die geographische Lage 30° S / 60° W hat.
Lösung: Der Breitengrad 30° S liegt südlich des Äquators. Auf ihm liegen die Punkte A und D. Nur Punkt A liegt aber auch westlich des Nullmeridians auf der Länge 60° W.

Die geographische Lage eines Ortes bestimmen

Schritt 1: Ermitteln des Breitengrades
- Bestimme, ob der Ort nördlich (N) oder südlich (S) des Äquators liegt, und wähle den entsprechenden Buchstaben N oder S.
- Lies den Breitengrad am rechten oder linken Kartenrand ab.

Schritt 2: Ermitteln des Längengrades
- Bestimme, ob der Ort westlich (W) oder östlich (O) des Nullmeridians liegt, und wähle den entsprechenden Buchstaben W oder O.
- Lies den Längengrad am oberen oder unteren Kartenrand ab.

AUFGABEN

1. *Bestimme alle Kontinente, durch die*
   a) *der Äquator hindurchführt,*
   b) *der Nullmeridian hindurchführt (Atlas).*
2. *Bestimme die geographische Lage der Punkte B und D in M5.*
3. *Ermittle, welcher der Punkte in M5 die geographische Lage 0°/60° O hat.*
4. *Ermittle die ungefähre geographische Lage von New Orleans (USA) und von Sankt Petersburg (Russland) (Atlas).*
5. *Ein Segelschiff in Seenot sendet SOS und nennt die Position 40° N /10° O. Benenne die Insel, vor der es liegt (Atlas).*
6. *Bestimme die genaue Lage (Grad, Minuten) von Cuxhaven und Hannoversch Münden (M4, Atlas).*
7. *Bestimme die genaue Lage (Grad, Minuten) deines aktuellen Wohnortes (M4, Atlas, Internet).*

1 Orientieren im Raum

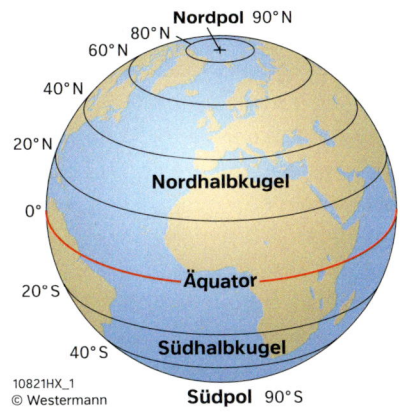

M2 Breitenkreise

Die Breitenkreise

Den längsten Breitenkreis kennst du schon. Das ist der Äquator. Die anderen Breitenkreise liegen parallel zu ihm. Nach Norden und Süden hin werden sie immer kürzer. **Nordpol** und **Südpol** sind nur als Punkte zu sehen.

Auf jeder Halbkugel gibt es 90 Breitenkreise. Der Äquator hat die Bezeichnung Null Grad (0°), die Pole jeweils 90° nördlicher bzw. südlicher Breite.

Gestatten, Herr Breit. Kennst du schon die Breitenkreise?

Längenkreise und Meridiane

Die Längenkreise verlaufen rings um die Erde durch Nordpol und Südpol. Alle Längenkreise sind gleich lang.

Ein halber Längenkreis wird **Meridian** genannt. Die Lage des **Nullmeridians** hat man so festgelegt, dass er direkt durch die Sternwarte von Greenwich bei London verläuft. Vom Nullmeridian aus zählt man 180 Meridiane nach Westen (westliche Länge) und 180 nach Osten (östliche Länge), insgesamt also 360.

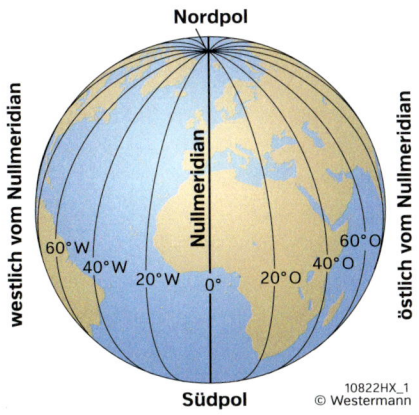

M3 Längenkreise / Meridiane

Ich bin Frau Lang. Längenkreise mag ich am liebsten!

Wenn man ein Segelboot im Ozean sucht, dann wäre es zu ungenau, wenn man nur bei der Gradangabe bleiben würde. Ein Grad entspricht am Äquator etwa 111 km. Aus diesem Grund unterteilt man jedes Grad in 60 Minuten. Eine Minute (1' geschrieben) entspricht der Angabe eine Seemeile (1' = 1 sm = 1852 m). Damit kann man die Angabe 9,5 °O auch so angeben: 9° 30' O und 52,75° N mit 52° 45' O.

M4 Beim Navigieren von Schiffen muss es genauer sein

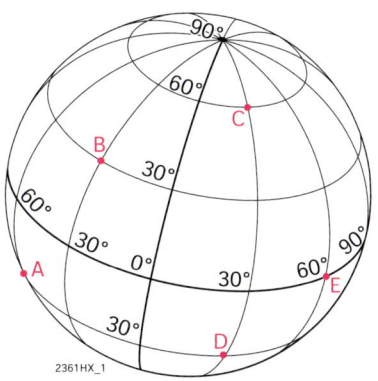

M5 Gradnetz mit eingezeichneten Orten

AKTIV

Geocaching – Schatzsuche mit GPS-Gerät oder Handy

M2 Geocaching

Eine Schnitzeljagd durch den eigenen Wohnort haben sicherlich schon viele von euch unternommen. Aber kennt ihr auch Geocaching? Das ist eine moderne Schnitzeljagd, bei der ein Kompass, GPS-Gerät oder eine Smartphone-App verwendet wird (M2, M3), um durch öffentliche Koordinaten den Standort eines Schatzes bzw. Caches zu finden. Dabei gibt es viele unterschiedliche Typen (M1), in Deutschland sogar extremes Geocaching auf 2812 m Höhe. Auch in deiner Nähe gibt es sicherlich einen der ca. 367 000 in Deutschland versteckten Caches.

M3 Wanderkarte und Kompass bzw. **GPS-Empfangsgerät** sind hilfreich

AUFGABEN

1. Recherchiert in Gruppenarbeit einen Cache in der Nähe eures Wohn- oder Schulortes (www.opencaching.de: oben „Karte" anklicken). Geht gemeinsam auf Schatzsuche.
2. a) Die Klasse wird in zwei Gruppen aufgeteilt. Jede Gruppe erstellt und veröffentlicht einen Geocache (Seite 29).
b) Findet ihr den Cache der anderen Gruppe?

traditional-cache

Der „traditionelle Cache" ist der ursprüngliche Cache. Bei diesem Typ musst du den Schatz am Ort aufsuchen. Dort kannst du dich dann im Logbuch mit deinem Namen eintragen.

multi-cache

Der „Multi-Cache" führt dich über mehrere Stationen zum Schatz. An den Stationen musst du verschiedene Aufgaben lösen.

mystery-cache

Der „Mystery-Cache" verlangt meist einige Vorarbeiten zu Hause: Durch das Lösen eines Rätsels erhältst du die Koordinaten des Behälters.

earth-cache

„Earth Caches" findest du an geologisch interessanten Orten, an denen du z. B. etwas über die Entstehung und den Aufbau der Erde lernen kannst.

event-cache

Ein „Event-Cache" ist ein einmaliges Fest, das z. B. zu einem Geburtstag stattfinden kann. Cacher, die an der Veranstaltung teilgenommen haben, dürfen sich in das Logbuch eintragen.

Ein „CITO-Event" verbindet Umweltschutz mit Geocaching: Bei dieser Veranstaltung wird Müll, z. B. im Wald, aufgesammelt.

M1 Cache-Typen

Einen Ort erkunden mit Google Earth

Schritt 1: Versteck suchen
Mauerritzen, Hütten im Wald oder Löcher in Bäumen eignen sich als Versteck (M5, M7).

Schritt 2: Koordinaten bestimmen
Bestimme die Lages des Caches mit einem GPS-Gerät, **Smartphone** oder Tablet Notiere dir die Koordinaten (M1, M4).

Schritt 3: Cacheposition im Internet bekannt geben
Gib die Koordinaten beispielsweise auf www.geocaching.com bekannt. Dort kannst du auch deinen Cache beschreiben. Beachte, dass der Abstand zwischen zwei Geocaches immer mindestens 161 Meter betragen muss. Sonst wird der Cache vom Kontrolleur nicht genehmigt.

Schritt 4: Was ein Geocache enthält
Wenn dein Cache genehmigt und veröffentlicht ist, können Cacher ihn auf einer Karte sehen (Randspalte) und auf die Suche nach ihm gehen. Jeder Cache muss ein Logbuch enthalten, in das die anderen Cacher sich mit ihrem Namen eintragen. Dieser Eintrag ist der Beweis, dass sie ihn gefunden haben und nun im Internet „loggen" (sich eintragen) dürfen.

Schritt 5: Geocache kontrollieren
Du solltest von Zeit zu Zeit vorbeischauen und z. B. das Logbuch erneuern, die Trackables (=reisende Spielbestandteile, die von Geocachern ausgesendet werden, indem sie diese in einem Geocache oder Event ablegen) austauschen und die richtige Position überprüfen.

M 8 Die richtigen Apps: c:geo und geocaching

Beachte immer die goldenen Regeln (M6), wie cache nur bei Tageslicht, da in der Nacht die Unfallgefahr sehr groß ist.

M 4 Der **Geocache** wurde gefunden

- cache nur im Tageslicht
- bleibe immer auf dem Weg
- sei vorbereitet, denke immer an die richtige Ausrüstung (GPS-Gerät, Smartphone, Karte)
- hinterlasse keinen Müll,
- störe nicht die Natur, weder Tiere noch Pflanzen

M 6 Goldene Regeln fürs Cachen

M 5 Beispiel für einen Cache

M 5 Ein weiteres Beispiel für einen Cache

WES-101570-029

M1 Gekreuzte Pferde am Dachgiebel

Niedersachsen

Höchster Gipfel: Wurmberg (971 m ü. M.)
Längste Flüsse: Elbe, Weser, Ems, Aller
Größte Seen: Steinhuder Meer
Dümmer
Zwischenahner Meer
Größte Städte (Einwohnerzahl):
Hannover (536 925)
Braunschweig (249 406)
Oldenburg (169 077)
Osnabrück (165 215)
Wolfsburg (124 371)
Göttingen (118 911)

M4 Steckbrief zu Landschaften und Städten in Niedersachsen (2019)

Niedersachsen im Überblick

Niedersachsen ist landschaftlich sehr abwechslungsreich (M5). Im Norden grenzt es an die Nordsee. Zu Niedersachsen gehören aber auch die Ostfriesischen Inseln vor der zumeist flachen niedersächsischen Wattenküste.

Aber auch die Mittelgebirge sind für Niedersachsen typisch. Sie erreichen Höhen zwischen 200 und 971 Meter über dem Meer (m ü. M.) Hierzu zählen zum Beispiel der Deister oder der Süntel bei Hannover und Springe. Aber auch der Harz befindet sich teilweise in Niedersachsen. Mit 971 m ü. M. ist der Wurmberg im Harz die höchste niedersächsische Erhebung. Der nur wenige Kilometer nördlich gelegene Brocken (1142 m ü. M.), der höchste Berg des Harzes, liegt im unserem Nachbarbundesland Sachsen-Anhalt.

- Vor der **Küste** liegen die Ostfriesischen Inseln mit ihren Dünen und Sandstränden.
- Das **Watt** ist ein einzigartiger Naturraum, in dem sehr viele Tiere ihren Lebensraum haben. Es wird pro Tag bis zu zwei Mal von der Nordsee überflutet.
- Entlang der Flüsse Elbe, Weser und Ems reicht die **Marsch** weit in das Land hinein. Das Land befindet sich nur knapp über dem Meeresspiegel, stellenweise auch darunter. Darum müssen die Bewohner Deiche bauen, um sich vor Hochwasser zu schützen.
- In der **Geest** steigt das Land zum Teil auf über 100 Meter an. Hügel oder kleine Berge prägen die Landschaft, in der Landwirtschaft nur schwer möglich ist. Die Fläche der Lüneburger Heide gehört zur Geest. Hier blüht das berühmte Heidekraut im August/September lila.
- An den Ufern entlang der Flüsse liegen die Talauen, die bei Hochwasser regelmäßig überflutet werden. Dann lagern sich in diesen flachen Räumen, die oft als Vieh- oder Pferdeweiden genutzt werden, immer wieder fruchtbare, vom Fluss mittransportierte Schwebstoffe ab.
- In den **Börden** befinden sich die fruchtbarsten Böden Niedersachsens. Deshalb wird hier viel Landwirtschaft betrieben.
- Die Bergländer im Süden Niedersachsens sind ein Teil der **Mittelgebirge** Deutschlands.

M2 Die Landschaften Niedersachsens

AUFGABEN

1 Arbeite mit der Karte M5, M2 und dem Atlas.
  a) Benenne die Städte, Gewässer, Gebirge und Berge.
  b) Benenne die Bundesländer, die an Niedersachsen grenzen.

2 Ordne die Fotos (M3) den Landschaften zu (M2, M5).

3 Berechne die Entfernung von Cuxhaven bis Göttingen im Süden Niedersachsens (M5, Atlas).

4 Ordne die Städte Emden, Cloppenburg, Stade, Hildesheim und Goslar den niedersächsischen Landschaften zu (M3 und M5).

M3 Niedersachsen in Bildern

1 Orientieren im Raum

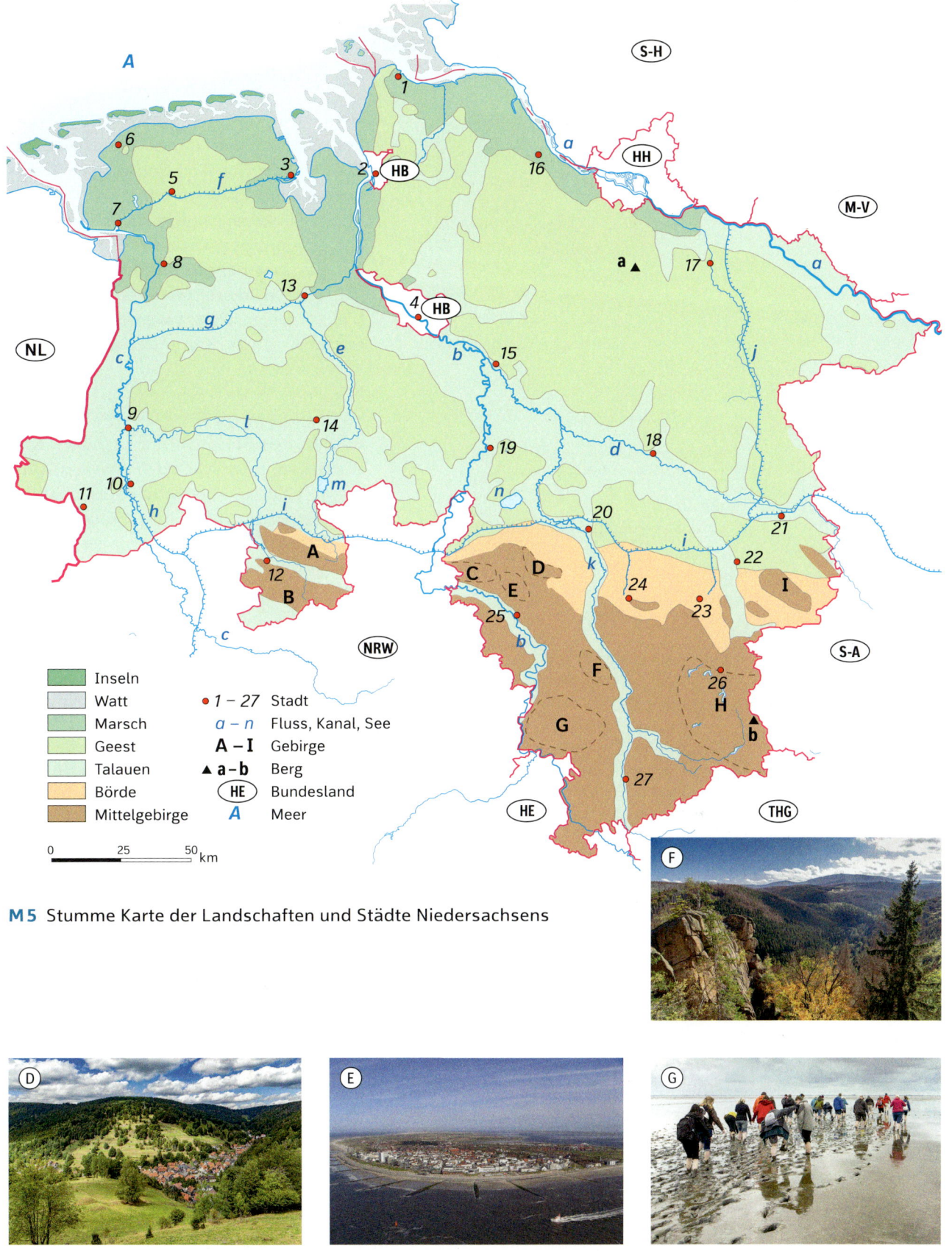

M5 Stumme Karte der Landschaften und Städte Niedersachsens

Unser Bundesland Niedersachsen

M1 Die niedersächsische Landesflagge

Die Geschichte Niedersachsens

Der Ursprung des Namens Niedersachsen geht auf die Sachsen zurück. Die Volksgruppe lebte 150 nach Christus in Holstein (heute südliches Schleswig-Holstein) und auf einigen Inseln vor der Elbmündung. Mit der Zeit dehnte sie ihre Herrschaft auf Nordwestdeutschland aus. Der Name Niedersachsen wurde zum ersten Mal 1512 erwähnt.

Fläche:
47 635 km² (Deutschland: 357 123 km²)

Einwohner:
8 Millionen (2021) (Deutschland: 83,1 Mio.)

Hauptstadt:
Hannover

Sitz der Landesregierung:
Niedersächsischer Landtag
137 Abgeordnete (2021)

wichtige Aufgaben der Landesregierung:
- Sicherheit und Gesundheit der Menschen (Vorgaben an Polizei und Krankenhäuser)
- Organisation der Bildung in Schulen und Universitäten, Bezahlung der Lehrkräfte
- Förderung von Kultur, z. B. Theater
- Infrastruktur

M2 Steckbrief von Niedersachsen

Das Bundesland Niedersachsen

Das **Bundesland** Niedersachsen entstand 1946 (M2). Nach dem Zweiten Weltkrieg (1939 – 1945) wurden die Länder Braunschweig, Oldenburg, Schaumburg-Lippe und die Provinz Hannover zusammengelegt. Zum Wappen des Bundeslandes wurde das springende weiße Ross im roten Schild gewählt. Auch in der Landesflagge ist das Wappen wiederzufinden (M1). Den Hintergrund bildet die deutsche Nationalflagge.
Den politischen Mittelpunkt Niedersachsens bildet die Landeshauptstadt Hannover (M5). Hier arbeiten der Landtag (die gewählten Volksvertreter Niedersachsens, M3, M6) und die Landesregierung. Seit 2005 existieren in Niedersachsen 37 Landkreise, 8 kreisfreie Städte, die Region Hannover sowie 1012 kreisangehörige Städte und Gemeinden.

M3 Leineschloss – Sitz des Landtages

AUFGABEN

1. a) *Lokalisiere auf der Karte M4 deinen Heimatlandkreis oder die kreisfreie Stadt, in der du wohnst (Atlas).*
   b) *Benenne benachbarte Landkreise (M4, Internet).*
2. a) *Nenne einige Behörden deiner Gemeinde bzw. Stadt (z. B. Schulverwaltungsamt) (Internet).*
   b) *Recherchiere, welche Aufgaben sie ausführen (M5, Internet).*

1 Orientieren im Raum

M 4 Die Verwaltungsgliederung Niedersachsens

Einwohner: 534 090 (2021)

Fläche: 204 km²

Sitz des Oberbürgermeisters: neues Rathaus

wichtige Aufgaben der Stadt:
- Sicherheit der Bevölkerung (Feuerwehr/Polizei)
- Betreiben von Kindertagesstätten, Bibliotheken, Schwimmbädern, Schulen und Krankenhäusern, Rettungsdienst
- Verkehr/Mobilität
- Hilfe für Kinder und Jugendliche durch das Jugendamt und die Jugendhäuser
- Pflege von Parks und Grünflächen

M 5 Die Landeshauptstadt Hannover

M 6 Im niedersächsischen Landtag

WES-101570-033

METHODE

Wir erstellen eine Kartenskizze von Niedersachsen

Karten kannst du vereinfacht nachzeichnen. Die Zeichnungen A – D zeigen die Vereinfachung der Niedersachsenkarte, eine sogenannte **Kartenskizze** oder **Faustskizze**. Dabei wird der Umriss einprägsamer, weil er begradigt ist.

Arbeite am Anfang mit Transparentpapier. Legt es auf eine Karte und zeichne den Umriss nach. Das Transparentpapier gibt dir zunächst größere Sicherheit beim Abzeichnen. Später kannst du einfacher freihändig den Umriss von Niedersachsen auf ein weißes Blatt Papier zeichnen.

Schritt 1:

Wähle zunächst eine Karte von Niedersachsen aus, die dir als Vorlage dient. Eine Atlaskarte oder die Karte im Buch auf Seite 31 ist geeignet. Zeichne dann die Landesgrenzen in grober Form mit einem roten und den Küstenverlauf zur Nordsee mit einem blauen Stift auf Transparentpapier nach. Anschließend fertigst du die gleiche Skizze auf einem weißen Blatt Papier an.

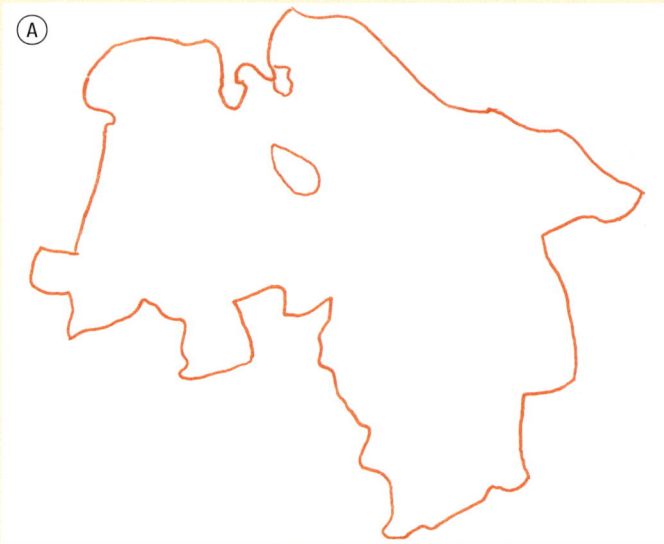

M1 Umrisskarte ...

Schritt 2:

Trage als nächstes die Gebirge von Niedersachsen mit einem braunen Stift ein. Die Wolkenform hilft dir, den groben Umriss zu gestalten.
Zeichne große Flüsse sowie den Mittellandkanal mit Blau in der Karte ein. Dabei gehst du genauso wie bei dem Umriss vor. Auch die Flüsse werden in Skizzen begradigt.

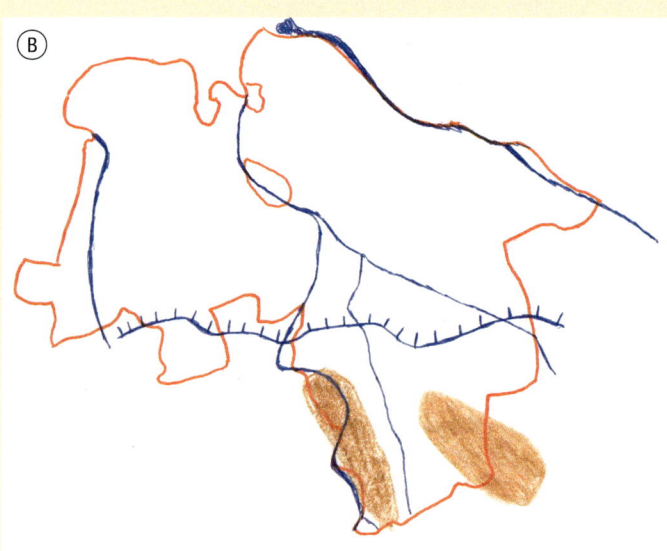

M2 ... mit Gewässern und Gebirgen

1 Orientieren im Raum

AUFGABEN

1. Erstelle deine eigene Kartenskizze von Niedersachsen mithilfe der Anleitung.
2. Erstelle eine thematische Karte von Niedersachsen, zum Beispiel zu Freizeitangeboten. Finde dafür passende Symbole. In einem Atlas oder Internet kannst du Anregungen für Symbole finden.

M6 Beispiele für Kartensymbole

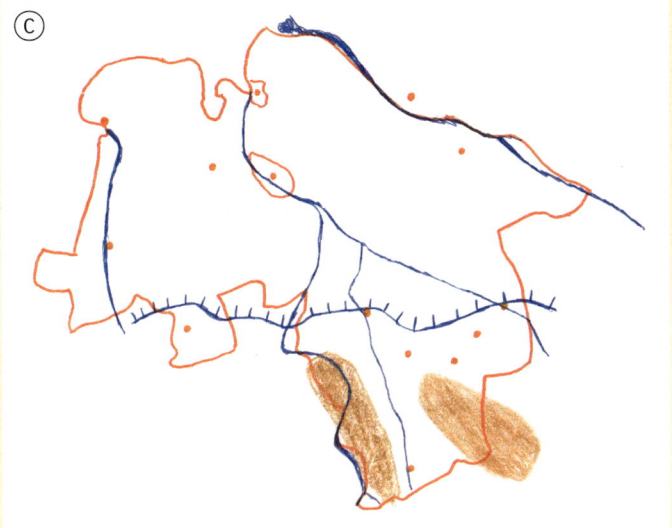

M3 ... mit Städten

Schritt 3:
Kennzeichne wichtige Städte durch einen roten Punkt. Beim Einzeichnen der Städte ist es hilfreich, sich an den Gebirgen und Flüssen zu orientieren.

M4 ... mit Beschriftung

Schritt 4:
Würdest du alle Gebirge, Flüsse und Städte direkt in der Kartenskizze beschriften, wäre diese sehr voll und damit unübersichtlich. Wähle deshalb eine sinnvolle Beschriftung für sie, zum Beispiel Zahlen oder Buchstaben.
Zum Schluss solltest du deiner Kartenskizze einen Namen geben, z. B. „Niedersachsen – Mein Bundesland"

WES-101570-035

35

Deutschland – Ein natürliches Quartett

M1 Dümmer See bei Marl in Niedersachsen

M2 Im Weserbergland

M3 Forggensee bei Füssen in Bayern

M4 Wettersteingebirge mit Zugspitze bei Garmisch-Partenkirchen

(A) Der Mittelgebirgsraum erstreckt sich zwischen 500 – 1000 m ü. M., von der Donau im Süden bis zum Harz im Norden. Es gibt viele Berge mit dichten Wäldern, sanften Hügeln und schroffen Tälern. An den steilen Hängen findet sich vorwiegend Wald. Manchmal wird dort auch Wein angebaut, wie zum Beispiel im Tal der Mosel. Der Feldberg (1493 m ü. M.) ist der höchste Berg im deutschen **Mittelgebirge**.

(B) Im **Alpenvorland** sind die Höhenunterschiede gering (300 – 800 m ü. M.). Es beginnt an der Donau im Norden und reicht bis an den Rand der Alpen. Die Landschaft ist flach bis hügelig. Auf den Hügeln wächst häufig Wald. Es gibt viele unterschiedlich große Seen: während die kleinen Seen oft rundlich sind, haben die großen Seen eine längliche Form und sind schmal, wie zum Beispiel der Starnberger See oder der Bodensee.

(C) Im **Norddeutschen Tiefland** ist keine Erhebung höher als 200 – 500 m ü. M. Viele Gebiete liegen sogar nur knapp über dem Meeresspiegel. Das Norddeutsche Tiefland reicht von den Küsten der Nord- und Ostsee über 250 km etwa bis zu den Städten Köln, Hannover und Leipzig. Die Landschaft ist flach oder leicht wellig. An den Küsten der Nord- und Ostsee befinden sich wichtige Häfen. Es gibt auch viele Wiesen und Weiden. Weiter im Süden ist der Boden äußerst fruchtbar und dort werden Zuckerrüben angebaut.

(D) Die **Alpen** erstrecken sich im Süden Deutschlands. Die Berge erreichen hier Höhen von über 1500 m ü. M. und die Täler sind sehr tief und eng. Oft sind die Gipfel das ganz Jahr über mit Schnee und Eis bedeckt, sodass sogar im Sommer Ski gefahren werden kann. Die Zugspitze ist mit 2962 m ü. M. der höchste Berg Deutschlands und kann mit einer Seilbahn erreicht werden. Weil die Berghänge steil und felsig sind, gibt es hier Wasserfälle und wilde Flüsse. Auf den felsigen Gipfeln wachsen keine Pflanzen mehr.

M5 Großlandschaften in Deutschland

Deutschland im Profil

Die Klasse 5b plant eine zwölftägige Radtour. "Vor der Festlegung der Strecke sollten wir uns aber die Höhenunterschiede und Steigungen genauer ansehen", überlegt Klassensprecher Bennit. Um sich die Oberflächenformen Deutschlands besser vorstellen zu können, zeichnet die Klasse Profile von den Küsten bis zu den Alpen. Wie du Profile zeichnest, hast du bereits auf den Seiten 20 und 21 gelernt. Hier kannst du es an einem größeren Raumbeispiel üben.

AUFGABEN

1. Beschreibe die Bilder M1 – M4.
2. Ordne die Texte Ⓐ – Ⓓ in M5 einem Bild (M1 – M4) zu. Begründe deine Zuordnung.
3. Verorte die Bilder auf der Karte (M7).
4. Fasse in einer Tabelle die wichtigsten Merkmale der vier Großlandschaften Deutschlands zusammen. ↗
5. a) Nenne die Städte in M6.
   b) Überprüfe in M7, welche Profillinie (A, B oder C) dem Nord-Süd-Profil M6 entspricht.
6. a) Erstelle ein selbst beschriftetes Nord-Süd-Profil einer weiteren Profillinie in M7. Nutze auch den Atlas.
   b) Bildet Paare aus Schülerinnen und Schülern, die unterschiedliche Profile gezeichnet haben: Beschreibt euch gegenseitig die Landschaften entlang der Profillinie.
7. Plant eine Fahrradtour durch Deutschland. Erläutert, entlang welcher Profillinie die Strecke interessant wäre.

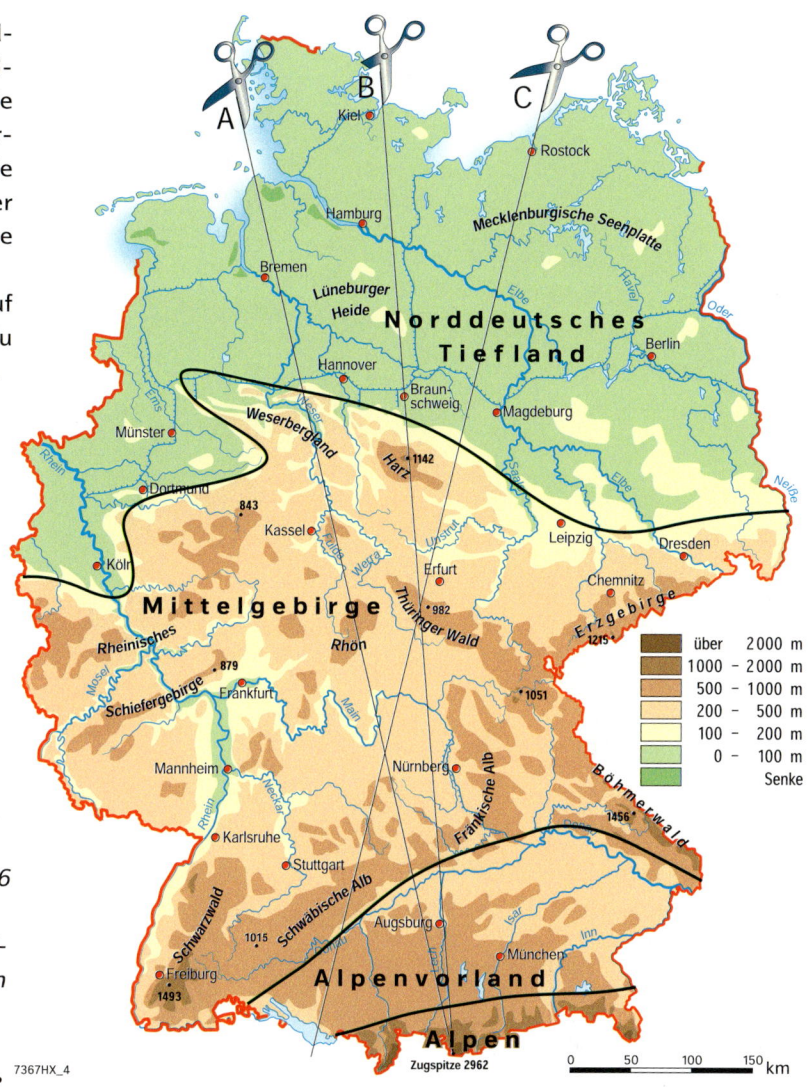

M7 Deutschlandkarte mit Profilen

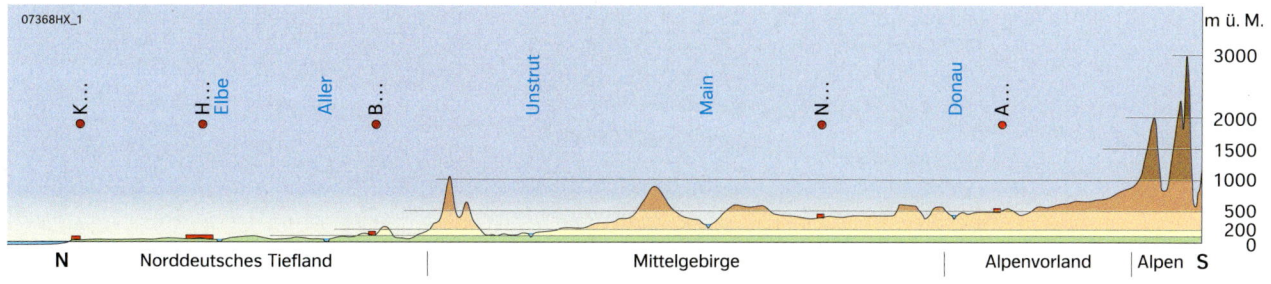

M6 Nord-Süd-Profil durch Deutschland

37

Verwaltungseinheiten der Bundesrepublik Deutschland

M1 Deutschlands 16 Bundesländer und Landeshauptstädte

M2 Wappen der 16 Bundesländer in alphabetischer Reihenfolge

Delilah ist Schülerin und Bürgerin der Stadt Oldenburg, da sie in Oldenburg wohnt. Sie ist gleichzeitig deutsche Staatsangehörige und damit Bürgerin der Bundesrepublik Deutschland mit der Hauptstadt Berlin (M5 – M8). Zugleich ist Delilah auch Bürgerin Niedersachsens. Niedersachsen ist eines von 16 Bundesländern (M3), in die Deutschland aufgeteilt ist.

Der Staat Deutschland, das Bundesland Niedersachsen und die Stadt Oldenburg sind allesamt sogenannte **Verwaltungseinheiten** (M4), die unterschiedliche Aufgaben für ihre Bürger erfüllen, wie zum Beispiel den Bau von Straßen oder die Bezahlung der Lehrkräfte an Schulen. All dies kostet viel Geld. Deshalb müssen die Bürger Steuern zahlen.

AUFGABEN

1. a) Ermittle zu ①–⑯ (M1) das jeweilige Bundesland und die dazugehörige Hauptstadt (Atlas).
   b) Ordne die Wappen in M2 den 16 Bundesländern zu.
2. Nenne mithilfe des Atlas die Namen aller Bundesländer:
   a) die an Niedersachsen grenzen,
   b) durch die der Rhein fließt,
   c) die an Nord- oder Ostsee liegen.
3. Recherchiert im Internet in Kleingruppen die Aufgaben von
   a) Bundespräsident,
   b) Bundeskanzler,
   c) Bundestag.

Die 16 Bundesländer unterteilen sich in 13 **Flächenstaaten** und 3 **Stadtstaaten** (Berlin, Hamburg und Bremen).
Jeder Flächenstaat hat eine Landeshauptstadt und erstreckt sich zumeist über eine große Fläche.
Die Stadtstaaten Hamburg und Berlin bestehen nur aus der Stadt selbst. Zu Bremen gehört auch Bremerhaven.

M3 Stadtstaaten und Flächenstaaten

Staat: Bundesrepublik Deutschland 2021
Einwohner: 83,1 Millionen
Hauptstadt: Berlin
Sitz der Bundestages: Reichstag
wichtige Aufgaben:
- Kindergeld, Arbeitslosengeld;
- Bau und Erhaltung von Autobahnen und Eisenbahnlinien;
- Verteidigung mithilfe der Bundeswehr

M4 Verwaltungseinheit Deutschland

M 5 Reichstagsgebäude – Sitz des Bundestages (gewählte Volksvertreter Deutschlands)

Sitz: Reichstagsgebäude in Berlin
Regierungsperiode: vier Jahre

20. Regierungsperiode
Wahl: 26. September 2021
Abgeordnete: 736 (2021)
Vorsitz: Bundestagspräsidentin Bärbel Bas (SPD)
Sitzverteilung:
Sozialdemokratische Partei Deutschlands (SPD): 206
Christlich Demokratische Union Deutschlands (CDU)/Christlich-Soziale Union in Bayern (CSU): 197
Bündnis 90/Die Grünen: 118
Freie Demokratische Partei (FDP): 92
Alternative für Deutschland (AfD): 82
Die Linke: 39
fraktionslos: 2
Regierungsparteien:
SPD, FDP, Bündnis 90/Die Grünen
Bundeskanzler: Olaf Scholz (SPD)
Oppositionsparteien:
CDU/CSU, AfD, Die Linke

Aufgaben: Das Diskutieren und Beschließen von Gesetzen sowie die Kontrolle der Regierung

M 6 Deutscher Bundestag

M 7 Im Deutschen Bundestag – Abgeordnete treffen sich zur ersten Sitzung der neuen Legislaturperiode.

M 8 Schloss Bellevue – Sitz des Bundespräsidenten

WES-101570-039

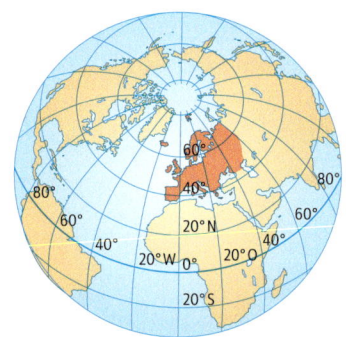

Die Straße von Gibraltar
Der Mont Blanc, der höchste Berg der Alpen

Das Nordkap im Norden Europas
Die Wolga, der längste Fluss Europas
Die Meerenge des Bosporus in Istanbul

M1 Vielfältiges Europa

Europa – ein reich gegliederter Kontinent

Europa besteht aus zahlreichen **Tiefländern**, Mittelgebirgen und **Hochgebirgen**. Ebenso auffällig ist die starke Gliederung der Küsten – von Norwegen bis zur griechischen Inselwelt der Ägäis (M3). Eine Besonderheit sind die vielen Inseln und Halbinseln.

Im Süden, Westen und Norden begrenzen Meere unseren Erdteil. Im Osten ist die Grenze nicht so leicht zu finden, denn Europa und Asien bilden eine gemeinsame Landmasse (Eurasien). Durch die lange gemeinsame Geschichte wird Europa jedoch als eigener Kontinent betrachtet (M5). Als Ostgrenze gilt heute folgender Verlauf: Uralgebirge, Uralfluss, Kaspisches Meer, Schwarzes Meer, Meerenge Bosporus. Ob der Norden des Kaukasusgebirges noch zu Europa gehört, ist unter Geographen umstritten (M2).

Elbrus im Kaukasus

Als höchster Berg Europas gilt für viele der Mont Blanc (4810 m ü. M.) in den französischen Alpen. Diesen Rang macht ihm der höhere Elbrus (5642 m ü. M.) im Kaukasus streitig. Denn Experten diskutieren darüber, ob die Grenze zwischen Asien und Europa durch den Kaukasus oder nördlich davon verläuft (M3).

M2 Welcher ist der höchste Berg Europas?

AUFGABEN

1 Benenne die Meere, Gebirge, Inseln und Flüsse in M3 (Atlas).

2 Ordne ① bis ⑤ aus M3 den Fotos in M1 zu.

3 a) Übernimm M4 skizzenhaft in dein Heft.
b) Ergänze die natürlichen Grenzen Europas (M3).
c) Nenne europäische Staaten, die eine „Grenze" von Europa bilden (Atlas). Ergänze deine Skizze.

4 Europa lässt sich in Tiefländer, Mittelgebirge und Hochgebirge gliedern. Nenne für jede dieser Oberflächenformen drei Beispiele (M3, Atlas).

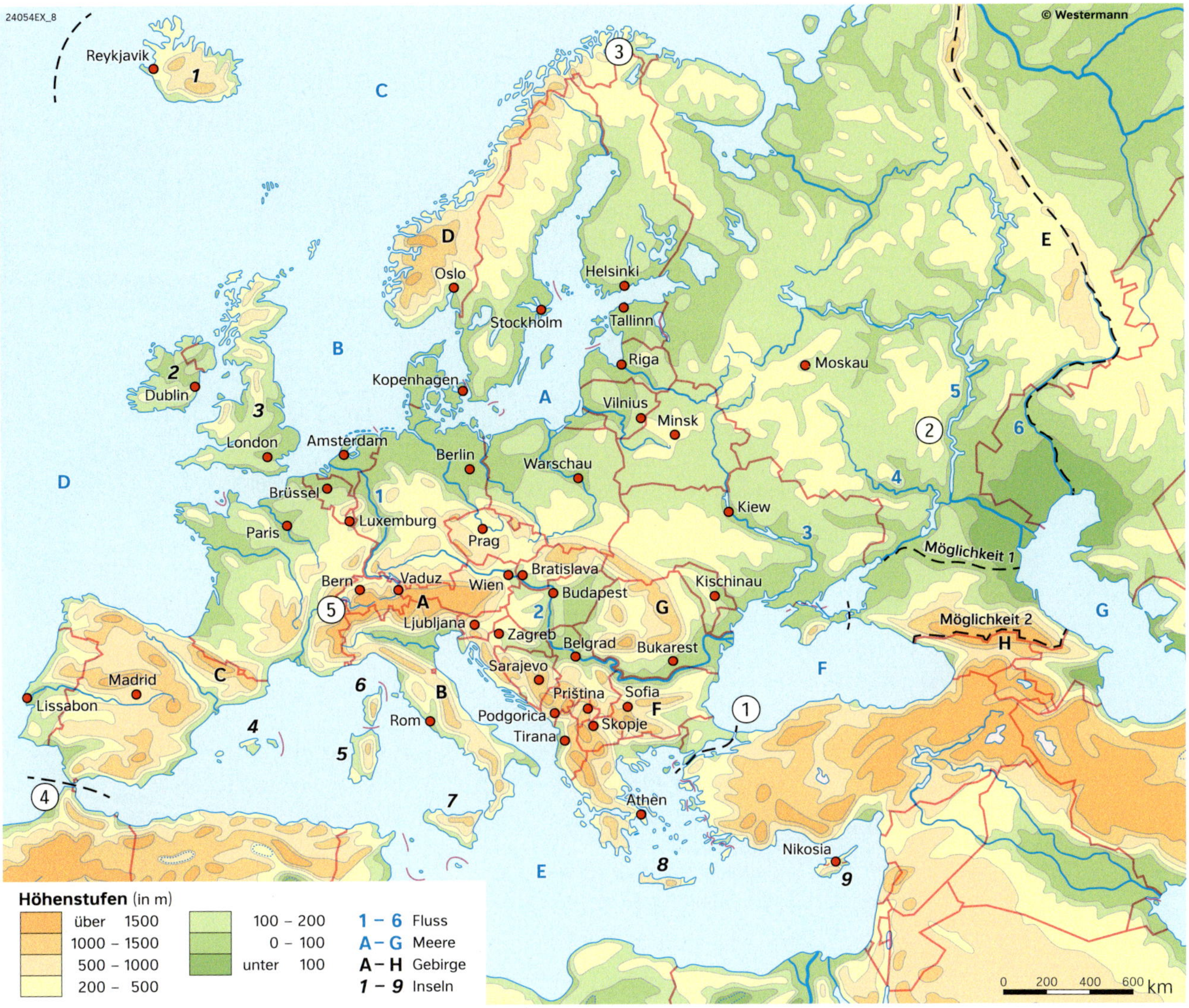

1 Orientieren im Raum

M 3 Oberflächengliederung und Grenzen Europas

Höhenstufen (in m)
- über 1500
- 1000 – 1500
- 500 – 1000
- 200 – 500
- 100 – 200
- 0 – 100
- unter 100

- **1 – 6** Fluss
- **A – G** Meere
- **A – H** Gebirge
- **1 – 9** Inseln

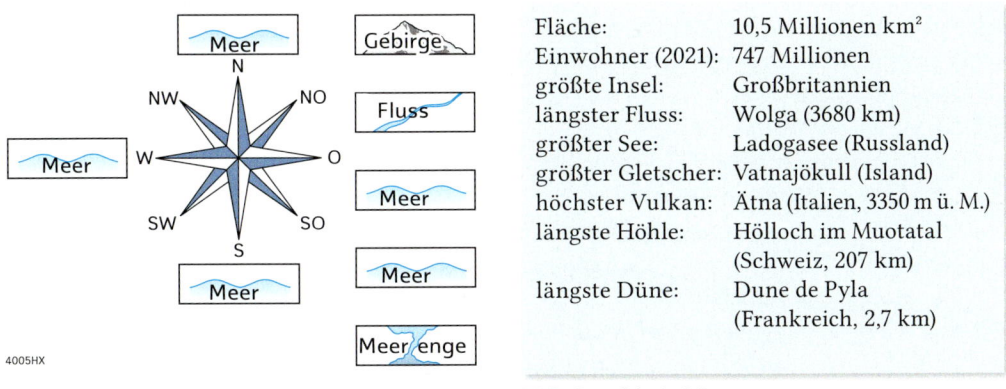

M 4 Die Grenzen Europas

Fläche:	10,5 Millionen km²
Einwohner (2021):	747 Millionen
größte Insel:	Großbritannien
längster Fluss:	Wolga (3680 km)
größter See:	Ladogasee (Russland)
größter Gletscher:	Vatnajökull (Island)
höchster Vulkan:	Ätna (Italien, 3350 m ü. M.)
längste Höhle:	Hölloch im Muotatal (Schweiz, 207 km)
längste Düne:	Dune de Pyla (Frankreich, 2,7 km)

M 5 Steckbrief Europas

EXTRA

Europa – Staatenreichtum und Sprachenvielfalt

Die Vielfalt an Ländern ist eine Besonderheit Europas. Auf 47 Länder ist Europa inzwischen angewachsen. Der Vatikanstaat als kleinstes Land gehört genauso dazu wie Russland, das nur mit einem Teil in Europa liegt.

Auch die Ess- und Lebensgewohnheiten in Europa sind sehr vielfältig. Es gibt in Europa trotz der Vielfalt gemeinsame Traditionen. Einheitliche Baustile bestimmen, aufgrund einer gemeinsamen Geschichte, beispielsweise das Aussehen vieler Kirchen und Schlösser. So wurde von etwa 1140 bis zum Jahr 1550 in Frankreich ebenso wie in Italien und Deutschland im Baustil Gotik gebaut. Zur Vielfalt Europas gehören über 70 Sprachen. Versuche doch mal, die Redewendungen nachzusprechen, die die Kinder in ihrer Muttersprache für dich ausgesucht haben (M1).

AUFGABEN

1. *Ordne die Redewendungen unter den Fotos der Kinder aus M1 den nachfolgenden Übersetzungen zu. Kannst du die jeweilige Sprache benennen?*
   a) „Eine Kuh, die viel muht, gibt wenig Milch."
   b) „Große Klappe und nichts dahinter."
   c) „Viel weiß, wer weiß, dass er nichts weiß."
   d) „Wenn man von der Sonne spricht, so scheint sie."
2. *Nenne, beginnend mit Dänemark, die Nachbarstaaten Deutschlands im Uhrzeigersinn (M2).*
3. *Gib in eigenen Worten die Namensgebung des Kontinents Europa wieder (M3).*
4. *Erstelle eine Tabelle zu Staatengruppen in Europa. Ergänze mithilfe des Atlas und M2 zu jeder Staatengruppe mindestens fünf Staaten mit Hauptstadt.* ↗
5. *Beschreibe in eigenen Worten deine Vorstellung von Europa und seiner Bedeutung.*

Paolo sagt: „Assai sa chi sa che non sa."

Maren sagt: „Når man snakker om sola, så skinner den."

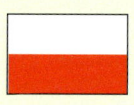

Mateusz sagt: „Krowa, która dużo ryczy, mało mleka daje."

Jessica sagt: „All mouth and no trousers."

M1 Sprichwörter in europäischen Sprachen (Auswahl)

1 Orientieren im Raum

M2 Die Gliederung Europas in Großräume und Staaten

Der Name Europa stammt aus einer alten griechischen Sage. Der Göttervater Zeus verliebte sich in die schöne asiatische Königstochter Europa und überlegte, wie er sie für sich gewinnen könnte.
Ihm kam eine Idee: Er verwandelte sich in einen wunderschönen weißen Stier, ließ die hübsche Europa auf seinen Rücken steigen und entführte sie auf die Insel Kreta. Dort verwandelte er sich wieder in seine Menschengestalt und verkündete:
„Ich bin König dieses Landes. Der Erdteil, der dich nun aufgenommen hat, soll für immer deinen Namen tragen: Europa."

M3 Die Namensgebung Europas

43

EXTRA

M1 Die Flagge Europas zeigt 12 Sterne. Die Zahl steht für die Einheit und Vollkommenheit.

INFO

Das Vereinigte Königreich besteht aus den Ländern England, Schottland, Wales und Nordirland. Großbritannien ist der Name der Insel auf der England, Schottland und Wales liegen.

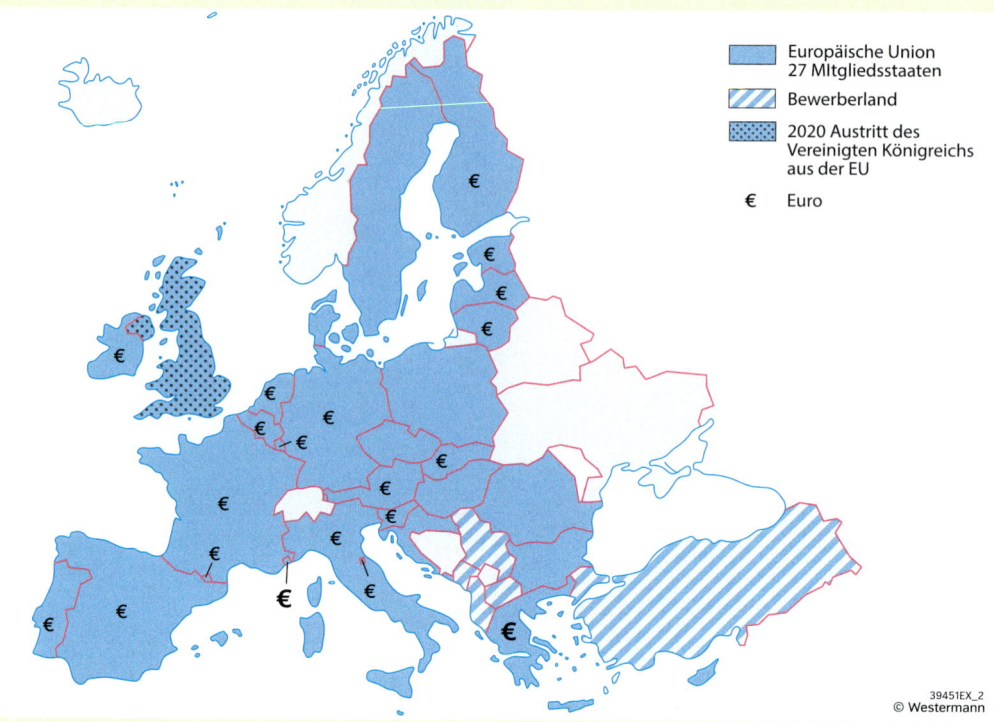

M2 Die Staaten der Europäischen Union und die Länder der Euro-Zone

Die Europäische Union – in Vielfalt geeint

Nach dem Zweiten Weltkrieg (1939–1945) beschlossen die Politiker von sechs europäischen Ländern (Deutschland, Frankreich, Italien, Belgien, Niederlande und Luxemburg), enger zusammenzuarbeiten. Denn nie wieder sollte es Krieg in Europa geben. Die Länder sollten in Frieden miteinander Handel treiben können und sich gegenseitig in schlechten Zeiten unterstützen.

Die Politiker achteten zunächst zum Beispiel darauf, dass alle Länder genug Kohle und Stahl bekamen, um ihre Fabriken mit Energie versorgen zu können. Kein Land sollte so unbemerkt aus Kohle und Stahl Kriegswaffen herstellen können.

Inzwischen gibt es die **Europäische Union (EU)** seit dem Jahr 1993. Aus sechs Ländern zu Beginn wurden bis heute 27 EU-Staaten (M4). Weitere Staaten wollen der Europäischen Union beitreten.

AUFGABEN

1. Spiele mit deinem Partner: Zeigt euch auf der Karte M2 EU-Staaten und benennt diese.
2. Nenne Ursachen für die Gründung der Europäischen Union.
3. a) Nenne Beispiele für Einflüsse der EU auf deinen Alltag (M3, M5).
   b) Nenne ein Ziel der EU, das für dich besonders wichtig ist (M5). Erläutere deine Wahl.
4. Analysiere den Steckbrief der EU unter dem Motto: „In Vielfalt vereint" (M5).
5. Die Ziele der EU dienen dem Frieden und der Freiheit." Nimm Stellung zu der Aussage (M3, M5).
6. a) Recherchiere Vor- und Nachteile der EU. Lege eine Tabelle an.
   b) Nimm Stellung zu den Vor- und Nachteilen

1 Orientieren im Raum

Max, 12 Jahre

"Was geht mich die EU überhaupt an?"

Julia, 14 Jahre

"Denk doch mal an meinen letzten Geburtstag! Onkel Stefan aus Spanien hat mir 100 Euro auf mein deutsches Konto überwiesen. Dank der einheitlichen Regelungen innerhalb der EU habe ich das Geld schnell und problemlos erhalten."

Cornelia, 44 Jahre

"Dadurch, dass wir nahe der Grenze wohnen, habe ich auch die Möglichkeit, in den Niederlanden zu arbeiten. Auf dem Heimweg kaufe ich oft ein. Dank der EU wird mein Einkauf weder kontrolliert, noch muss ich Zoll zahlen."

Katrin, 74 Jahre

"Du kannst dir das gar nicht mehr vorstellen: Früher gab es in jedem Land der EU eine eigene Währung. Da war ständiges Umtauschen des Geldes bei Auslandsreisen an der Tagesordnung. Heute ist das dank des Euros nicht mehr nötig und wir können Preise besser miteinander vergleichen."

Andreas, 72 Jahre

"An die langen Staus an den innereuropäischen Grenzen kann ich mich noch gut erinnern. Auf dem Weg in unseren letzten Urlaub nach Italien haben wir hingegen fast nicht gemerkt, dass wir zwei Grenzen überquerten. Heute gibt es nämlich keine Ausweiskontrollen mehr. Einen Pass haben wir auch nicht benötigt."

M 3 Familie Müller aus Niedersachsen diskutiert

- In den 27 Ländern der EU leben 447 Mio. Menschen (2021).
- In der EU werden 24 verschiedene Sprachen gesprochen.
- 19 EU-Staaten verwenden mit dem Euro eine gemeinsame Währung (M2).
- Die Regierungschefs der Länder bilden zusammen den Europäischen Rat und treffen dort wichtige Entscheidungen.
- Die europäischen Gesetze der EU werden vom Europäischen Parlament (über 705 Mitglieder aus allen EU-Staaten) und dem Europäischen Rat erlassen.

M 4 Steckbrief der EU

- Alle Menschen in der EU sollen möglichst gute Lebensbedingungen haben sowie dieselben Grundrechte und Freiheiten genießen.
- In der EU soll jedes Land Waren einfach kaufen und verkaufen können.
- Durch enge Zusammenarbeit der EU-Staaten sollen sich die Menschen trotz unterschiedlicher Traditionen, Kulturen und Sprachen besser vertrauen, um friedlich zusammenleben zu können. Motto: „In Vielfalt vereint".
- Alle Menschen in der EU sollen die gleichen Chancen haben.

M 5 Ziele der EU

WES-101570-045

INFO
Der kugelförmige Globus ist ein verkleinertes Modell der Erde (M3). Er steht schief, weil sich auch unsere Erde schräg um ihre eigene Achse dreht.

M1 Satellitenbild unseres Planeten Erde

M3 Der Globus

Kontinente und Ozeane

Die Erde wird durch den **Äquator** (M3, M4) in zwei Hälften geteilt: die **Nordhalbkugel** (oben) und die **Südhalbkugel** (unten). Die Landmassen, auch **Kontinente** genannt, bedecken nur den kleineren Teil der Erdoberfläche, denn die **Ozeane** sind zusammen mehr als doppelt so groß. Man unterscheidet sieben Kontinente und drei sogenannte Weltmeere, die Ozeane (M4).

Seit 2010 ist Alexander Gerst Astronaut. Im Jahr 2014 verbrachte er 166 Tage lang auf der Internationalen Raumstation ISS, wo er viele wissenschaftliche Experimente durchführte. Seine Raumfahrtmission trug den Namen „Blauer Punkt im All". Im Jahr 2018 besuchte er zum zweiten Mal die ISS, wo er dort erstmals auch das Kommando übernahm. Alexander Gerst umrundete mit der ISS in 400 Kilometern Höhe alle 90 Minuten einmal vollständig die Erde. So konnte er mehrmals am Tag faszinierende Eindrücke von unserem Planeten sammeln.

M2 Der Astronaut Alexander Gerst

AUFGABEN

1 Benenne die Ozeane und Kontinente, die im Satellitenbild der Erde (M1) zu sehen sind.
2 Beschreibe die Lage von Europa und Südamerika zu den angrenzenden Kontinenten und Ozeanen (M4).
3 Vergleiche die Darstellungsweise der Erde auf einem Satellitenbild (M1) und einem Globus (M3).
4 Erläutere die Bedeutung des Namens der ersten Raumfahrtmission von Alexander Gerst (M2).
5 Die Südhalbkugel der Erde wird manchmal auch „Wasserhalbkugel" und die Nordhalbkugel auch „Landhalbkugel" genannt. Erkläre (M4).
6 Begründe folgende Aussage: „Die höchste und die tiefste Stelle auf der Erde sind vom Menschen nur schwer zu erreichen" (M5).

1 Orientieren im Raum

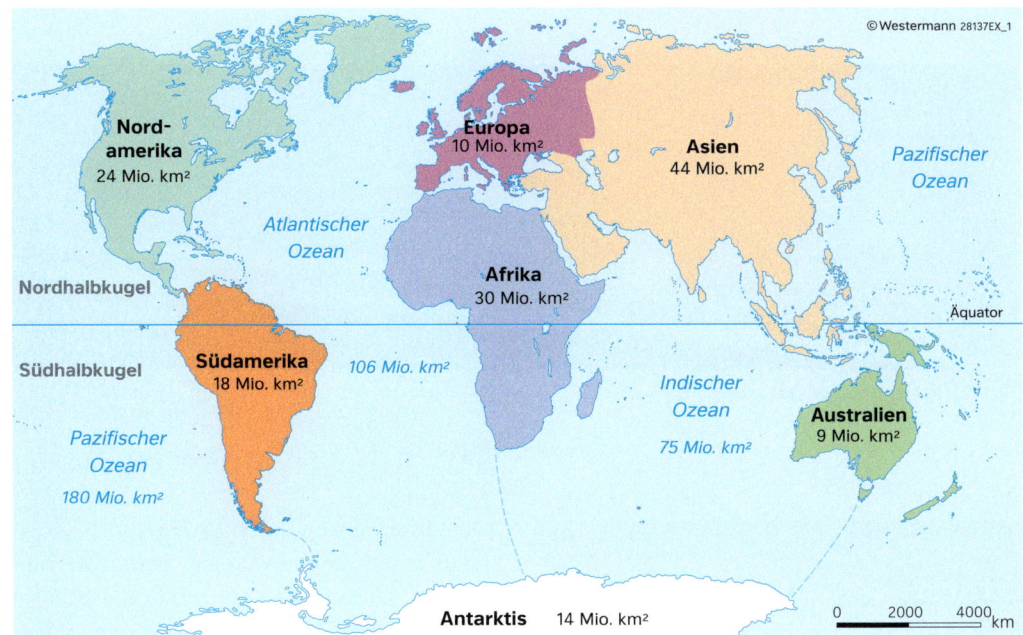

M4 Kontinente und Ozeane der Erde im Überblick

Durchmesser: ca. 12 750 km
Könnte man mit einem U-Boot bei einem Tempo von 50 km/h zum Mittelpunkt der Erde und wieder zurück tauchen, so würde man dafür etwa zehn Tage benötigen.

Umfang: ca. 40 000 km
In der Schrittgeschwindigkeit von 5 km/h bräuchte ein Mensch etwa elf Monate, um die Erde einmal am Äquator zu umrunden.

höchster Berg: Mount Everest (8 848 m ü. M.)
Auf dem Mount Everest ist die Luft sehr „dünn". Ein Mensch muss dort dreimal so viel Luft atmen wie auf Höhe des Meeresspiegels. Nur so erhält er genug Sauerstoff und kann überleben.

größte Tiefe: Marianengraben (11 034 m u. M.)
Elf Kilometer unter der Meeresoberfläche ist der Druck durch das Wasser extrem groß. Er entspricht dem Druck, den 150 Elefanten auf einen am Boden liegenden Menschen ausüben würden.

Gipfel des Mount Everest

Tief im Pazifischen Ozean

M5 Rekorde der Erde

EXTRA

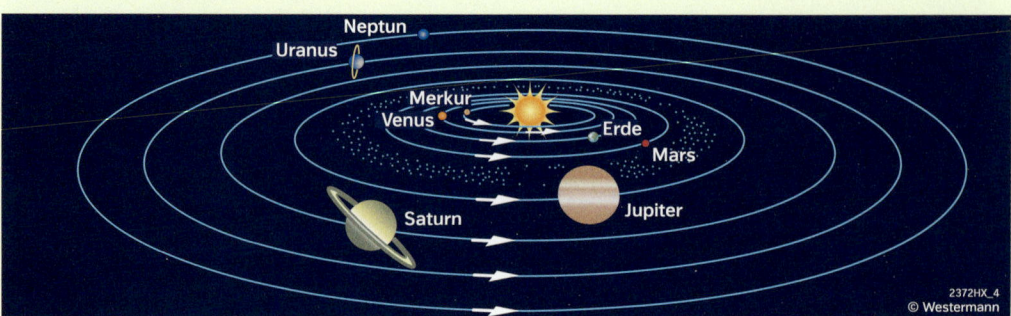

M2 Unsere Sonne und ihre Planeten

Die Erde im Sonnensystem

Wir leben auf einem **Planeten**, der einen Stern, die Sonne, umkreist. Sieben weitere Planeten umkreisen ebenfalls die Sonne. Mit ihr bilden die Planeten zusammen unser **Sonnensystem**.
Sterne wie die Sonne sind sehr heiße Gasbälle, die von sich aus hell leuchten. Ihre Strahlen erreichen die Planeten und sorgen dort für Licht und Wärme. Um viele Planeten kreisen weitere kleinere Himmelskörper: die **Monde**.

Sonne (Stern)

Merkur:
Die durchschnittliche Temperatur auf der Oberfläche beträgt nachts −173 °C, tagsüber +427 °C.

Venus:
Eine Drehung um sich selbst dauert so lang wie bei keinem anderen Planeten: 243 Erdtage.

Erde:
Nur hier können Menschen leben.

Mars:
Der riesige Vulkanberg Olympus Mons ist 26 km hoch und damit fast neunmal so hoch wie die Zugspitze (2962 m ü. M.).

Jupiter:
Er ist der größte Planet unseres Sonnensystems, ihn umkreisen 79 Monde. Die vier größten Monde heißen Ganymed, Kallisto, Io und Europa.

Saturn:
Insgesamt sieben Ringe aus vielen kleinen Eis und Gesteinsbrocken umkreisen ihn, die äußeren beiden Ringe sind gut sichtbar.

Uranus:
Dort ist es besonders kalt. Es herrscht auf der Oberfläche eine Durchschnittstemperatur von −214 °C.

Neptun:
Er benötigt für einen Umlauf um die Sonne am längsten: 165 Erdjahre.

M1 Besonderheiten unserer Planeten

AUFGABEN

1. Beschreibe den Aufbau unseres Sonnensystems (M1, M2).
2. Erkläre die Begriffe Stern, Planet und Mond (M1, M2).
3. Eine Astronomin sagt, dass die Anfangsbuchstaben des Satzes „**M**ein **V**ater **e**rklärt **m**ir **j**eden **S**onntag **u**nseren **N**achthimmel" etwas mit unseren Planeten zu tun haben (M2). Erkläre.
4. Erläutere die Entstehung unseres Mondes (M3).
5. Stellt in Dreierteams gleichzeitig folgende Drehungen dar (M4, QR-Code):
   a) Drehung der Erde um sich selbst.
   b) Drehung der Erde um die Sonne.
   c) Drehung des Mondes um die Erde
6. Entwickle Ideen zur menschlichen Besiedlung von Kepler 22b (M6).

1 Orientieren im Raum

Während der Entstehung unseres Sonnensystems gab es immer wieder gewaltige Zusammenstöße von Himmelskörpern. Kleinere Himmelskörper wie **Meteoriten** hinterlassen beim Aufprall auf einem Planeten einen großen Krater. Der Krater Nördlinger Ries in Süddeutschland ist durch einen solchen gewaltigen Meteoriteneinschlag entstanden.

Treffen zwei Planeten aufeinander, so entstehen dabei viele Bruchstücke. Sie beginnen sich dann oft zu drehen. Diese Drehung können sie lange beibehalten. Die Erde stieß sehr wahrscheinlich vor etwa 4,5 Milliarden Jahren mit einem Planeten zusammen, der etwas kleiner als sie selbst war. Einige der entstandenen Trümmerteile umkreisten anschließend die Erde und fügten sich zu einem neuen Himmelskörper zusammen – dem Mond.

M 3 Schwere Unfälle im Weltall

Gibt es außerirdisches Leben? Der Planet Kepler 22b ist zwar rund 600 Lichtjahre von der Erde entfernt, aber auf ihm könnte es Leben geben wie auf unserem Planeten:
Er ist ähnlich weit von seiner Sonne entfernt. Seine Durchschnittstemperatur liegt bei 22 °C. Damit ist er nur etwas wärmer als die Erde. Kepler 22b ist allerdings deutlich größer und wahrscheinlich komplett mit Wasser bedeckt.

M 6 Fantasiedarstellung des Planeten Kepler 22b

INFO
1 Lichtjahr ist die Strecke, die das Licht in einem Jahr zurücklegt. Das sind etwa 9 Billionen und 460 Milliarden Kilometer (9 460 000 000 000 km).

TIPP
Ermittle, ob es in deiner Nähe einen Planetenlehrpfad gibt, den du besuchen kannst.

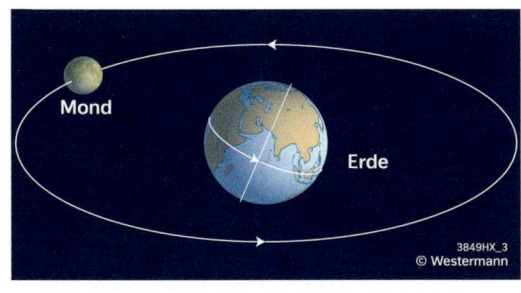

Die **Erde** dreht sich in **1 Jahr** einmal um die **Sonne**.

Der **Mond** dreht sich etwa in **1 Monat** einmal um die **Erde**.

Der **Monat** ist abgeleitet vom Wort Mond, denn ein Monat dauert etwa so lange wie die Drehung des **Mondes** um die **Erde**.

Die **Erde** dreht sich in **1 Tag** einmal **um sich selbst**.

WES-101570-049

M 4 Tag, Monat, Jahr – Folgen von Erd- und Monddrehung

Immer häufiger richten Städte Planetenlehrpfade ein. Dabei wird unser Sonnensystem so verkleinert dargestellt, dass alle Größen und Entfernungen im Verhältnis zueinander stimmen. Wird die Sonne zum Beispiel mit einem Durchmesser von genau einem Meter dargestellt, so misst die Erde nur einen knappen Zentimeter, ist aber gut 100 Meter von der Sonne entfernt. Der Neptun ist noch viel weiter entfernt, nämlich über drei Kilometer. Jupiter als größter Planet unseres Sonnensystems hätte nur einen Durchmesser von zehn Zentimetern.

M 5 Planetenlehrpfad in Handeloh in der Lüneburger Heide

ALLES KLAR?

Orientierung am Sternenhimmel
a) Beschreibe die Lage des Polarsterns auf dem Foto.
b) Beschreibe in einem kurzen Text, wie du den Polarstern gefunden hast oder skizziere deine Idee.

Übertrage das Rätsel in dein Heft. Fülle alle Lücken aus und ermittle die beiden markierten Lösungswörter.

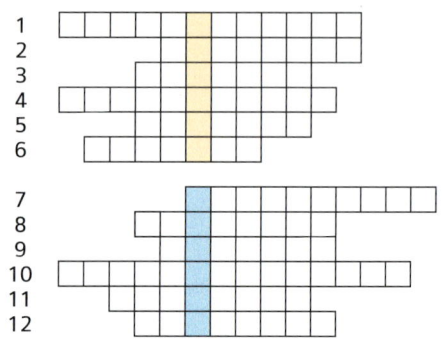

1. die Erde, sieben weitere Planeten und die Sonne bilden unser ...
2. anderes Wort für Längenhalbkreis
3. größter Planet unseres Sonnensystems
4. Land, in dem man sich in der geographischen Lage 60° W / 30° S befindet
5. Linie zwischen Nord- und Südhalbkugel
6. Erläuterung der Symbole einer Karte
7. Stern ganz im Norden am Nachthimmel
8. Entdecker Amerikas (nur Nachname)
9. größter Ozean (Kurzname)
10. tiefste Stelle aller Ozeane
11. professionelles Gerät zur Beobachtung des Sternenhimmels
12. kleiner Himmelskörper aus dem Weltall

Der Abstand zwischen zwei Breiten- oder Längenkreisen beträgt 1° (Grad) oder 60' (Minuten). Punkt A liegt z. B. mittig zwischen 52° N und 53° N. Dann schreibst du 52,5° N oder 52° 30' N. Punkt B hat die Koordinaten: 52,5° N / 9,75° O oder 52° 30' N / 9° 45' O.
Löse die Aufgabe a oder b.
a) Bestimme die Koordinaten der Orte C bis F.
b) Bestimme im Atlas die Koordinaten von Lingen, Hannover und Göttingen

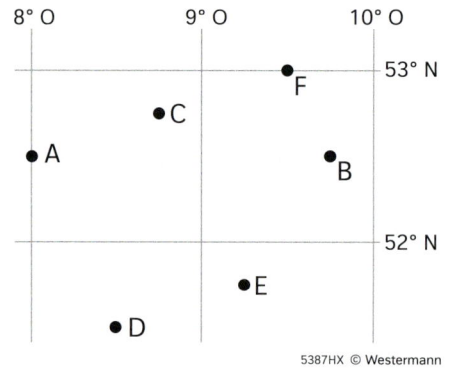

Himmelsrichtungen
a) Benenne alle Himmelsrichtungen.
b) Für schnelle Schülerinnen und Schüler: Ordne von Hannover ausgehend jeder Himmelsrichtung eine Stadt zu.

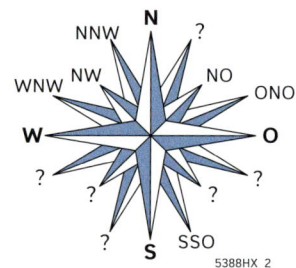

1 Orientieren im Raum

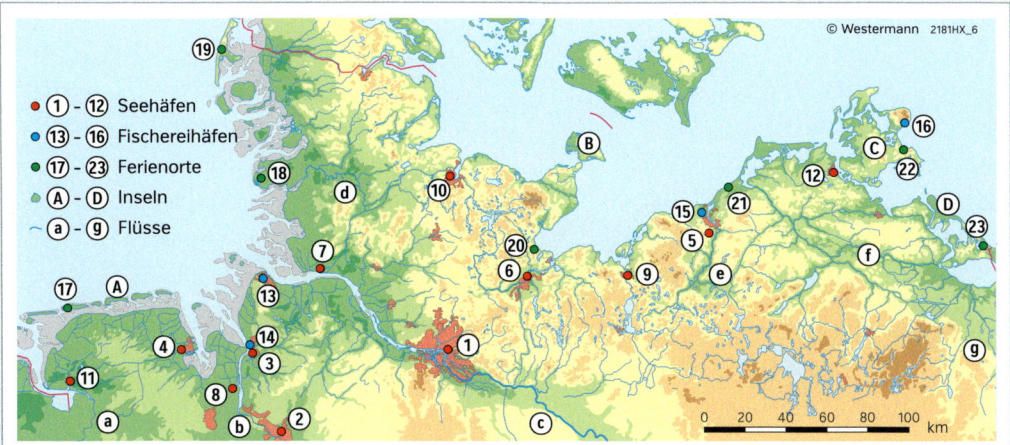

Arbeite mit der Karte und dem Atlas.
a) Benenne die Seehäfen 1 – 12 und die Fischereihäfen 13 – 16.
b) Nenne die Flüsse, die in die Nordsee und die in die Ostsee münden (a bis g).
c) Nenne mithilfe einer geeigneten Atlaskarte die Namen der Inseln (A – D).
d) Benenne die Ferienorte 17 – 23.

WES-101570-051

Überprüfe Svens Text zum Foto auf Fehler.
„Auf dem Satellitenfoto sind die sieben Kontinente zu sehen. Die Ozeane sind durch Zahlen in Kreisen markiert: 1 ist der Atlantik und 2 der Pazifik. Der Kontinent 3 ist Afrika und links davon mit der 6 Nordamerika. Direkt oberhalb der Zahl 3 sieht man den Regenwald in Afrika. 4 und 5 liegen beide in Europa auf der Südhalbkugel. Die Erde ist auf dem Foto in einem sehr großen Maßstab abgebildet."

Prüfe dich selbst!

Du kannst…		Ja/Nein
… Wege beschreiben	S. 10	?
… verschiedene Methoden zur Bestimmung der Himmelsrichtung anwenden.	S. 12	?
… Karten unter Berücksichtigung der Legende auswerten.	S. 14, 18	?
… mithilfe des Maßstabs einer Karte Entfernungen zwischen Orten ermitteln.	S. 16	?
… Höhenprofile und Kartenskizzen zeichnen.	S. 20, 34	?
… mit dem Atlas arbeiten und beispielsweise Orte, Flüsse und Länder finden.	S. 22, 30	?
… erklären, woran man erkennen kann, dass die Erde eine Kugel ist.	S. 24	?
… mithilfe von Koordinaten einen Punkt auf der Erde bestimmen.	S. 26	?
… unser Bundesland Niedersachsen vorstellen.	S. 32	?
… die vier Großlandschaften von Deutschland benennen und ungefähr verorten.	S. 36	?
… Deutschland in Verwaltungseinheiten gliedern.	S. 38	?
… Europa beschreiben (Geschichte, Staaten, die Europäische Union).	S. 40 – 45	?
… die Bewegung von Erde und Mond im Sonnensystem beschreiben.	S. 48	?

2 Leben und Wirtschaften im

ländlichen und städtischen Raum

M1 Kanaldeckel: „**M**ons – **P**ons – **F**ons" (Berg – Brücke – Quelle). Diese lateinischen Worte beschreiben die Entstehung der Stadt Lüneburg.

M2 Lagegunst von Lüneburg

Die Gründung Lüneburgs an der Ilmenau

Hast du dich schon einmal gefragt, wie deine Heimatstadt oder dein Dorf entstanden ist? Die Gründe für die Entstehung eines Ortes an einer bestimmten Stelle werden auch als **Lagebeziehungen** bezeichnet. Dazu gehört zum Beispiel die Lage an einem Fluss, an einer wichtigen Straße, an einem Berg oder in der Nähe von **Rohstoffen** (zum Beispiel Kohle). Häufig kannst du am Namen der Stadt erkennen, welche **Standortfaktor** bei der Gründung entscheidend war (zum Beispiel Salzgitter).

Über die Jahrhunderte haben sich diese Standortfaktoren verändert, das liegt auch daran, dass die Stadt heute eine andere Funktion (siehe S. 58/59) als früher hat.

> „Voraussetzung für die Entstehung der Stadt Lüneburg war der ‚Kalkberg' aus Gips. Er galt als Zufluchtsstätte und auf ihm entstand im 14. Jahrhundert eine Burg.
> Außerdem gab es an einem flachen Flussübergang eine Brücke (Furt) über die Ilmenau. Der Übergang war ein Knotenpunkt für den Handel. An ihm konnte die Siedlung Modestorpe entstehen. Heute gehört Modestorpe zu Lüneburg.
> Auch ein Grund für die Entstehung der Stadt war das Salz. Der Gips des Kalkberges ist von Steinsalz umgeben. Dieses Salz dringt bis knapp unter die Erdoberfläche. Grundwasser umspült ständig diese Salzlager. Dadurch wird das Salz gelöst. Es entsteht eine konzentrierte Salzlösung (Sole), die in Lüneburg an die Oberfläche steigt. Früher wurde sie in einem Brunnen gesammelt und in Siedepfannen geleitet, in denen die Sole verdampfte. Zurück blieb das Salz. Vermutlich wurde es seit dem 9. Jahrhundert genutzt.
> Auch der Beitritt zum **Hansebund** (M5) förderte die Entwicklung der Stadt."

M3 Ein Historiker erklärt die Voraussetzungen der Entstehung Lüneburgs

AUFGABEN

1. Benenne die Lagevorteile (Standortfaktoren), die zur Gründung Lüneburgs geführt haben (M2, M3).
2. Erkläre die Bedeutung des Salzes für die Entstehung Lüneburgs (M3, M5). ↗
3. Ordne den weiteren Lagebeziehungen (M4), die zu Stadtgründungen in Deutschland geführt haben, folgende Funktionen zu: Schutz, Versorgung, Handel, Ausweitung von Macht.
4. Erkläre die Inschrift „Mons, Pons, Fons" des Lüneburger Gullideckels (M1, M3).

2 Stadt und Land

M4 Lagebeziehungen und Standortvorteile bei Stadtgründungen

Mit Salz machten die Menschen im Mittelalter ihre Lebensmittel haltbar, denn Kühlschränke gab es damals nicht. So gelangte Lüneburg durch die Salzproduktion zu Reichtum und schloss sich mit der Hansestadt Lübeck, dem wichtigsten Ausfuhrhafen für Salz, zusammen.

Der Hansebund entwickelte sich aus Berufsvereinigungen der Fernhändler (Gilden). Diese gewannen mit der Ausweitung des Handels in Europa an Bedeutung. Da Kaufleute oft das gleiche Ziel hatten, wurden die Gilden zu Fahrtgemeinschaften, die Sicherheit garantierten. Dadurch weitete sich der Handel aus. Es schlossen sich aber nicht nur Kaufleute, sondern auch ganze Städte zusammen (Hansestädte). Vom 13. bis 15. Jahrhundert beherrschte die Hanse weitgehend den Warenaustausch von zum Beispiel Pelzen, Wachs, Getreide, Fisch, **Flachs**, Hanf und Holz im gesamten Nord- und Ostseeraum. Auch brachten die Hansekaufleute Produkte wie Salz, Tuche, Metallwaren, Waffen und Gewürze in den Nordosten Europas.

M5 Lüneburg und die Hanse

Wusstest du schon …

dass Ohrum (Samtgemeinde Oderwald) im Landkreis Wolfenbüttel und Schöningen die älteste historisch bezeugte Siedlung Niedersachsens sind?

dass Schnackenburg (Lüchow-Dannenberg) die kleinste Gemeinde mit **Stadtrecht** Niedersachsens ist?

dass Trier, Koblenz und Köln als die ältesten Siedlungen Deutschland gelten?

dass Jericho die älteste Stadt in der Welt ist. Die erste Siedlung entstand hier 9000 Jahre vor Christus?

Städte in Niedersachsen

① UNESCO-Weltkulturerbe nahe dem Fluss Innerste

④ Burg in Niedersachsen

② Die Türme der Autostadt

⑤ Schloss in Niedersachsen

③ Das Friedensrathaus

⑥ Die historische Sternwarte in einer Universitätsstadt

M 1 Stadtansichten niedersächsischer Städte

2 Stadt und Land

Ⓐ Die Löwenstadt
Die Löwenstadt ist die zweitgrößte Stadt Niedersachsens und ehemalige Residenzstadt Heinrich des Löwen. Sie entstand vor mehr als 1000 Jahren am Fluss Oker, nahe der Burg Dankwarderode, aus einem Handels- und Rastplatz (Wik). In der Löwenstadt kreuzten sich bedeutende Handelsstraßen. Die Stadt gehörte der Hanse an. Heute ist die Löwenstadt eine moderne Großstadt. Nach einer EU-Studie gilt der Raum als eine wichtige Forschungsregion in Europa, in der viele Wissenschaftler arbeiten (Technische Universität mit ca. 18 500 Studenten, Entwicklungen für Raumfahrt).

Ⓓ Die Universitätsstadt
Die erste urkundliche Erwähnung („Gutingi") geht auf das Jahr 953 zurück. 1737 erfolgte die Gründung der Universität („Georgia Augusta"), die zeitweilig die meistbesuchte Hochschule Europas war. Viele bedeutende Wissenschaftler (u. a. mehr als 40 Nobelpreisträger) haben hier gelehrt oder studiert (Georg Christoph Lichtenberg, Carl Friedrich Gauß, Gottfried August Bürger).

Ⓑ Die Stadt des Westfälischen Friedens
Die erste Besiedlung des Raumes erfolgte 4000 v. Chr. Im Jahr 9 n. Chr. soll bei Kalkriese, nahe der Stadt des Friedens, der Germane Armin der Cherusker drei römische Legionen geschlagen haben. 780 gründete dann Karl der Große das Bistum. Geschichte wurde geschrieben, als am 25.10.1648 von der Treppe des Rathauses das Ende des 30-jährigen Krieges verkündet wurde: der Westfälische Friede. Heute ist die Stadt drittstärkstes niedersächsisches Wirtschaftsgebiet und ein Verkehrsknotenpunkt.

Ⓔ Die Stadt der Kulturschätze
Die Stadt wird auch als kleine Großstadt bezeichnet. Der größte Teil der Stadt ist im Zweiten Weltkrieg zerstört worden. Viele der Baudenkmäler (u. a. der historische Marktplatz) wurden wiederaufgebaut.
Der Dom, eine der ältesten Bischofskirchen Deutschlands, zählt zum UNESCO-Weltkulturerbe.

Ⓕ Die Industriestadt
Die Stadt ist noch eine junge Stadt. Im Jahr 1938 erfolgte auf der grünen Wiese die Grundsteinlegung für das Volkswagenwerk und die Volkswagenstadt. Später erhielt die Stadt ihren Namen nach der in der Nähe gelegenen Wasserburg. Innerhalb von 30 Jahren entwickelte sich die Industriestadt aus einer Barackensiedlung in eine moderne Stadt mit mehr als 130 000 Einwohnern. Am 1. Juni 2000 wurde in ihr die Autostadt eröffnet. Die zwei gläsernen Autotürme sind schon von Weitem als Wahrzeichen zu sehen. Die Kunden können hier ihr neues Auto übernehmen und sich über die Entwicklungsgeschichte des Autos und die Technik bestimmter Fahrzeugtypen informieren.

Ⓒ Die Stadt im Grünen
Erstmals urkundlich erwähnt wurde die Stadt 1108 als herrschaftlicher Adelssitz „Aldenburg". Graf Friedrich musste einer Sage nach mit einem hungrigen Löwen kämpfen. Durch eine List gewann er den ungleichen Kampf: Der Löwe stürzte sich auf eine mit Ochsenblut präparierte Stoffpuppe und konnte so erlegt werden. Die Stadt ist heute ein modernes Dienstleistungszentrum und gilt als eine Großstadt im Grünen. Etwa 75 % der Bevölkerung wohnen in Ein- oder Zweifamilienhäusern mit Garten. Hinzu kommen Grünanlagen, Parks und das nahe gelegene Zwischenahner Meer.

M 2 Stadtbeschreibungen niedersächsischer Städte

AUFGABEN

1 a) Ordne die Texte Ⓐ–Ⓕ (M2) den entsprechenden Bildern ①–⑥ (M1) zu.

b) Bestimme die Namen der Städte (M1, M2, Atlas, Internet).

M1 Die Fußgängerzone zum Einkaufen

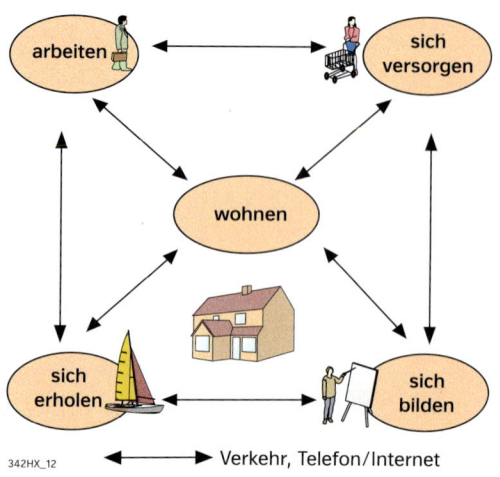

M3 Funktionen einer Stadt

Funktionen einer Stadt – das Beispiel Braunschweig

Eine Stadt erfüllt viele Aufgaben für ihre Bevölkerung. Diese Aufgaben werden auch als **Funktionen einer Stadt** bezeichnet (M3). Die Stadt stellt ihren Bürgern zum Beispiel Wohnraum zur Verfügung oder bietet Platz für Geschäfte. In einer Stadt finden sich Arbeitsplätze für viele Menschen und sie bietet Möglichkeiten zur Erholung, beispielsweise im Park, Theater oder Kino. In einer Stadt findet man aber auch Schulen, wie Gymnasien oder Universitäten. Über das Verkehrsnetz mit Straßen, Bussen und Bahnen sowie dem Kommunikationsnetz (Telefon, Internet) sind alle diese Funktionen miteinander verbunden.

AUFGABEN

1. Gib die Funktionen, die eine Stadt erfüllt, wieder (M1, M3).
2. Erkläre den Begriff Stadtviertel (M2).
3. „Manche Funktionen einer Stadt schließen sich auch aus". Nimm Stellung zu dieser Aussage (M2, M3).
4. a) Ordne die Bilder (M1, M6) einer Funktion in M3 zu. ↗
   b) Verorte zwei der vier Bilder (M6 Ⓐ–Ⓓ) in der Karte der Braunschweiger Innenstadt (M3, M4).
5. Ordne die Mietanzeigen (M4) den Funktionen einer Stadt zu (M3).

„Wir Stadtplaner sprechen von **Stadtvierteln**, wenn eine **Grunddaseinsfunktion** vorherrscht: zum Beispiel Wohnviertel. Stadtviertel bilden sich dann heraus, wenn eine Funktion besondere Ansprüche an ihren Standort stellt: beispielsweise günstige Bauflächen für die Industrie (Gewerbegebiet).
Manche Funktionen schließen sich auch gegenseitig aus. So benötigt eine Fabrik viel Platz. Oft ist es auch in der Nähe einer Fabrik sehr laut, was wiederum die Wohnbevölkerung stört."

M2 Ein Stadtplaner erklärt

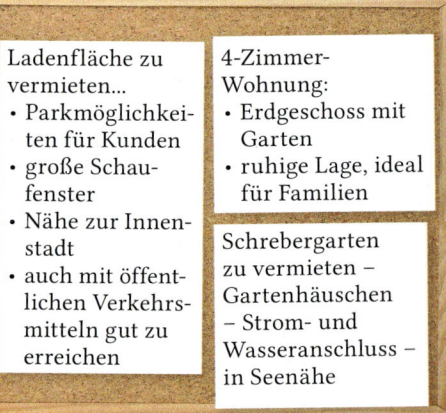

M4 Anzeigen

2 Stadt und Land

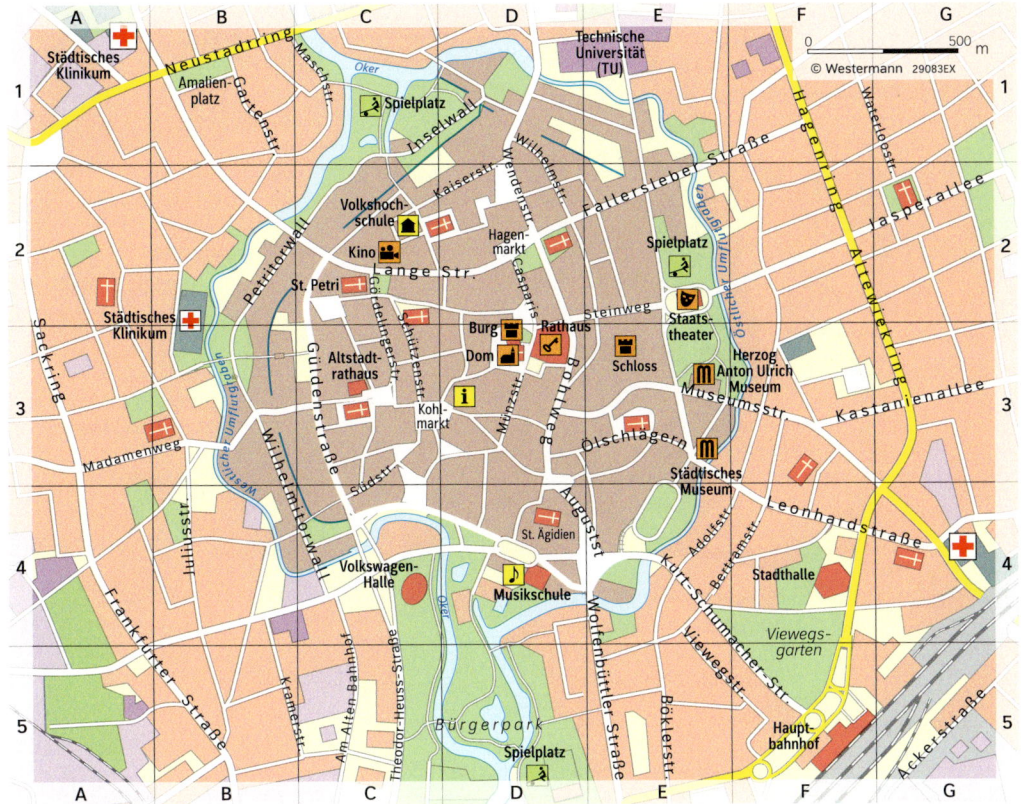

M5 Braunschweig – Innenstadt

M6 Einige Funktionen der Stadt Braunschweig

M1 Lage von Braunschweig

M2 Menschen morgens in einer Straßenbahn

Braunschweig – Stadt und Umland ergänzen sich

Die **Innenstadt** ist für viele Menschen ein Anziehungspunkt. Sie bietet zahlreiche Arbeitsplätze zum Beispiel für Bankangestellte. Besucher finden viele Einkaufs- und Freizeitmöglichkeiten. Die Innenstadt zieht aber nicht nur die Bewohner der eigenen Stadt an, sondern auch die des **Umlandes**. So kommen täglich mehr Menschen aus dem Umland nach Braunschweig (**Einpendler**), als umgekehrt in das Umland fahren (**Auspendler**). In den letzten Jahrzehnten haben sich in der Innenstadt viele Geschäfte und Büros niedergelassen. Heute gibt es deshalb dort weniger Wohnungen als im Umland. Häufig sind die Wohnungen aufgrund der zentralen Lage zur Innenstadt teurer. Aber auch das Umland ist für Städter wichtig, beispielsweise zum Wohnen im Grünen und zur Erholung.

AUFGABEN

1. *Menschen fahren täglich in die Innenstadt (M2). Nenne Gründe.*
2. *Stadt und Umland ergänzen sich.*
   a) Übertrage das Modell M3 in dein Heft.
   b) Stelle mithilfe der Symbole in der Legende die Stadt-Umland-Beziehungen dar (M2, M3, M5).
3. *Erkläre den Unterschied zwischen der Einwohnerzahl und der Tagesbevölkerung (M4, M5).*
4. *Beurteile, ob es sich bei Braunschweig um ein Unter-, Mittel- oder Oberzentrum handelt (M4, M5).*

2 Stadt und Land

M3 Braunschweig und sein Umland

Einwohner:	249 406
Tägliche Pendler:	168 863
Einpendler:	66 069
Auspendler:	36 715
Binnenpendler:	66 079
Tagesbewohner:	278 760
Top 3 Einpendler:	
Wolfenbüttel	14 546
Peine	10 323
Gifhorn	8 396

(Quelle: 2021 Pendleratlas. Pendlerströme und Statistiken für Deutschland)

M4 Pendlerbewegung Braunschweig

Unterzentrum
Allgemeinärzte
Supermärkte

Mittelzentrum
Allgemeinärzte
Supermärkte
Krankenhaus
kleinere Kaufhäuser
Einkaufszentren

Oberzentrum
Allgemeinärzte
Supermärkte
Krankenhaus
Kaufhäuser
Universitätsklinik
größere Einkaufszentren

Eine Stadt erfüllt nicht nur für ihre Bewohner Aufgaben (Funktionen). Sie hat auch über ihre Gemeindegrenzen hinaus Bedeutung und bietet z. B. Arbeitsplätze, Einkaufsmöglichkeiten sowie Bildungseinrichtungen. Die Stadt wird mit ihren Angeboten somit auch zu einem Zentrum für ihr Umland. Manchmal wird sogar auf Ortsschildern eine besondere Funktion vermerkt, z. B. „Universitätsstadt" oder „Landeshauptstadt". Je größer die Stadt ist, desto mehr Funktionen erfüllt sie, sowohl was die Zahl der Angebote als auch deren Größe oder Qualität betrifft.

M5 Städte im Vergleich

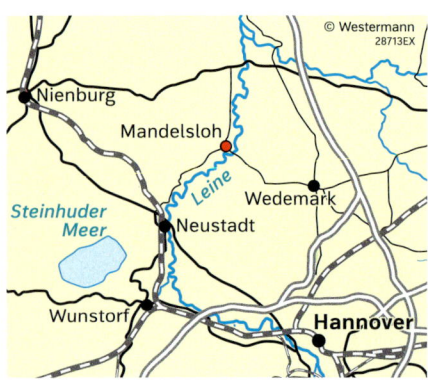

M1 Lage von Mandelsloh

M2 Alter Ortskern von Mandelsloh mit Backsteinbasilika

Dörfer verändern sich

Nicht nur Städte, sondern auch Dörfer können mit der Zeit ihre Funktion verändern. So waren die Dörfer früher von Bauernhöfen und Handwerksbetrieben (z. B. Schmiede) geprägt. Versorgen konnten sich die Bewohner im Dorfladen. Große Dörfer hatten einen Arzt, eine Post, eine Grundschule und eine Bankfiliale.

Heute nimmt die Zahl der Landwirte stetig ab, viele Höfe werden aufgegeben, zu Wohnhäusern umgebaut oder als Cafés oder Hofläden für den Tourismus genutzt.

Im neuen Discounter versorgen sich die Dorfbewohner mit Lebensmitteln. Ob ein Dorf auch heute für Menschen attraktiv ist, entscheidet sich häufig dadurch, wie weit die nächstgrößere Stadt entfernt liegt und ob diese gut mit öffentlichen Verkehrsmitteln erreichbar ist. Das tägliche Pendeln zur Arbeit nehmen die Dorfbewohner in Kauf, um im Grünen wohnen zu können und sich ein Eigenheim leisten zu können. In der Stadt ist dies aufgrund der hohen Preise häufig nicht möglich.

AUFGABEN

1. Beschreibe die Lage (M1) und Entwicklung (M1, M3, M4) von Mandelsloh.
2. Erkläre den Begriff Schlafdorf.
3. Erläutere am Beispiel Mandelsloh die Veränderung der Grunddaseinsfunktion Wohnen, Arbeiten und Versorgung im ländlichen Raum (M4, M7).
4. Vergleiche Mandelsloh mit deiner Heimatstadt oder deinem Heimatdorf.
5. Nimm Stellung zur Aussage: „Mandelsloh eignet sich gut zum Erholen" (M5 – M7).

Jahr	Einwohnerinnen und Einwohner
1939	578
1950	1151
1965	828
1979	1015
2013	1202
2016	1186
2021	1258

M3 Einwohnerentwicklung Mandelsloh

2 Stadt und Land

M 4 Karte von Mandelsloh mit geplantem Neubaugebiet und Versorgungsmöglichkeit

M 5 Der Haasehof – Café, Pension, Veranstaltungsort

M 6 Franzsee

Das Leinedorf Mandelsloh ist Mittelpunkt der gleichnamigen Ortschaft. Die idyllische Lage an der Leine, der Bau der Backsteinbasilika St. Osdag (M2), die im Jahre 1180 als erstes Bauwerk dieser Art in Norddeutschland errichtet wurde sowie der Haasehof (M5) oder die zum Wohnhaus umgebaute Holländerwindmühle ziehen viele Touristen an. Ein beliebtes Ausflugsziel ist auch der Franzsee, ein Naturbad (M7) in Amedorf.

M 7 Mandelsloh stellt sich vor

"Ich wohne in Sickte, das liegt ca. 12 km südöstlich von Braunschweig. Während meine Eltern jeden Tag mit dem Auto nach Braunschweig zur Arbeit fahren, muss ich mit dem Bus zur Schule. Es ist viel los auf den Straßen. Der Bus steht häufig im Stau und verspätet sich. In der letzten Woche war ich zweimal zu spät in der Schule."

M1 Matheo berichtet

M3 Morgendlicher Stau in Richtung Stadt

Das Problem mit dem (täglichen) Verkehr

INFO

ÖPNV (Öffentlicher Personennahverkehr)
Dazu zählen alle öffentlichen Verkehrsmittel wie Busse, U-Bahnen oder S-Bahnen. Das Gegenteil ist der **Individualverkehr**. Dazu zählen Autos oder Fahrräder.

Wer kennt das nicht? Verstopfte Straßen und verspätete Züge, Busse und S-Bahnen gibt es in fast allen Städten.

Aber auch auf den Landstraßen und Autobahnen kommt es immer öfter in der sogenannten Rushhour zu Staus. Da aber immer mehr Menschen aus dem Umland in die Stadt zum Arbeiten oder zur Schule pendeln (siehe S. 60/61) erhöht sich jährlich nicht nur die Zahl der Pendler, sondern auch der Pkw-Bestand (M4). Der zunehmende Personen- und **Güterverkehr** hat Folgen: Viele Menschen leiden unter dem Verkehrslärm und den Abgasbelastungen, unübersichtliche Verkehrssituationen können zu Unfällen führen und durch den Bau neuer Straßen wird der Lebensraum für Tiere und Pflanzen kleiner.

Strecke Braunschweig-Hannover (jeweils Hauptbahnhof, einfache Strecke)	Bahn (Regionalbahn/IC)	Pkw	Fahrrad
Entfernung	55 km	73 km	69 km
Kosten pro Strecke	13,00 €/ 16,80 €	6,32 €	3,45 € Verschleiß (z. B. Bremsen, Kette, Reifen)
Zeit	40 min/32 min	57 min	3 Std. 36 min
CO_2-Ausstoß	3 kg/2 kg	10 kg	0,4 kg

M2 Pendeln zwischen Hannover und Braunschweig

„Der Autoverkehr hat in den letzten Jahrzehnten stark zugenommen. Fast täglich nehmen wir am Verkehr teil. Wir fahren mit dem Auto zum Einkaufen, mit dem Bus oder der Bahn zur Schule oder zum Arbeitsplatz. Oder wir reisen in den Urlaub weit weg von unserem Wohnort. Um alle diese Ziele zu erreichen, reisen wir mit unterschiedlichen Verkehrsmitteln: Auto, Bus, Bahn, Fahrrad, Flugzeug und Schiff. Diese Form des Verkehrs heißt **Personenverkehr**."

M4 Ein Verkehrsexperte berichtet

AUFGABEN

1 Fasse das Problem des (täglichen) Verkehrs zusammen (M1, M3).

2 Nenne Folgen des zunehmenden Individual- und Personenverkehrs (M2, M4).

3 Überprüfe, welches Verkehrsmittel sich zwischen Hannover und Braunschweig für tägliche Pendler am besten eignet (M2).

4 Ermittle die Entfernung, die Zeit und den CO_2-Ausstoß deines täglichen Schulweges (M2, Internet: Routenplaner).

2 Stadt und Land

METHODE

Wir zeichnen ein Säulendiagramm

Zahlen und Tabellen sind wenig anschaulich. Daher werden sie häufig als **Diagramme** dargestellt. Eine sehr übersichtliche Form von Diagrammen ist das **Säulendiagramm**. Damit lassen sich zum Beispiel Zahlenwerte leichter miteinander vergleichen.

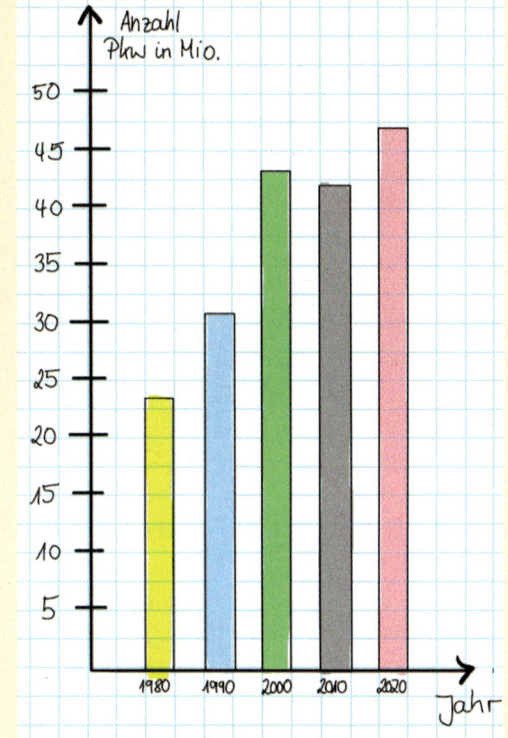

M1 Säulendiagramm

Ein Säulendiagramm zeichnen

Schritt 1: Hochachse anfertigen
- Zeichnet auf Millimeterpapier oder kariertes Papier die senkrechte Hochachse (z.B. 1 cm = 2 Mio. Pkw). Eure Achse muss im Beispiel mindestens 22 cm lang sein. Lasst zum Blattrand etwas Platz.
- Beschriftet die Hochachse.

Schritt 2: Rechtsachse anfertigen
- Zeichnet nun die waagrechte Achse nach rechts (Jahreszahlen). Ihre Länge richtet sich nach der Anzahl und Breite der Säulen. In unserem Beispiel benötigt ihr 7 Säulen. Jede Säule soll 1 cm breit sein. Zwischen den Säulen soll 1 cm Platz sein. Die Rechtsachse wird 14 cm lang.
- Beschriftet die Rechtsachse.

Schritt 3: Säulen einzeichnen
- Finde Erklärungen zu den Bildinhalten.
- Aktiviere deine geographischen Kenntnisse und formuliere Zusammenhänge für eine Erklärung.

Schritt 4: Säulendiagramm beschriften
- Beschriftet das Diagramm z.B. in oder über den Säulen.

Jahr	Pkw-Anzahl
1980	23 Mio.
1990	31 Mio.
2000	43 Mio.
2010	42 Mio.
2020	47 Mio.

M2 Pkw-Bestand in Deutschland

Jahr	E-Bike-Anzahl
2007	70 000
2010	200 000
2013	410 000
2016	605 000
2020	1 950 000

Quelle: Umweltbundesamt 2020

M3 Jährlich verkaufte Elektrofahrräder

AUFGABE

1 a) Erstelle mithilfe des Methodenkastens aus Tabelle M3 ein Säulendiagramm.
b) Fasse die wichtigen Aussagen deines Diagramms zusammen.

„Ich fahre täglich mit dem Fahrrad zur Schule, das spart Zeit und hält mich fit"

M1 Yara erzählt

M3 ÖPNV in Braunschweig

Wie können Verkehrsprobleme gelöst werden?

Die Bevölkerung in den Städten ist in den vergangenen Jahrzehnten gewachsen, dadurch auch das Verkehrsaufkommen. Aktuell versuchen viele Städte wie Braunschweig die Lärm- und Umweltbelastung zu verringern, indem indem sie neue **Verkehrskonzepte** entwickeln: Ausbau des ÖPNV (M2), Autoverbote, Leihfahrräder (M5) oder Carsharing (M6). Dabei spielen viele verschiedene Aspekte eine Rolle: Wann fahren die meisten Menschen zur Arbeit oder nach Hause? Welche Straßen sind am stärksten betroffen? Welche Buslinien müssen besonders viele Schüler transportieren. Mit diesen Dingen beschäftigt sich die **Verkehrsplanung**, dessen Aufgabe die optimale Gestaltung von Verkehrssystemen ist. Berücksichtigt werden dabei die Wirtschaftlichkeit, Leistungsfähigkeit und Sicherheit von Verkehrsprozessen für jetzige und kommende Generationen (Prinzip der Nachhaltigkeit).

„Buslinien und Stadtbahnen sollen öfter fahren und mehr Menschen transportieren. Zudem ist geplant, verstärkt Haltestellen außerhalb der Städte anzufahren, um Autofahrer aus dem Umland zu überzeugen, nicht mit dem Auto in die Stadt zu fahren.
Gerade am frühen Morgen zur Hauptverkehrszeit können stark genutzte Strecken durch mehr Busse und Stadtbahnen entlastet werden."

M2 Ein Verkehrsplaner berichtet

AUFGABEN

1 *Erläutere den Begriff Verkehrsplanung (Text, M2).*
2 *Beschreibe verschiedene Lösungsmöglichkeiten, die Probleme des täglichen Verkehrs zu lösen (M1–M3, M5, M6).*
3 *Bestimme den schnellsten und sichersten Schulweg für Yara mithilfe der Fahrradkarte (M4).*
4 *Vergleiche die alternativen Verkehrsmittel für Pendler und Stadtbewohner (M5, M6).*
5 *Informiere dich über das Verkehrskonzept in deiner Stadt (Internet). Präsentiere deine Ergebnisse auf einem Plakat.*

2 Stadt und Land

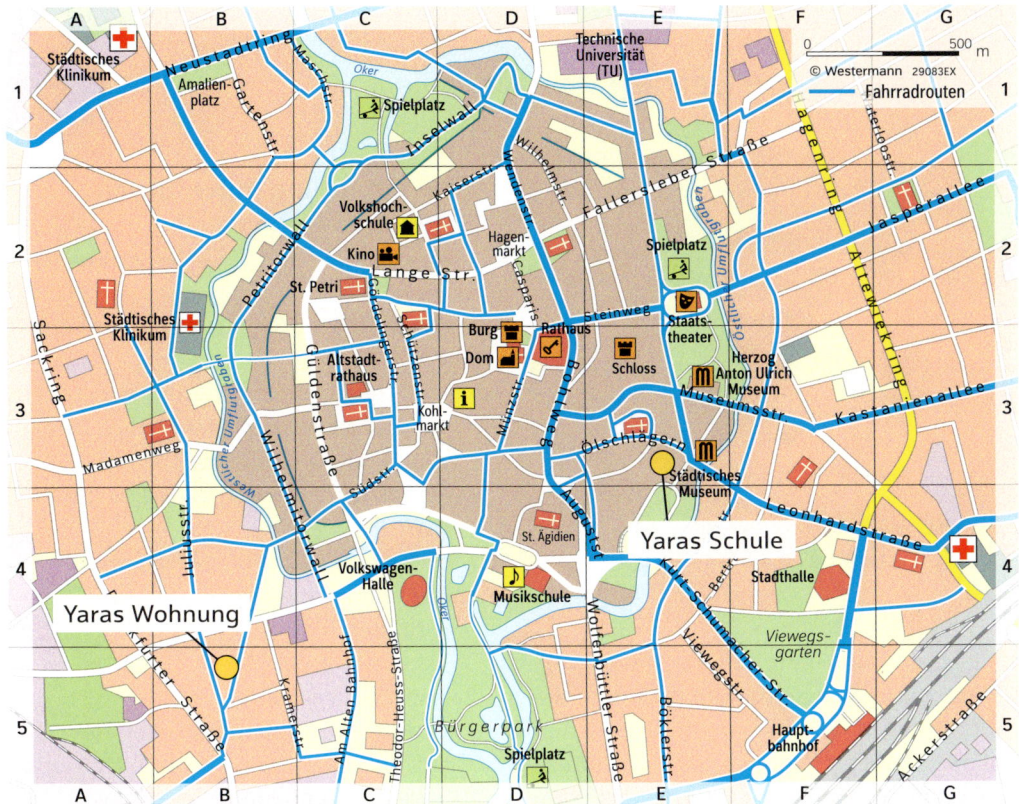

M 4 Radwegenetz in Braunschweig

Viele Städte wollen das Fahrradfahren beliebter machen. Dafür sollen mehr Fahrradwege in der Innenstadt gebaut werden. Wer kein Fahrrad hat, soll sich schnell eines an einer der verschiedenen Fahrradstationen ausleihen können. Dafür soll die Anzahl der Fahrradstationen erhöht werden. Damit auch ältere Leute die Fahrräder nutzen, soll es zudem E-Bikes und Ladestationen in größerer Anzahl geben.

In der Zukunft sollen immer mehr Menschen Carsharing betreiben. Carsharing bedeutet, dass man sich ein Auto mit anderen Menschen teilt. Dafür soll es in der Stadt mehrere Stellen geben, an denen Autos stehen, die jeder mieten kann. Dass Menschen sich Autos teilen, soll insgesamt dazu führen, dass die Umwelt geschont wird. Ob dies aber wirklich der Fall ist, wird in der Forschung intensiv diskutiert.

M 5 Fahrradleihstation

M 6 Carsharing

AKTIV

Wir führen eine Befragung durch

M1 Die Erstellung des Fragebogens

In Städten und Gemeinden erstellen Verkehrsexperten Verkehrsbefragungen. Sie möchten erfahren, woher die Menschen anreisen, welche Verkehrsmittel sie nutzen und zu welchem Zweck (zum Beispiel die Fahrt zur Arbeit oder in den Urlaub). Nach der Auswertung wissen die Verkehrsexperten dann, wo zum Beispiel Straßen ausgebaut oder Fahrradwege erneuert werden müssen.

Schülerinnen und Schüler nutzen unterschiedliche Verkehrsmittel, um zur Schule zu fahren. Aber welche Verkehrsmittel sind das? Um das herauszufinden, könnt ihr selbst eine Verkehrsbefragung durchführen.

Eine Befragung durchführen

Schritt 1: Vorbereitung
- Was wollt ihr durch die Befragung herausfinden?
- Wie fahren die Schülerinnen und Schüler zur Schule?
- Wie viele Schülerinnen und Schüler müsst ihr befragen, damit eure Befragung aussagekräftig ist?
- Wo wollt ihr die Befragung durchführen?
- Was benötigt ihr für die Befragung?
- Wer übernimmt in eurer Gruppe welche Aufgaben?

Schritt 2: Auswertung
- Nach der Befragung wertet ihr die Fragebögen aus. Dabei zählt ihr für jede Frage die Anzahl der jeweiligen Antworten aus.
- Beschriftet die Rechtsachse.

Schritt 3: Säulen einzeichnen
- Es gibt zahlreiche Möglichkeiten, wie ihr eure Ergebnisse vorstellen könnt, beispielsweise durch ein Säulendiagramm (siehe S. 65). Für die Antworten muss genügend Platz eingeplant werden.
- Die richtige Darstellung ist wichtig, damit jeder die Ergebnisse schnell verstehen kann.

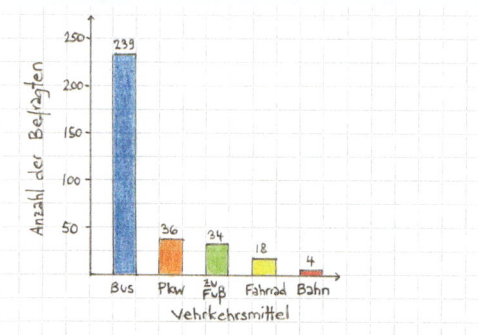

M2 Wie reisen die Schüler des 5. und 6. Jahrgangs zur Schule?

AUFGABE

1 a) Erstellt einen Fragebogen zum Thema: Wie fahren die Schülerinnen und Schüler meiner Klasse zur Schule?
b) Führt anschließend eure Befragung in eurer Klasse durch.
c) Wertet die Antworten aus.
d) Präsentiert die Ergebnisse zum Beispiel in Form eines Säulendiagramms (siehe S. 65).

2 Stadt und Land

METHODE

Wir werten Statistiken aus

Für eine **Statistik** werden Informationen in Form von Zahlen gesammelt und geordnet. Dies geschieht zum Beispiel durch eine Befragung. Es gibt unterschiedliche Formen von Statistiken. So können die Zahlen entweder in Tabellen oder anschaulicher als Diagramme dargestellt werden.
Statistiken sind sehr hilfreich, um sich in kurzer Zeit einen Überblick zu verschaffen.

Beispielsweise Statistikämter errechnen, wie viele Menschen in der Bundesrepublik Deutschland leben.
Sie helfen aber auch bei Entscheidungen. Wenn es zum Beispiel in einer Straße immer wieder Staus gibt, wissen die Verkehrsexperten, dass diese Straße ausgebaut oder der Verkehr umgeleitet werden muss.

Eine Statistik auswerten
Schritt 1: Statistik beschreiben
- Worum geht es in der Statistik (Überschrift, Bildunterschrift)?
- Beschreibe die Darstellungsform (Tabelle, Säulendiagramm).
- Wer hat die Statistik verfasst und veröffentlicht?
- **Beispiel (M1):** *Die Tabelle zeigt die Zahl der Staus auf deutschen Fernstraßen von 2010 bis 2020. Die Statistik stammt vom ADAC.*

Schritt 2: Statistik auswerten
- Beschreibe die Entwicklung und Veränderung der Zahlen. Beachte dabei hohe und niedrige Werte.
- **Beispiel (M1):** *Seit 2010 ist die Zahl der Staus gestiegen. Einen besonders starken Anstieg gab es zwischen 2014 und 2016. Vermutlich wird die Zahl weiter ansteigen.*

Schritt 3: Statistik erklären
- Zum Schluss kannst du versuchen, die Aussage der Statistik zu erklären.
- **Beispiel (M1):** *Der Anstieg der Zahlen könnte damit zusammenhängen, dass es immer mehr Autos gibt.*
- Es ist wichtig, die Art der Darstellung richtig zu wählen, damit jeder die Ergebnisse schnell verstehen kann.

Jahr	Anzahl der gemeldeten Staus
2010	185 000
2012	285 000
2014	475 000
2016	694 000
2018	745 000
2020	514 000
Quelle: ADAC	

M1 Staus auf deutschen Fernstraßen

Jahr	Anzahl der Personen (in Mio.)
2015	2,71
2016	2,79
2017	2,83
2018	2,88
2019	2,97
Quelle: Destatis, 2021	

M2 Bahnfahrer in Deutschland

AUFGABE
1. *Analysiere die Statistik M2 nach den Schritten im Methodenkasten.*

METHODE

Wir arbeiten in Gruppen

Metropolen sind bedeutende Groß- oder Hauptstädte, die das politische, wirtschaftliche und gesellschaftliche Zentrum eines Landes darstellen. Um diese Metropolen und ihre jeweiligen Besonderheiten kennenzulernen, könnt ihr in Arbeitsgruppen arbeiten.

Die nachfolgenden Doppelseiten des Lehrbuches (Seite 72–81) enthalten viele Informationen, Materialien und Aufgaben zu den beiden europäischen Metropolen Berlin und Paris. Jede Arbeitsgruppe entscheidet sich für eine Metropole, die sie nach der Bearbeitungszeit zum Beispiel auf einem Wandplakat vorstellt.

M 1 Metropolen in Europa

AUFGABEN

1 Benenne die Metropolen und die Länder, in denen sie liegen (M1).

2 Führt eine Gruppenarbeit zu den Metropolen Paris oder Berlin durch.

Eine Befragung durchführen

Schritt 1: Vorbereitung
- Bildet Arbeitsgruppen. Die Lehrperson gibt die Größe vor.
- Sprecht den Arbeitsablauf ab. Eine Person achtet auf die Zeit.
- Teilt das vorgegebene Arbeitsmaterial unter euch auf.

Schritt 2: Durchführung
- Jeder bearbeitet einzeln Material und Fragestellung und macht sich Notizen.
- Arbeitet sorgfältig. Beachtet, dass alle für den Lernerfolg der Gruppe und jede Gruppe für den Lernerfolg der ganzen Klasse mitverantwortlich ist.
- Tauscht anschließend eure Arbeitsergebnisse aus.
- Bereitet gemeinsam das Wandplakat vor.
- Präsentiert der Klasse euer Wandplakat.

Schritt 3: Abschluss
- Notiert euch bei der Präsentation der Plakate Fragen oder Anregungen zur vorgestellten Metropole. Stellt diese im Anschluss an die jeweilige Gruppe.
- Tauscht euch in eurer Gruppe über die Rückmeldungen zu eurem Plakat aus und notiert, was ihr bei der nächsten Gruppenarbeit anders oder besser machen könnt.

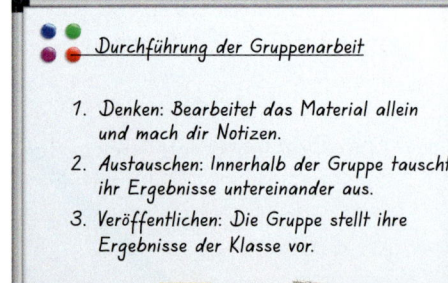

Wir erstellen und präsentieren ein Wandplakat

Mit einem Wandplakat kann man die wichtigen Punkte zu einem Thema übersichtlich darstellen. Die Betrachter können die präsentierten Informationen schnell erfassen.

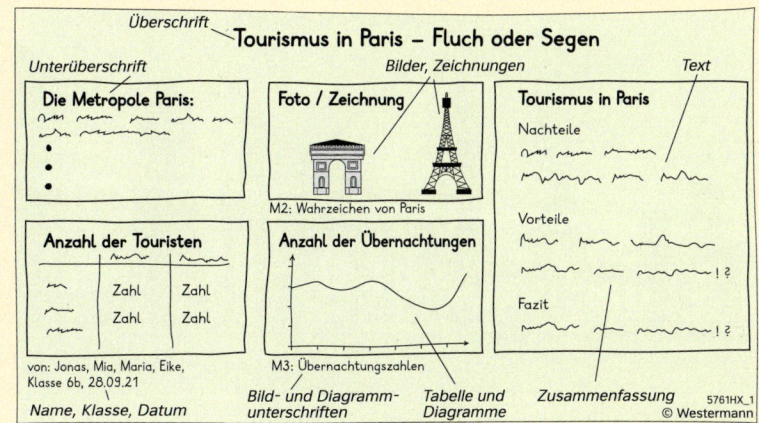

M1 Das ist wichtig bei einem Wandplakat

Ein Wandplakat erstellen

Schritt 1: Organisation
- Arbeitet in Partner- oder Gruppenarbeit.
- Wählt ein spannendes Raumbeispiel aus (z. B. die Metropole Paris).
- Legt fest, ob das Wandplakat von euch präsentiert wird oder es für die Betrachter selbsterklärend ist.
- Legt einen Zeitplan fest.

Schritt 2: Inhalte festlegen, Informationen suchen
- Entwickelt eine interessante Fragestellung und legt passende Inhalte fest (z. B. Tourismus in Paris – Fluch oder Segen?
- Legt zentrale Plakatelemente fest (z. B. Karten, Bilder, Diagramme und Texte)
- Plant für die Suche und das Erstellen der Plakatelemente genügend Zeit ein.
- Recherchiert die nötigen Informationen sorgfältig.
- Achtet darauf, dass die Informationen immer im Bezug zu eurem Thema stehen.

Schritt 3: Erstellung
- Wählt aus den recherchierten Materialien die wichtigen aus und erstellt für euer Wandplakat z.B. kurze Texte, aussagekräftige Diagramme und passende Bilder aus.
- Entwickelt einen Plakatentwurf, hierfür könnt ihr eine Skizze anfertigen oder die Plakatelemente darauflegen.
- Prüft mit einer Testperson den Eindruck, den euer Plakat macht.

Ein Wandplakat präsentieren

Schritt 1: Organisation
- Achtet darauf, dass jeder von euch etwa den gleichen Redeanteil hat und legt die Reihenfolge der Beiträge fest.
- Habt ihr alle Materialien (z. B. Klebestreifen oder Magnete) und ist der Vortragsraum richtig vorbereitet (z. B. Sitzordnung und Beleuchtung)?

Schritt 2: Vorbereitung
- Entwickelt eine spannende Präsentation mit einer logischen Abfolge der Inhalte.
- Notiert euch Stichworte auf Karteikarten und übt und verbessert eure Präsentation in eurer Gruppe.

Schritt 3: Präsentation
- Lest Texte nicht vom Blatt ab, sondern sucht Blickkontakt zu euren Mitschülern. Seid freundlich.
- Formuliert am Schluss ein Fazit, in dem ihr auf die Problemstellung eingeht.
- Beantwortet Fragen aus dem Publikum und nehmt Kritik und Verbesserungsvorschläge an.

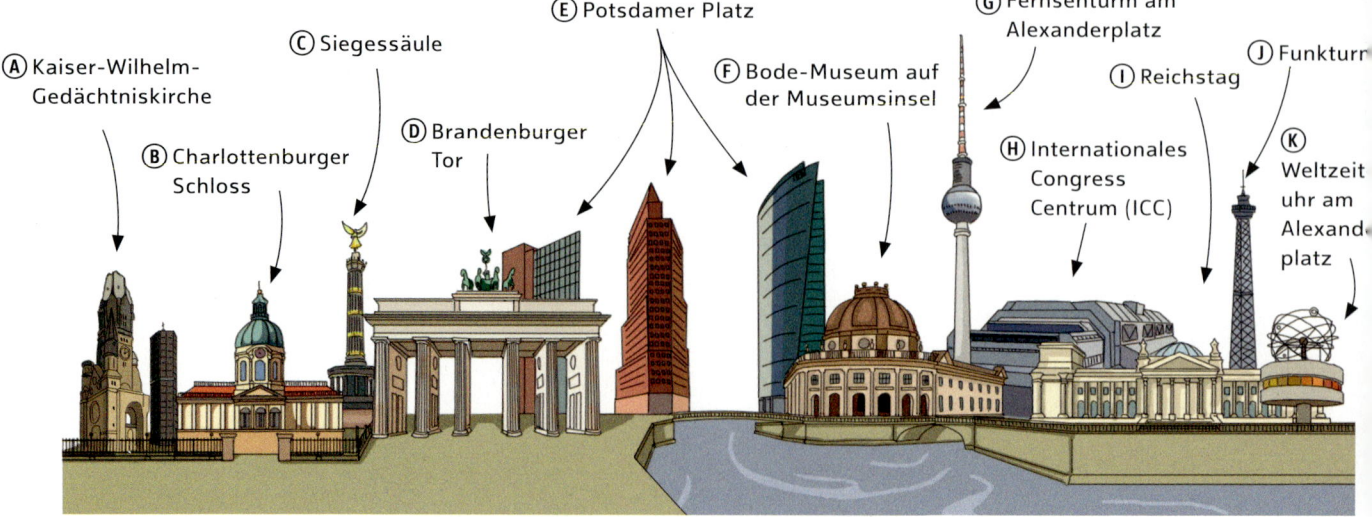

M1 Sehenswürdigkeiten von Berlin (Auswahl)

A Kaiser-Wilhelm-Gedächtniskirche
B Charlottenburger Schloss
C Siegessäule
D Brandenburger Tor
E Potsdamer Platz
F Bode-Museum auf der Museumsinsel
G Fernsehturm am Alexanderplatz
H Internationales Congress Centrum (ICC)
I Reichstag
J Funkturm
K Weltzeituhr am Alexanderplatz

Berlin – Bundeshauptstadt und Touristenmagnet

Die deutsche **Hauptstadt** Berlin ist mit etwa 3,7 Millionen Einwohnern die größte Stadt Deutschlands. Hier haben **Bundesregierung** und **Bundespräsident** ihren Sitz. Im Reichstagsgebäude beschließen die Abgeordneten des **Bundestages** wichtige Gesetze.

Berlin ist aber auch ein **Verkehrszentrum**. Der Hauptbahnhof ist der größte Kreuzungsbahnhof Europas. Der neue Großflughafen Berlin Brandenburg (BER) ist seit Ende 2020 in Betrieb. Zudem besitzt Berlin ein großes U- und S-Bahnnetz.

Im Jahr 2019 kamen über 13 Millionen Touristen nach Berlin. Sehenswürdigkeiten wie das Brandenburger Tor und die zahlreichen Museen (z. B. auf der Museumsinsel) sind weltbekannt. Zahlreiche Feste, Sportereignisse, Konzerte, Ausstellungen und Messen erhöhen die Anziehungskraft der Stadt.

M2 Auf dem Berliner Hauptbahnhof

M3 Arbeiten und Freizeit am Potsdamer Platz

AUFGABEN

1 *Beschreibe die geographische Lage von Berlin (Atlas).*
2 *Ermittle die Nord-Süd- und die West-Ost-Ausdehung von Berlin (Atlas).*
3 *Benenne mithilfe einer Atlaskarte von Berlin die in M1 dargestellten Gebäude*
4 *Nenne Merkmale der Metropole Berlin.*
5 *Stelle die geschichtliche Entwicklung Berlins in einem Zeitstrahl dar (M9, Internet).*

2 Stadt und Land

M 4 Die Friedrichstraße – Einkaufen in der Mitte Berlins

M 5 Mauer am Brandenburger Tor (10.11.1989)

M 7 Das Rote Rathaus – Sitz der Regierung Berlins

Berlin war nicht immer die Hauptstadt Deutschlands. Nach dem Zweiten Weltkrieg (1939–1945) wurde Deutschland geteilt. Durch Deutschland verlief eine Grenze, welche die Bundesrepublik Deutschland (BRD) und die Deutsche Demokratische Republik (DDR) voneinander trennte.
Hauptstadt der BRD war Bonn. Hauptstadt der DDR war Ostberlin, denn auch Berlin war geteilt: 1961 wurde mitten durch die Stadt eine Mauer gebaut.
Die Bürger der DDR wehrten sich gegen ihre Regierung. Schließlich kam es am 9. November 1989 zur Öffnung der Grenze. Nach der Wiedervereinigung wurde Berlin wieder Hauptstadt und Regierungssitz.

M 6 Berlin – die geteilte Stadt

Feb.	Filmfestival Berlinale 300 000 Kinobesucher
Mai	DFB-Pokal-Endspiel (Fußball) 76 000 Zuschauer
Mai	Karneval der Kulturen 5000 Teilnehmer, 700 000 Zuschauer
Juni	Christopher Street Day Parade 800 000 Zuschauer
Sep.	Berlin-Marathon 40 000 Teilnehmer, 1 Mio. Zuschauer
Sep.	Internationale Funkausstellung 240 000 Besucher
Jan.	Silvester am Brandenburger Tor 1 Mio. Besucher

M 8 Veranstaltungen in Berlin (Auswahl)

1237: 1. urkundliche Erwähnung Cöllns
1244: 1. urkundliche Erwähnung Berlins
1432: Vereinigung von Berlin und Cölln
1440: Hauptstadt des Kurfürstentums Brandenburg
1710: Hauptstadt des Königreichs Preußen
1871: Hauptstadt des Deutschen Kaiserreichs
1949: Teilung in Berlin West und Berlin Ost
13. August 1961: Bau der Berliner Mauer
9. November 1989: Öffnung der Mauer und der DDR-Grenze
seit 1990: Hauptstadt der Bundesrepublik Deutschland

M 9 Stadtgeschichte

METHODE

Wir arbeiten mit Google Earth

INFO

Die Lage im Gradnetz wird mithilfe geographischer Koordinaten angegeben (siehe S. 26/27).

Informationen über Länder oder Reiseziele kannst du dir ganz einfach z. B. über Google Earth besorgen. Google Earth ist ein Programm, das einen virtuellen Globus darstellt, basierend auf unzähligen **Satellitenbildern**. Das Programm ist so hochauflösend, dass Nutzer damit sogar Reste einer römischen Villa und auch einen Krater in Ägypten ausfindig gemacht haben, die vorher niemand kannte.

Auch du kannst ein Entdecker sein oder bis ans andere Ende der Welt fliegen. Diese Programmfunktionen sind dir dabei nützlich:

1. Einen Ort eingeben und seine Lage bestimmen (M2).
2. Die Entfernungen zwischen gesetzten Punkten messen (M5).
3. Schrägansichten von Landschaften und Gebäuden in 2D und 3D sehen (M1).
4. Eine virtuelle Reise mit Voyager unternehmen (M2).

Mit Google Earth pro oder einem eigenen Account kannst du zusätzlich Folgendes machen:

5. Historische mit aktuellen Satellitenbildern vergleichen.
6. Projekte anlegen und Orte speichern.

M1 Elefantentor – Berlin Zoologischer Garten

M3 Verschiedene Möglichkeiten, mit Google Earth zu arbeiten

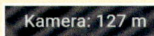

Höhe der Satellitenbildaufnahme in Metern

Wechsel zwischen einer 2D- oder 3D-Ansicht

Fliege zu deinem aktuellen Standort.

Höhe über dem Meer (m ü. M)

Nordpfeil

Street View

Die Lage im Gradnetz – in Koordinaten

M2 Funktionen im Überblick – Seitenleiste

2 Stadt und Land

Einen Ort erkunden mit Google Earth

Schritt 1: Ziel suchen
- Gib als Zielort das Elefantentor in Berlin ein und folge der Animation
- Nutze die Zoom-Funktion, um das Elefantentor von Weitem oder aus der Nähe zu betrachten.

Schritt 2: Erkundung
- Schaue das Tor und die Umgebung genauer an, indem du Street View nutzt. Klicke dafür auf die Figur. Nun werden dir in der Karte blaue Punkte und Linien angezeigt (M4).
- Sichte auch die Fotos, die vor Ort gemacht wurden. Du siehst Sie, sobald du die Figur auf einen dieser Punkte ziehst (M6).

Schritt 3: Analyse
- Miss Entfernungen. Nutze dafür das Lineal, welches du an der linken Leiste findest. Klicke auf das Elefantentor und anschließend auf einen weiteren Ort (M5).
- Miss so die Entfernung zu drei Orten in der Nähe.

Schritt 4: Entdeckung
Klicke auf den Würfel, um an einen zufälligen Ort zu reisen. Berichte von diesem Ort.

Schritt 5: Entdeckung
Probiere die Voyager-Funktion aus. Klicke dazu auf das Symbol und wähle ein Thema oder einen Ort, zu dem du Satellitenbilder sehen möchtest.

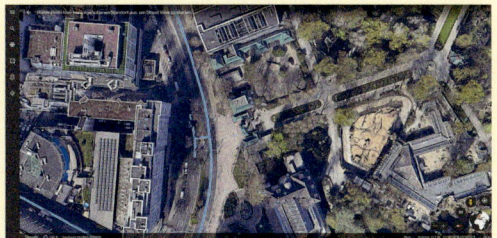

M 4 Street View – Standorte sichtbar machen

M 6 Street View – Ansicht Elefantentor

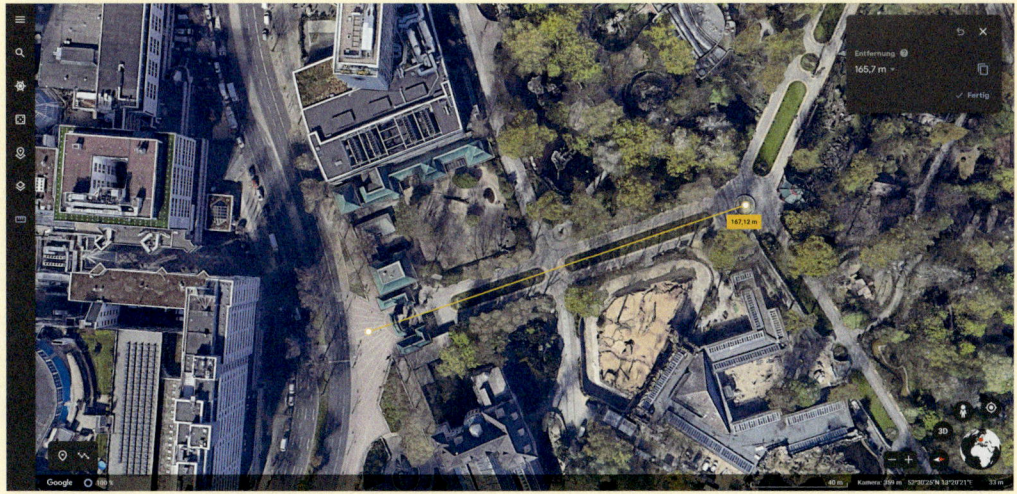

M 5 Distanzen messen (Luftlinie)

Ⓑ „Die alte Straße Kurfürstendamm wird unter Berlinern auch Ku'damm genannt. Sie ist eine gute Adresse, um Luxusartikel einzukaufen. Es gibt fast nichts, was es nicht gibt. Übrigens, der „Hohle Zahn" am Ku'damm – die Kaiser-Wilhelm-Gedächtniskirche – ist die Kriegsruine einer riesigen Kirche. Der Zoologische Garten in der Nähe soll der älteste Deutschlands sein."

M1 Bus der Linie 100

Entdecke Berlin mit dem 100er-Bus

Die Buslinie 100 startet nahe der Gedächtniskirche am Bahnhof Zoologischer Garten und endet am Alexanderplatz. Kauf Dir ein Tagesticket, steige in den Doppeldeckerbus und entdecke zu Fuß die zahlreichen Highlights, die in der Nähe der Busstationen liegen.

Ⓐ „Schon sind wir mitten im Regierungsviertel. Manchmal wimmelt es hier nur so von prominenten Politikern. Das Bundeskanzleramt nennen die Berliner liebevoll Waschmaschine.
Auf der anderen Seite des Platzes der Republik steht der Reichstag. In diesem Prunkbau tagt der Deutsche Bundestag. Von seiner gläsernen Kuppel hat man eine gute Aussicht."

Ⓒ „Nicht weit entfernt vom berühmten Brandenburger Tor, dem Siegestor früherer Herrscher und Symbol der Wiedervereinigung von Ost und West, fährt der Bus über eine Prachtstraße Ostberlins. Hier Unter den Linden sind inzwischen alle berühmten Bauwerke restauriert.
In der Nähe befindet sich die Museumsinsel in der Spree. Dort sind antike und moderne Kunstschätze zu bewundern.."

WES-101570-076

2 Stadt und Land

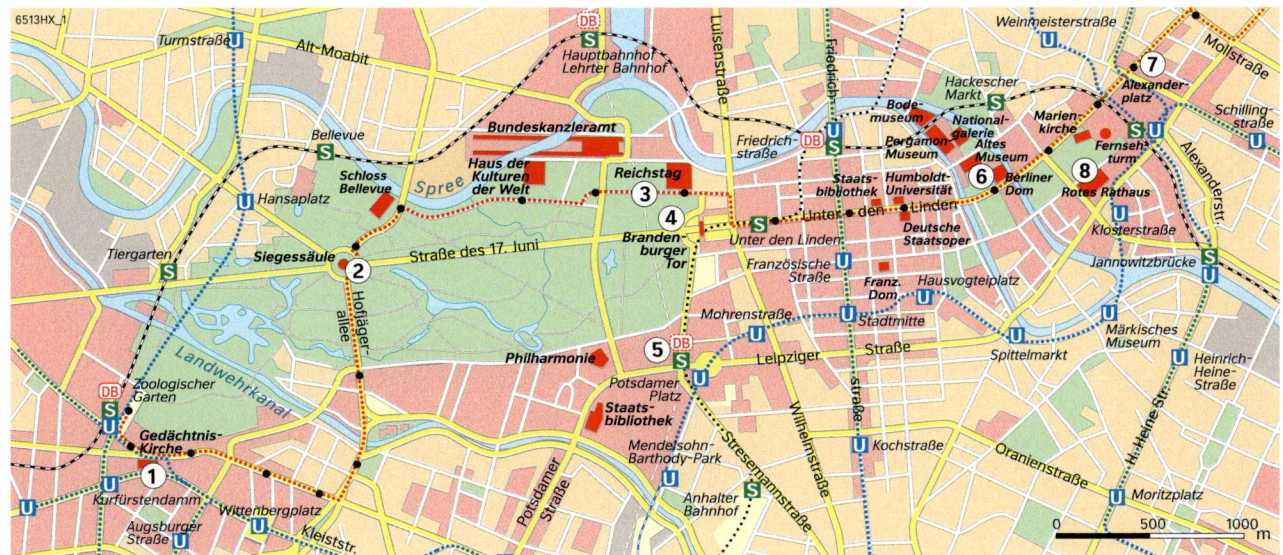

M 2 Route der Buslinie 100

Ⓓ „Über dem Großen Stern thront die „Goldelse". Sie steht in 67 Metern Höhe auf der Siegessäule und erinnert an die siegreichen Preußenkriege. In Richtung Norden ist das Schloss Bellevue zu sehen. Am Flaggenschmuck des Prachtbaus kann jeder Mensch die Anwesenheit der Bundespräsidentin bzw. des Bundespräsidenten erkennen."

Ⓔ „Du läufst am Denkmal für die ermordeten Juden Europas entlang zur neuen Mitte Berlins, dem Potsdamer Platz. Er ist ein zentraler Verkehrsknotenpunkt, an dem sich U- und S-Bahnlinien kreuzen. Seine Hochhausarchitektur soll die Stadt des 21. Jahrhunderts symbolisieren."

Ⓕ „Schon ertönt es: „Alex, Endstation, bitte alles aussteigen." Beim Blick auf die Weltzeituhr am Alexanderplatz und das geschäftige Treiben zwischen S- und U-Bahnen wird klar: Berlin ist eine der aufregendsten Städte weltweit."

AUFGABEN

1 Ordne die Stationen Ⓐ–Ⓕ den Ziffern im Stadtplan (M2) zu.

2 Entwirf eine Berlin-Tour unter einem selbst gewählten Motto (Internet).

M1 Blick auf Paris

Metropole Paris

M2 Lage von Paris in Europa

Paris ist mit Abstand die größte Stadt Frankreichs und das politische, wissenschaftliche, wirtschaftliche und kulturelle Zentrum Frankreichs. Als Hauptstadt ist Paris der Sitz des Präsidenten, des Parlaments und der obersten Regierungsbehörden. Ebenso befinden sich dort die bedeutendsten Hochschulen, Universitäten und Forschungseinrichtungen sowie Bibliotheken. Mit vielen Museen und Theatern bildet Paris auch das kulturelle Zentrum Frankreichs. Die Hauptstadt ist auch die wichtigste Wirtschaftsregion Frankreichs und so auch von zentraler Bedeutung für Europa. Hauptwirtschaftszweige sind neben dem Tourismus unter anderem Finanzdienstleistungen, die Elektrotechnik-, Auto- und Luftfahrtindustrie. Paris ist darüber hinaus das Zentrum der Mode- und Filmindustrie. Sechs Fernverkehrsbahnhöfe und vier internationale Flughäfen binden viele französische, europäische und internationale Städte und Metropolen an Paris an. Aufgrund der zentralen Bedeutung der Stadt für Frankreich und Europa ziehen immer mehr Firmen und Menschen in den Großraum Paris, sodass die Stadt stark gewachsen ist.

Dies hat zu steigenden Preisen für Mieten, Eigentumswohnungen und Häusern und chaotischen Verkehrsverhältnissen geführt. Zur Entlastung wurden am Stadtrand deshalb **Entlastungsstädte**, die „Villes nouvelles" gebaut. Diese haben sich zum Teil zu Problemzonen entwickelt, da dort Zuwanderer schlecht integriert werden und es vor allem bei Jugendlichen eine hohe Arbeitslosigkeit gibt. Gleichzeitig locken die Vorstädte Künstler, Kreative und Wohlhabende an und entwickeln sich dynamisch und multikulturell.

AUFGABEN

1. Nenne Merkmale, die Paris als Metropole kennzeichnen (M2–M4).
2. a) Beschreibe die Entwicklung der Einwohnerzahlen (M3).
   b) Erkläre die Entwicklung der Einwohnerzahlen.
3. Bestimme die Entfernungen, die die Züge zwischen Paris und ihren Reisezielen zurücklegen (Atlas). Nutze hierfür den Maßstab.

2 Stadt und Land

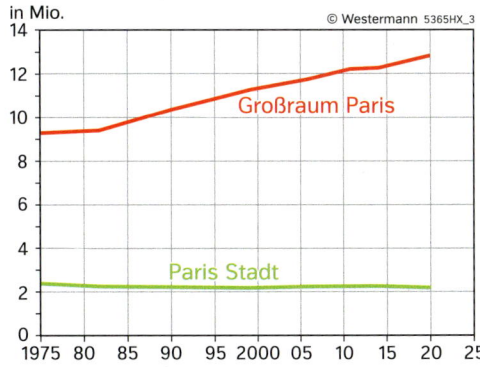

M 3 Die Bevölkerungsentwicklung von Paris

Die Siedlung an der Seine hieß in der Antike noch „Lutetia", im Römischen Reich wurde sie auch „Parisia" genannt. Die zunächst unbedeutende Siedlung entwickelte sich vor allem ab dem 18. Jahrhundert zu einer bedeutenden europäischen Stadt.

M 4 Die Entwicklung von Paris

Fläche Kernstadt: 105 km²
Einwohner Kernstadt: 2,18 Mio.
Erwerbstätige: 5,6 Millionen

Einrichtungen: Regierungssitz, Parlamentssitz

Verkehr: U-Bahn mit 16 Linien und über 212 km Schienen, täglich 5 Millionen Fahrgäste; dichtes Bus- und Straßenbahnnetz; drei Flughäfen (87 Millionen Passagiere); 6 große Bahnhöfe (Anbindung über den Eurotunnel nach London)

Bildung und Kultur: 590 000 Studenten in 22 Universitäten und Hochschulen, zahlreiche bedeutende Museen, Opern und Theater, zahlreiche international bekannte Kunst- und Kulturschaffende

Wirtschaft: Paris' Anteil an der Wirtschaftskraft Frankreichs beträgt etwa ein Drittel.

M 6 Steckbrief von Paris

WES-101570-079

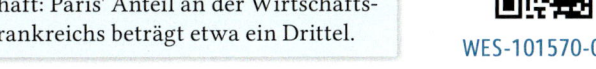

Verbindung Paris nach ...	Reisedauer	Entfernung
Brest	3:25 Std.	
Bordeaux	2:04 Std.	
Brive	4:19 Std.	
Metz	1:24 Std.	
Dijon	1:35 Std.	
Marseille	3:02 Std.	
Amsterdam	3:28 Std.	
Brüssel	1:23 Std.	
Köln	4:53 Std.	
London	2:29 Std.	

M 5 Verkehrsknotenpunkt Paris – das Streckennetz der Züge

M1 Straßencafé in Paris

Tourismus in Paris

Etwa 16 Millionen Touristen besuchen die französische Hauptstadt pro Jahr. Viele Menschen bewegen sich mit der U-Bahn in Paris fort. Parkplätze sind in der Innenstadt durch die dichte Bebauung und das hohe Verkehrsaufkommen Mangelware. Wenn die Touristen Paris mit dem Zug erreichen, wird ihre Fahrt hier unterbrochen. Paris hat nur Kopfbahnhöfe. Das sind Bahnhöfe, an denen ein Zug in umgekehrter Fahrtrichtung wieder hinausfahren muss. Zwischen den Bahnhöfen verkehren keine Züge.

AUFGABEN

1. *Skizziere den Verlauf der Seine und die Lage der Bahnhöfe in Paris (M2).*
2. *Beschreibe die Lage der Bauwerke (Ⓐ–Ⓔ) mithilfe des Stadtplanes (M2).*
3. *Entwirf mithilfe von M2 und dem Internet ein Besichtigungsprogramm zu einem Motto (beispielsweise Museen in Paris).*

Ⓐ Der Eiffelturm wiegt insgesamt etwa 10 000 Tonnen. 7300 Tonnen davon sind Stahl. Der Turm wurde 1889 erbaut. Er ist das Wahrzeichen von Paris. Jedes Jahr besichtigen fast sieben Millionen Besucher den 324 Meter hohen Turm. Etwa auf halber Höhe befindet sich ein Restaurant.

Ⓑ Der Arc de Triomphe (deutsch: Triumphbogen) ist eines der Wahrzeichen von Paris. Zwölf Avenuen (große Straßen) gehen von dem Platz ab. Über 248 Stufen einer steilen Wendeltreppe kann man auf das Dach des Bauwerks gelangen. Von dort aus kann man die zwölf Straßen sehen. Eine ist die Avenue des Champs-Élysées.

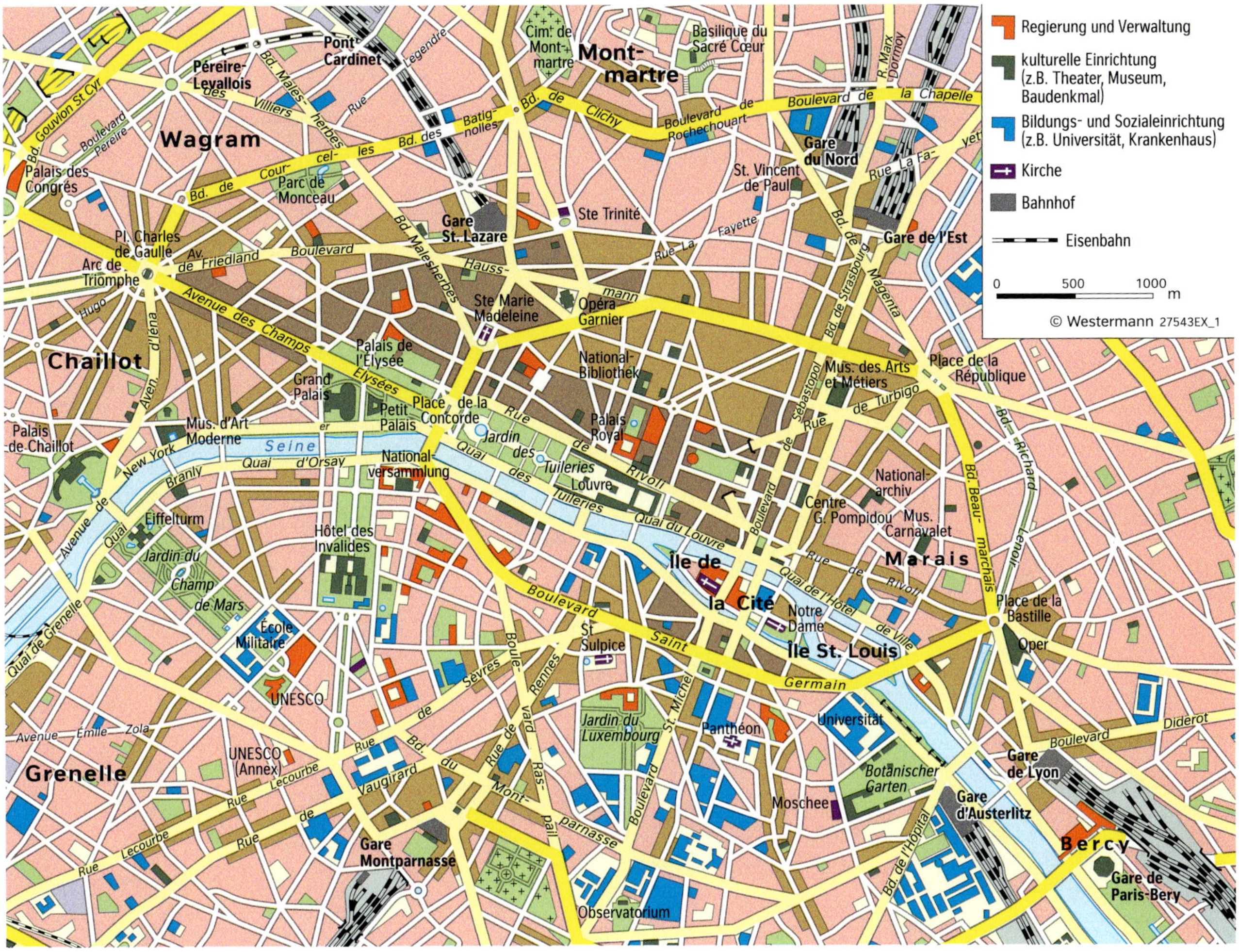

2 Stadt und Land

M2 Innenstadt von Paris

C Der Montmartre ist ein bekanntes Künstlerviertel und gleichzeitig der höchste Berg in Paris. Auf seiner Spitze befindet sich die weithin sichtbare Kirche Sacré Coeur (deutsch: heiliges Herz).

D Der Louvre ist das größte Kunstmuseum Frankreichs. Hier hängt auch das Gemälde der Mona Lisa von Leonardo da Vinci. Jedes Jahr besuchen über 9 Millionen das Museum und seine Ausstellungen. Sie gelangen über die Glaspyramide ins Innere des Gebäudes.

E Das Kunst- und Kulturzentrum Georges Pompidou wurde als modernes Museum auf einer Abrissfläche erbaut. Auffallend ist, dass Gerüste und Leitungen außen am Gebäude angebracht sind und deutlich hervorgehoben werden. Auch die Treppen sind außen am Gebäude und rot angemalt.

ALLES KLAR?

Lagebeziehung
Nenne drei Beispiele für Städte, in deren Namen die Lagebeziehung angezeigt wird.

Stadt und Umland
Beschreibe die Funktion des Umlandes für die Stadt und der Stadt für das Umland mithilfe der Abbildung.

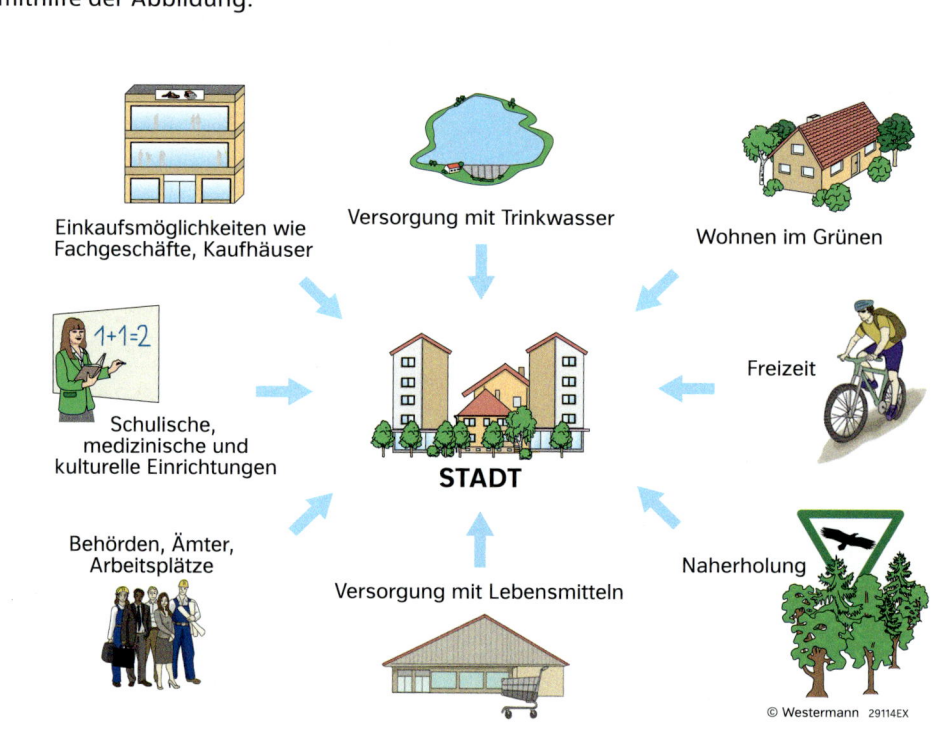

Wortwolke
Erstelle eine Wordwolke zum Thema Tourismus:

Du kannst einen Wortwolkengenerator aus dem Internet benutzen Bispielsweise findest du einen unter

https://www.wortwolken.com/.

Metropolen
Recherchiere weitere europäische Metropolen mithilfe eines Atlas.
Tipp: eine Metropole hat mindestens 1 Millionen Einwohnerinnen und Einwohner.
Zum Beispiel findest du Diercke Weltatlas (2015) auf Seite 86 eine passende Karte.

2 Land und Stadt

Individualverkehr oder ÖPNV?
Diskutiert die Vorteile und Nachteile des Öffentlichen Personennahverkehrs (ÖPNV) und des Individualverkehrs.

Werte die Statistik aus:

WES-101570-083

Prüfe dich selbst!

Du kannst…		Ja/Nein
… die Lagebeziehung und Standortfaktoren einer Stadt beschreiben.	S. 54	?
… die Funktion von Städten erklären.	S. 56	?
… die Stadt-Umland-Beziehungen erklären.	S. 58	?
… die Veränderung eines Dorfes (in Bezug zur Funktion) beschreiben.	S. 61	?
… die Probleme des täglichen (Pendel-) Verkehrs darstellen.	S. 64	?
… verschiedene Verkehrskonzepte als Lösung für das Verkehrsproblem wiedergeben.	S. 66	?
… eine Befragung durchführen.	S. 68	?
… eine Statistik auswerten.	S. 69	?
… eine Gruppenarbeit durchführen.	S. 70	?
… Merkmale der Hauptstadt Berlin beschreiben.	S. 72	?
… mit Google Earth einen Ort erkunden.	S. 74	?
… die Sehenswürdigkeiten Berlins als Besichtigungsfahrt wiedergeben.	S. 76	?
… die Merkmale einer (europäischen) Metropole wiedergeben.	S. 78 – 81	?

M1 Immer mit dabei: unser Smartphone

Gliederung der Wirtschaft

Smartphones sind aus dem Alltag kaum noch wegzudenken. Ein solches Mobiltelefon eignet sich gut, um die drei verschiedenen Bereiche zu erklären, in die die Wirtschaft aufgeteilt ist. Diese drei Bereiche bezeichnet man auch als Wirtschaftssektoren. Eingeteilt werden sie in den ersten (primären), den zweiten (sekundären) und den dritten (tertiären) Sektor.

M2 Ein Smartphone benötigt **Rohstoffe**: der primäre Sektor

AUFGABEN

1. Beschreibe die drei Wirtschaftssektoren am Beispiel eines Smartphones (M1–M5).
2. Ordne Berufstätige in den Bereichen Tischlerei, Forstwirtschaft und Bankwesen den Wirtschaftssektoren zu (M5).
3. Analysiere das Diagramm (M6).
4. a) Erstelle eine Übersicht für einen Tag der vergangenen Woche, wie beispielsweise in M7.
   b) Erläutere die Folgen für deinen Schulalltag, wenn einige dieser Dienstleistungen nicht mehr angeboten würden.
5. a) Recherchiere für deinen Heimatort die Prozentzahl der Beschäftigten in den Wirtschaftssektoren.
   b) Vergleicht eure Ergebnisse.

M3 Ein Smartphone in der Produktion: der sekundäre Sektor

M4 Ein Smartphone wird verkauft: der tertiäre Sektor

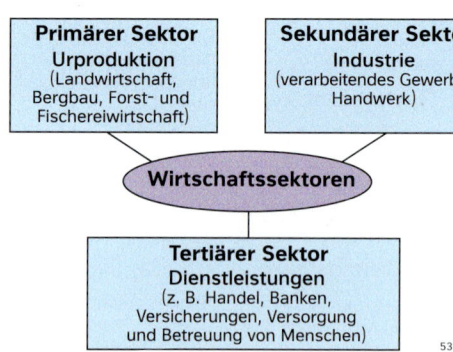

M5 Die drei **Wirtschaftssektoren**

© Westermann 28511EX
1850
21
55
24
1950
32
25
43
2019
1
24
75
Primärer Sektor
Sekundärer Sektor
Tertiärer Sektor
Quelle: BMEL, 2021
Anteile in %

M6 So viele Menschen arbeiten in den Wirtschaftsbereichen

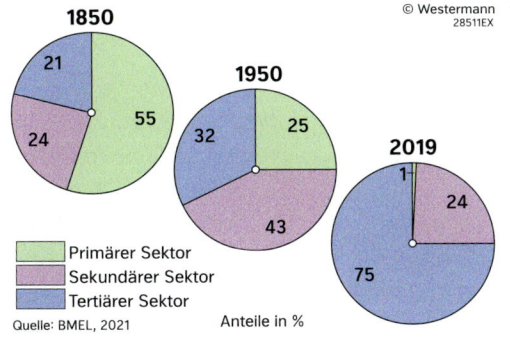

Uhrzeit und Tätigkeit	Voraussetzung (meine „Helfer“)	Wirtschaftsbereich
7 Uhr Zähneputzen (elektrisch)	Zahnbürste musste produziert werden	Industrie
	Strom muss geliefert werden	Dienstleistung
8 Uhr ...	...	...
9 Uhr ...	...	...

M8 Mein Tagesablauf und meine Helfer

Die Grafik stellt einige tägliche Aktivitäten des Schülers Mathis dar. Damit der Tag in dieser Weise ablaufen kann, müssen viele Menschen für Mathis arbeiten: Beispielsweise werden für den Anbau von Äpfeln Landwirte benötigt, für die Herstellung eines Autos Arbeiter und Ingenieure und für das Räumen des Schnees auf der Straße Personen, die einen Schneepflug bedienen können.

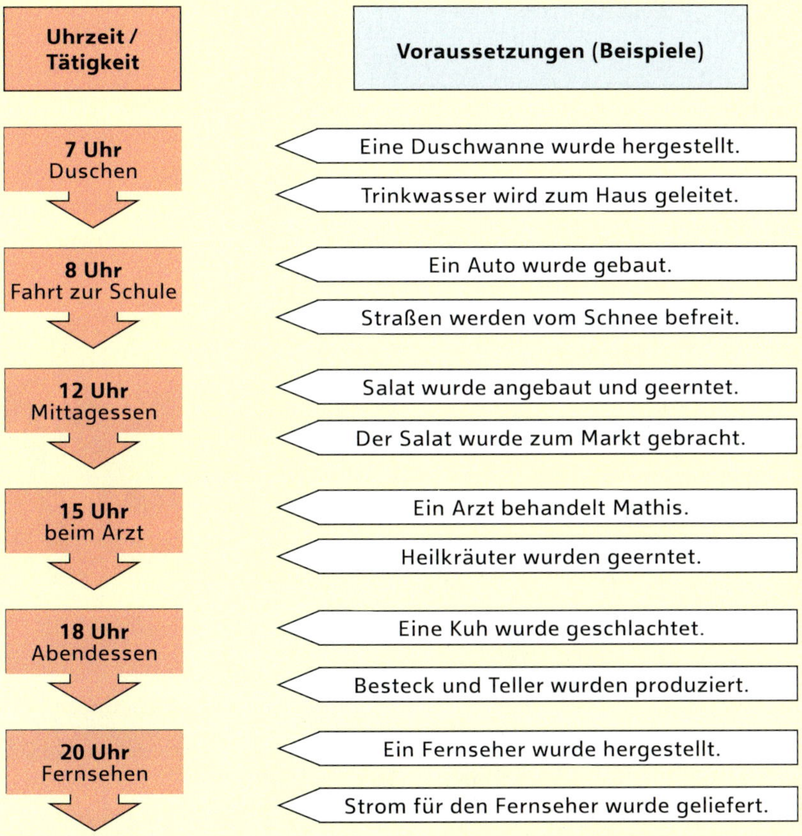

Uhrzeit / Tätigkeit
Voraussetzungen (Beispiele)
7 Uhr Duschen
Eine Duschwanne wurde hergestellt.
Trinkwasser wird zum Haus geleitet.
8 Uhr Fahrt zur Schule
Ein Auto wurde gebaut.
Straßen werden vom Schnee befreit.
12 Uhr Mittagessen
Salat wurde angebaut und geerntet.
Der Salat wurde zum Markt gebracht.
15 Uhr beim Arzt
Ein Arzt behandelt Mathis.
Heilkräuter wurden geerntet.
18 Uhr Abendessen
Eine Kuh wurde geschlachtet.
Besteck und Teller wurden produziert.
20 Uhr Fernsehen
Ein Fernseher wurde hergestellt.
Strom für den Fernseher wurde geliefert.

M7 Was hat Mathis am Mittwoch gemacht?

Die Landwirtschaft in Deutschland

Große Teile Deutschlands werden landwirtschaftlich genutzt (M4). Besonders die natürlichen Voraussetzungen beeinflussen die Nutzung. Dazu zählen Niederschlag, Temperatur, Boden und Oberflächenform (Relief). In der Landwirtschaft unterscheidet man die **konventionelle** (herkömmliche) und die **ökologische Landwirtschaft** (siehe S. 94/95). Heute wird die konventionelle Landwirtschaft häufig industriell betrieben (siehe S. 92/93).

M1 Pausenbrötchen

AUFGABEN

1. *Nenne die landwirtschaftlichen Produkte im Pausenbrötchen M1.*
2. *Erstelle eine Tabelle, in der du den Bereichen der Landwirtschaft (M3) entsprechende landwirtschaftliche Erzeugnisse und Produkte zuordnest.* ↗
3. *Nenne die landwirtschaftlichen Nutzungen in Niedersachsen (M4).*
4. *Analysiere, welche Zusammenhänge es in Niedersachsen zwischen den Bodeneigenschaften und der landwirtschaftlichen Nutzung gibt.*
5. *Nenne Merkmale, mit denen du die vier Getreidesorten sicher unterscheiden kannst (M5).*

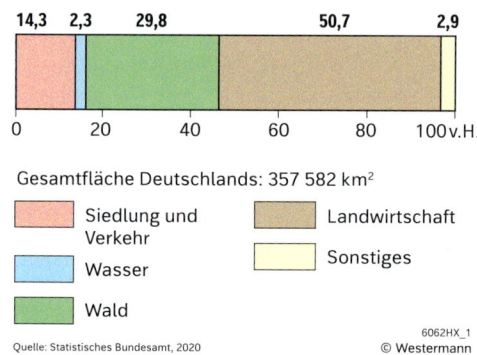

Gesamtfläche Deutschlands: 357 582 km²

- Siedlung und Verkehr: 14,3
- Wasser: 2,3
- Wald: 29,8
- Landwirtschaft: 50,7
- Sonstiges: 2,9

Quelle: Statistisches Bundesamt, 2020

M2 Landnutzung in Deutschland (2019)

Ⓐ Ackerbau

Ⓑ Viehzucht

Ⓒ Sonderkultur

Ⓓ Bioenergie

M3 Bereiche der Landwirtschaft

2 Stadt und Land

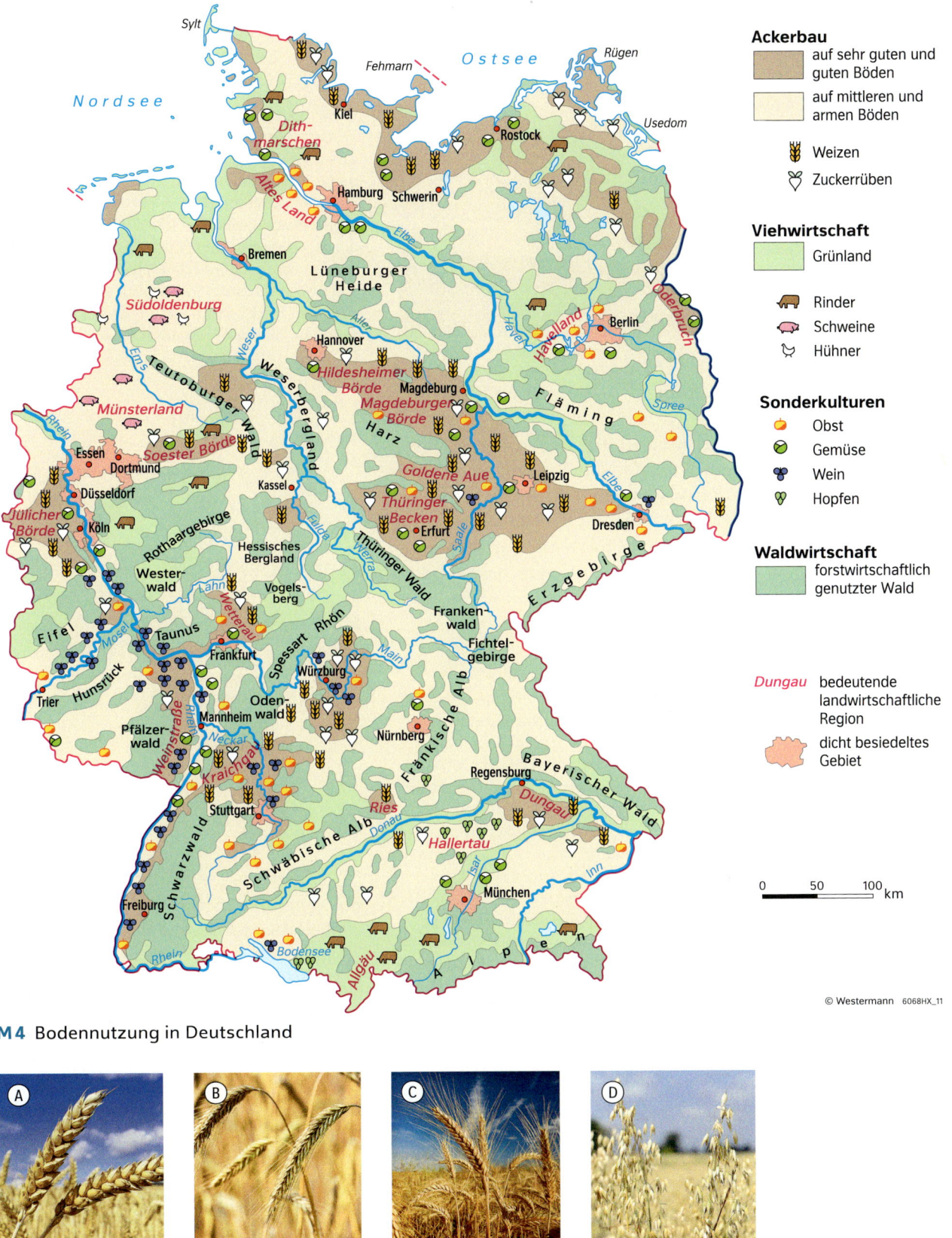

M 4 Bodennutzung in Deutschland

M 5 Wichtige Getreidesorten in Deutschland: Ⓐ Weizen, Ⓑ Roggen, Ⓒ Gerste, Ⓓ Hafer

EXTRA

Landwirtschaft im Klimawandel

Beregnung von Mais im Sommer

Landwirtschaft ist immer abhängig vom Wetter. In den vergangenen Jahren hat es bei uns oft zu wenig geregnet, sodass die von uns angebauten Pflanzen nicht so gut gewachsen sind. Durch deren Beregnung vor allem mit Grundwasser versuche ich, die Erträge wieder zu erhöhen. Allerdings entstehen durch die Anschaffung und den Betrieb der Anlagen weitere Kosten, sodass sich die Bewässerung nur lohnt, wenn ich die Anbauprodukte zu einem hohen Preis verkaufen kann.

M1 Ein Landwirt berichtet

Im Vergleich zu früheren Jahrzehnten war es im Frühjahr und Sommer des Jahres 2018 extrem heiß und trocken. Nutzpflanzen wie Mais stand in ihrer Wachstumszeit viel zu wenig Wasser zur Verfügung. Worin liegen die Ursachen für die geringen Niederschlagsmengen und die hohen Temperaturen?

M3 Jahresmitteltemperatur Deutschland

INFO

Dürre
Unter Dürre versteht man einen Mangel an Wasser, der durch geringe Niederschläge oder einer erhöhten Verdunstung bewirkt wird. Mögliche Folgen sind niedrige Grundwasserspiegel und eine unzureichende Wasserversorgung von Pflanzen.

Wir beobachten unsere Erde schon eine lange Zeit und sammeln Informationen über die Temperaturen, die Niederschläge, die Zusammensetzung der Erdatmosphäre und viele mehr. So können wir unser Klima beschreiben und langfristige Änderungen der klimatischen Bedingungen erkennen. Klimamodelle ermöglichen es uns, begründete Vermutungen über das zukünftige Klima machen zu können.
Eine wichtige Rolle dabei spielen die sogenannten Treibhausgase, die zum Beispiel bei der Viehzucht, der Landnutzung und dem Verbrennen von Öl, Gas und Kohle in die Atmosphäre freigesetzt werden.
Allen Vorhersagen ist gemeinsam, dass es über natürliche Schwankungen hinaus weitere Veränderungen geben wird, die sich nur durch menschliche Aktivitäten erklären lassen.

M2 Ein Klimaforscher berichtet

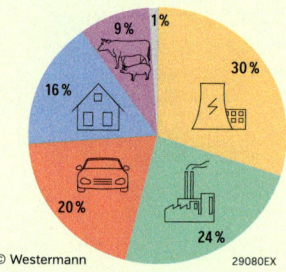

M4 Anteil der Sektoren an der Freisetzung klimawirksamer Gase in Deutschland 2020

AUFGABEN

1. Beschreibe das Foto in M1.
2. Stelle die Anpassungsstrategie der Landwirte an die Klimaänderung dar.
3. Beschreibe die Arbeitsweise der Klimaforscher (M2) und die Entwicklung der Jahresmitteltemperatur in Deutschland (M3).
4. „Die Landwirtschaft verursacht und leidet unter dem Klimawandel." Erörtere die Aussage (M1, M4)

AKTIV

Wachstumsexperimente mit Mais

Ursprünglich aus Zentral- und Südamerika stammend ist Mais auch bei uns zu einer wichtigen Nutzpflanze geworden. Der überwiegende Teil des angebauten Mais wird zur Fütterung von Nutztieren sowie zur Erzeugung des Energieträgers Biogas genutzt. Ein geringer Teil wird zu Maisgries, Popcorn, Cornflakes und mehr verarbeitet. In einem Experiment wurde das Wachstum von Maispflanzen näher untersucht.

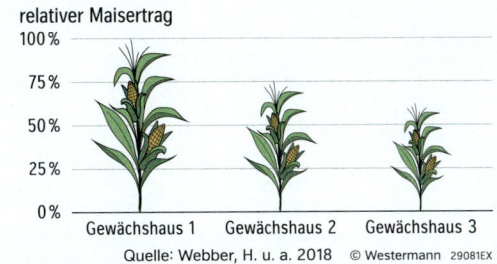

M 2 Ertrag an Maispflanzen

Klima-Bedingungen während Wachstumszeit	Gewächshaus 1	Gewächshaus 2	Gewächshaus 3
Temperatur	17,0 °C	17,9 °C	18,5 °C
Niederschlagsmenge	424 mm	410 mm	426 mm
Dürretage	9	11	14

M 1 Versuchsbedingungen im Wachstumsexperiment

Frage
- Ändert sich das Maiswachstum, wenn sich bei uns das Klima verändert?

Vermutungen
Das Wachstum der Maispflanzen …
a) wird geringer, da sie nicht genügend Wasser zur Verfügung haben.
b) wird zunehmen, da sie bei höheren Temperaturen wachsen.
c) verändert sich nicht.

Durchführung
In drei Gewächshäusern mit identischen Bedingungen werden Maispflanzen angebaut. Nur Temperaturen, Niederschlagsmengen sowie die Anzahl der Dürretage (Tage, an denen die Pflanzen kein Wasser zur Verfügung haben) wurden verändert.
In **Gewächshaus 1** entsprechen die Klima-Bedingungen dem langjährigen Durchschnitt der in Niedersachsen gemessenen Werte von 1981 bis 2020. Im **Gewächshaus 2** entsprechen sie den vorhergesagten Mittelwerten für das Jahr 2050, wenn wir klimaschützende Maßnahmen ergreifen. Im **Gewächshaus 3** wurden Temperatur, Niederschlag und Dürretage auf die vorhergesagten Mittelwerte für das Jahr 2050 eingestellt, wenn wir keine Maßnahmen zum Schutz des Klimas ergreifen und weiter leben und wirtschaften wie bisher. Nach der Wachstumszeit von Mai bis Oktober wurde die Pflanzen geerntet, getrocknet und gewogen.

AUFGABEN

1. Gib das Experiment in eigenen Worten wieder.
2. Erkläre die unterschiedlichen Versuchsbedingungen in den Gewächshäusern.
3. Beschreibe die Ergebnisse des Experimentes (M2).
4. Begründe, ob die Vermutungen a) – c) richtig oder falsch sind und beantworte die Frage des Experimentes.
5. Beurteile, ob die auf Seite 88 in M1 dargestellte Anpassungsstrategie für den Anbau von Maispflanzen geeignet ist.

M1 Ⓐ Fütterungs-, Ⓑ Melk-, Ⓒ Reinigungsroboter

Hightech im Kuhstall

Früher wurden die Kühe noch mit der Hand gemolken. Da die Betriebe heute viel größer sind als noch vor 70 Jahren bekommt der Landwirt Unterstützung von modernster Technik. Die Kühe werden heute auf vielen Höfen zwei Mal täglich mit einer vollautomatischen Melkmaschine gemolken. Im Schnitt geben die Kühe dabei 22 Liter Milch pro Tag.

Die Arbeit ist auf dem Hof durch die moderne Technik leichter geworden. So braucht der Landwirt auch nicht mehr so viele Angestellte wie früher. Die Anschaffungskosten der einzelnen Maschinen sind jedoch sehr hoch, denn nicht nur das Melken erfolgt nun vollautomatisch (M1 Ⓐ – Ⓒ).

Futteranbauflächen
Futtertisch mit Grünfutter
Fressgang
Fressgitter
Güllesilo
Kälberstand
Kraftfutterstation
Liegeboxen
Maissilo (Futtervorrat)
Melkstand
Milchkühltank

M2 Moderner Boxenlaufstall

2 Stadt und Land

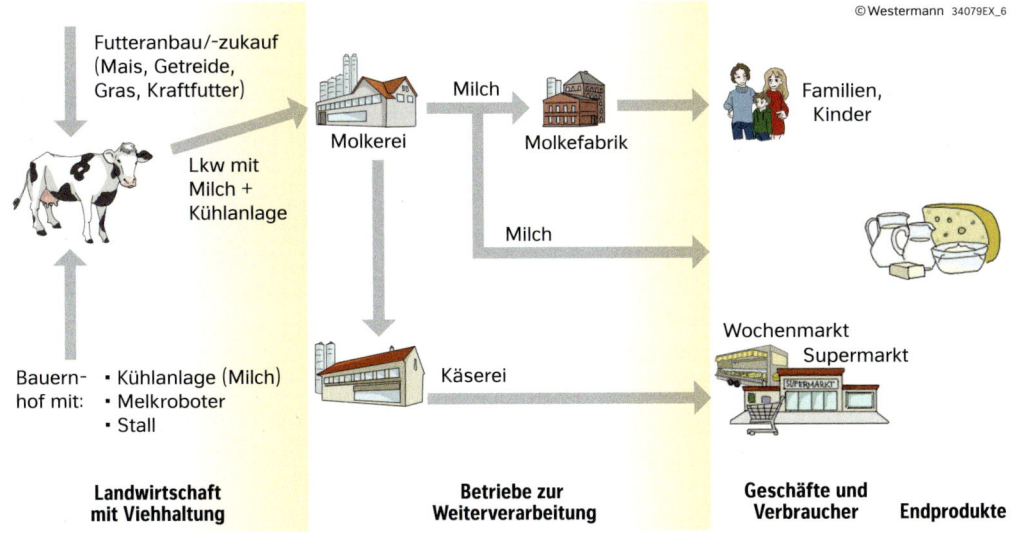

M 3 Der Weg des Produktes: Von der Milch zum Käse

In manchen Betrieben werden die Kühe mit einem Melkroboter gemolken. Auch deshalb trägt jede Kuh ein Halsband mit einem Chip. Damit kann ein Computer jede Kuh im Stall erkennen und weiß, wie alt sie ist, wie viel Milch sie durchschnittlich gibt und ob sie schon gemolken wurde.
Wenn ihr Euter prall gefüllt ist, geht die Kuh selbstständig in die Melkkabine des Melkstandes. Sie macht das gerne, weil sie gelernt hat, dass sie während des Melkvorgangs leckeres Futter bekommt. Bevor es aber losgeht, prüft der Computer, ob die Kuh nicht schon gemolken wurde. Wenn sie genug Milch im Euter hat, schließt sich hinter ihr eine Tür und in den Futtertrog fällt das Kraftfutter. In der Zwischenzeit fährt ein Roboterarm von unten an den Bauch der Kuh und vermisst das Euter per Laser oder mit einer Kamera.

Nun hat der Computer alle Informationen, um mit dem Melken zu beginnen.
Bevor es losgeht, wird das Euter mit Bürsten und einer Reinigungsflüssigkeit gesäubert. Danach werden die Melkglocken an die Zitzen gesetzt und das Melken beginnt. Während des Melkens erfasst der Computer bereits die Daten der Milch. Anhand der Zusammensetzung und der Temperatur kann er zum Beispiel erkennen, wenn eine Kuh krank ist. Auch die Menge der abgegebenen Milch wird gemessen.
Ist die Kuh ausgemolken, wird das Melkzeug abgenommen. Anschließend wird das Euter häufig mit Jod eingesprüht, um kleine Verletzungen zu behandeln und die Kuh kann wieder hinausgehen. Zuletzt reinigt und desinfiziert der Melkroboter das Melkzeug.

M 4 Modernes Melken heute

AUFGABEN

1 a) Ordne in M2 die Begriffe den Bildern in M1 zu.
b) Beschreibe den Aufbau eines modernen Boxenlaufstalls (M2).

2 Von der Kuh zur Käsetheke. Beschreibe den Produktionsablauf (M3).

3 Die Computertechnik hat auch bei Milchbauern längst Einzug gehalten. Erläutere die Vor- und Nachteile dieser Entwicklung (M1, M4, Internet).

> **Wusstest du schon ...**
>
> dass Kühe früher nur einmal im Jahr Milch gaben? Milch gibt es nämlich nur, wenn die Kuh ein Kälbchen gebärt. Heute werden die Kühe kurz nach der Geburt des Kälbchens wieder besamt. Somit sind die Kühe heute dauerschwanger und können viel mehr Milch geben als zu Uromas Zeiten.

Die industrielle Landwirtschaft

Die Landwirtschaft hat sich seit 1950 stark verändert. Die Landwirte nutzen heute viele Maschinen zum Anbau und zur Ernte der Nahrungsmittel. Durch den technischen Fortschritt kann heute ein Landwirt 151 Menschen ernähren. 1950 waren es nur 25 Menschen. Aus diesem Grund ist es heute in Deutschland möglich, dass nur noch etwa 2 von 100 Menschen in der Landwirtschaft arbeiten. Im Jahr 1950 waren es noch 25 von 100 Menschen. Auch die Anzahl der Betriebe in der Landwirtschaft hat sich stark verringert.

Die industrielle Landwirtschaft ermöglicht, dass Lebensmittel sehr preiswert in den Läden zu kaufen sind. Aber sie bringt auch einige Probleme mit sich.

M2 Industrielle Tierhaltung

„Fleisch zu essen war noch vor 70 Jahren etwas ganz Besonderes in Deutschland. Es war so teuer, dass es nicht jeden Tag auf den Tisch kam. Heute wird Fleisch und Wurst in den Supermärkten sehr günstig angeboten. Die Gewinnspanne an einem Tier, welches wir großziehen, ist sehr gering. Wir mussten also die Fleischproduktion stark intensivieren, um davon leben zu können. Bei einer solchen **Intensivtierhaltung** müssen wir so viel Tiere wie möglich in den Ställen halten und in möglichst kurzer Zeit zur Schlachtreife bringen. Alle Arbeitsgänge, wie zum Beispiel das Füttern, müssen, wenn möglich, automatisiert ablaufen. Wir schaffen es heute, Schweine in nur fünf bis sechs Monaten zum Schlachtgewicht zu bringen. Meine Eltern schafften dies erst in 1,5 Jahren. Die Tierproduktion ist sehr effizient geworden."

M3 Ein Landwirt berichtet

AUFGABEN

1. *Erstelle eine Tabelle zur Entwicklung in der Landwirtschaft (Text, M3, M4).*
2. *Erläutere Merkmale der industriellen Landwirtschaft (M1–M3, M5, M8).*
3. *Erkläre den Zusammenhang zwischen Massentierhaltung und Nachfrage nach preiswertem Fleisch (M3, M4, M7).*
4. *Erläutere das Gülleproblem in der industriellen Landwirtschaft (M5, M6).*

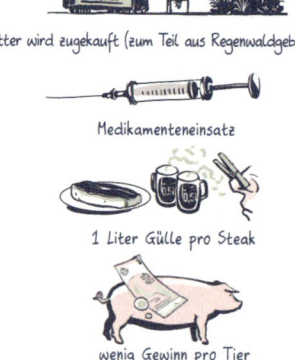

sehr große und schwere Maschinen — hoher Kapitaleinsatz — Futter wird zugekauft (zum Teil aus Regenwaldgebieten)

chemischer Kunstdünger — Technisierung / Automatisierung — Medikamenteneinsatz

chemische Pflanzenschutzmittel — wenige Arbeitskräfte — 1 Liter Gülle pro Steak

große Flächen mit einer Pflanzenart (Monokultur) — vielen Tiere auf engem Raum — wenig Gewinn pro Tier

M1 Merkhilfe eines Schülers zur industriellen Landwirtschaft

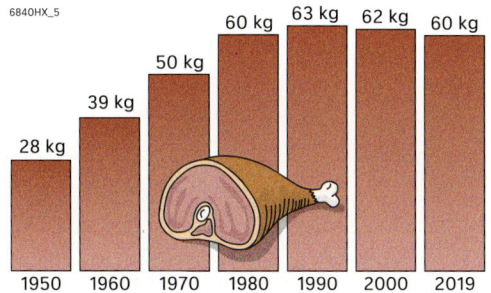

M 4 Fleischverzehr in Deutschland in Kilogramm pro Einwohner im Jahr

„Die Menschen in Deutschland verzehren heute viel Fleisch. Aber sie wollen möglichst wenig dafür bezahlen."

M 7 Ein Supermarktbesitzer erzählt

„Ein großes Problem bei der Intensivtierhaltung ist die Entsorgung der Gülle. Gülle ist ein Gemisch aus Kot und Urin. Ein Schwein zum Beispiel erzeugt davon bis zur Schlachtreife etwa 0,5 m³. Das entspricht ungefähr 5 Liter Gülle pro 1 kg Fleisch. Anders ausgedrückt: pro Steak (200 g) wird 1 Liter Gülle produziert. In einem Mastbetrieb mit 400 und mehr Schweinen fallen somit große Mengen an. Gülle wird als Dünger auf die Felder ausgebracht. Da ein gefrorener Boden keine Gülle aufnehmen kann, darf diese im Winter nicht ausgebracht werden und muss in großen Tanks zwischengespeichert werden."

M 5 Bäuerin Gisela Jung berichtet

„Bei der industriellen Tierproduktion werden oft viele Tiere auf engem Raum gehalten. Da durch diese Haltung die Tiere häufiger krank werden, müssen sie auch oft mit Medikamenten behandelt werden.
Deutlich wird dies vor allem durch den hohen Einsatz von Antibiotika. Unbeabsichtigt können sich dadurch auch Krankheitserreger entwickeln, bei denen Medikamente nicht mehr wirken. Dies ist eine große Gefahr für uns alle.
Besonders kranke und ältere Menschen sind dadurch gefährdet. Ihr Körper kann die gefährlichen Keime nur schlecht bekämpfen."

M 8 Ein Tierarzt berichtet

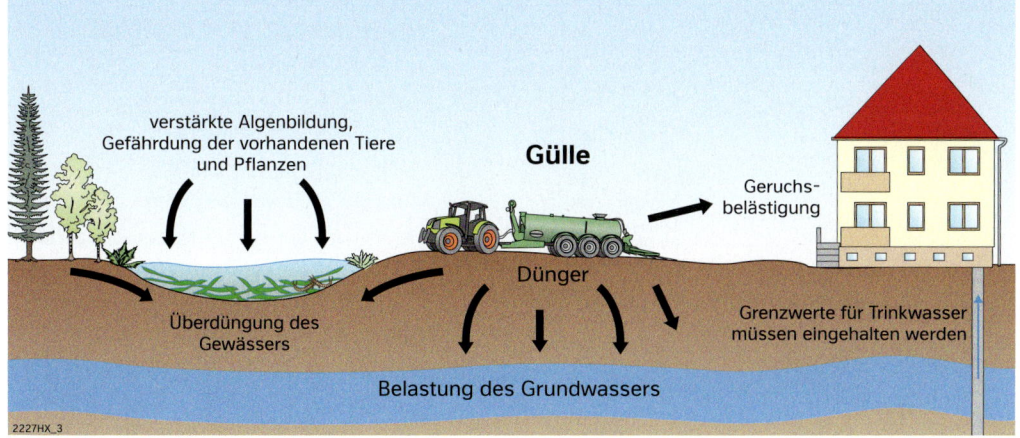

M 6 Probleme mit der Gülle

Die ökologische Landwirtschaft

Auch in der ökologischen Landwirtschaft werden moderne Maschinen eingesetzt. Die ökologische Landwirtschaft arbeitet aber nach dem Prinzip der **Nachhaltigkeit**. Das bedeutet, dass die Landwirte so schonend mit dem Boden, den Tieren und insgesamt mit der Natur umgehen, dass auch unsere Kinder und Enkel noch so leben können wie wir heute. Lebensmittel, die mithilfe der ökologischen Landwirtschaft erzeugt wurden, erkennt man an **Öko-Siegeln** (Info).

M 2 Freilandhaltung bei der ökologischen Landwirtschaft

INFO
Lebensmittel mit z. B. diesen Zeichen stammen aus der ökologischen Landwirtschaft.

AUFGABEN

1. M4 fasst die Grundregeln der ökologischen Landwirtschaft zusammen. Ergänze die unvollständigen Regeln mithilfe der angegeben Materialien.
2. Stelle die Vor- und Nachteile der ökologischen Landwirtschaft in einer Tabelle dar (Textt, M1 – M5, M7).
3. Vergleiche die ökologische Landwirtschaft und die industrielle Landwirtschaft (M3 – M5, M7, S. 92/93). ↗
4. Nenne Gründe, weshalb es Bio-Kennzeichnungen auf Eiern gibt (Info, M6).
5. Nimm Stellung zur Umfrage (M8).

Produkt (in kg)	konventionell	ökologisch
Brot	2,23 €	3,88 €
Käse	5,10 €	11,64 €
Schweinefleisch	6,75 €	16,80 €
Rindfleisch	5,10 €	11,64 €

M 3 Kosten ausgewählter Produkte (Durchschnittskosten pro Kilogramm im September 2021)

INFO
Artgerechte Tierhaltung bezeichnet eine Art der Tierhaltung, bei der die ursprünglich natürlichen Lebensbedingungen der Tiere berücksichtigt werden und auf bestimmte angeborene Verhaltensweisen der Tiere Rücksicht genommen wird.

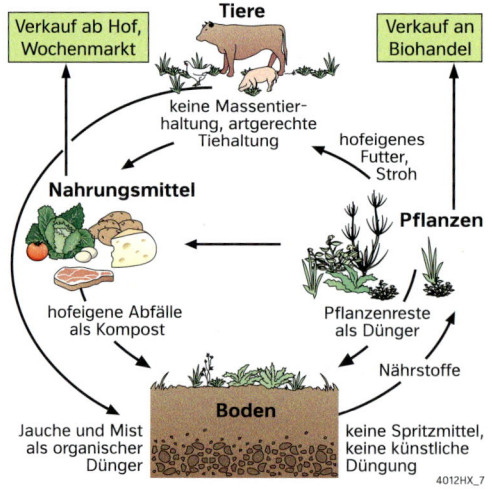

M 1 Kreislauf in der ökologischen Landwirtschaft

Die ökologische Landwirtschaft …

1. … arbeitet nachhaltig. Das heißt … (Text)
2. … nutzt die Kreislaufwirtschaft, bei der … (M1).
3. … schont den Boden und fördert die Bodenlebewesen.
4. … düngt den Boden mit … (M1) und mit Gründüngung.
5. … verzichtet auf Kunstdünger.
6. … verzichtet auf chemische … (M5).
7. … achtet auf eine … (Info) Tierhaltung und auf gesunde Tiere (M5).
8. … achtet auf eine sehr abwechslungsreiche **Fruchtfolge**.
9. … hält nur so viele Tiere pro Betrieb, dass die Umwelt nicht belastet wird.
10. … schützt das … (M7).

M 4 Die Grundregeln der ökologischen Landwirtschaft

Bei einer Hofbesichtigung stellen Schülerinnen und Schüler dem Landwirt, Herrn Müller, Fragen zur ökologischen Landwirtschaft.

Schüler: Sind Sie gerne Öko-Bauer?

Herr Müller: Ja, die Arbeit ist sehr abwechslungsreich. Jeden Tag passiert etwas Neues. Heute morgen wurde ein Kalb geboren, anschließend musste der Trecker gewartet werden und nach unserem Interview ernte ich noch etwas Gemüse für unseren Hofladen. Ich produziere leckere und gesunde Lebensmittel, ohne die Umwelt zu belasten. Das macht mich sehr zufrieden.

Schüler: Warum verwenden Sie beim Anbau von Gemüse und Getreide kein Gift? Schädlinge haben sie doch auch.

Herr Müller: Ja, leider haben auch wir Unkräuter und Pflanzenschädlinge. Gegen diese müssen auch wir etwas tun. Wir pflanzen zum Beispiel besonders widerstandsfähige Pflanzensorten. Zudem sorgen wir für einen fruchtbaren Boden, der sehr viele Bodenlebewesen enthält. Das hält die Pflanzen gesund und sie sind dadurch viel weniger anfällig gegen Schädlinge. Durch den Verzicht auf chemische Pflanzenschutzmittel bleiben auch die nützlichen Pflanzen und Tiere am Leben. Diese werden sonst auch getötet. Der Marienkäfer ist zum Beispiel ein Nützling. Eine Marienkäferlarve kann am Tag bis zu 150 Blattläuse fressen. Wir sorgen dafür, dass Nützlinge gute Lebensbedingungen bei uns haben. Das spart uns auch Geld.

Schülerin: Aber wie machen sie das in der Tierhaltung? Kommen sie da auch ohne Medikamente aus?

Herr Müller: Zunächst einmal müssen wir alles tun, damit es den Tieren gut geht. Gesunde Tiere sind weniger anfällig für Erkrankungen. Das hängt auch mit der Wahl der Tierrassen zusammen. Wir verwenden Tierrassen, die zwar etwas weniger Ertrag bringen, also beispielsweise weniger Fleisch ansetzen oder weniger Eier legen, jedoch deutlich robuster sind. Insgesamt werden dadurch sehr viel weniger Tiere krank und es müssen somit nur sehr wenige behandelt werden.

M5 Ein Landwirt berichtet

Die erste Zahl des Stempels gibt die Art der Tierhaltung an: 0 = Ökoeier, 1 = Freilandhaltung, 2 = Bodenhaltung, 3 = Käfighaltung. Die anderen Angaben nennen Herkunftsland (z. B. DE für Deutschland) und Betrieb.

M6 Ei ist nicht gleich Ei

„Das Mangfalltal versorgt die Stadt München seit 1883 mit Trinkwasser. Das Wasser hat eine gute Qualität. Damit dies so bleibt, wurden viele Flächen im Trinkwassereinzugsgebiet von den Stadtwerken München (SWM) aufgekauft. Landwirte können diese Flächen pachten (anmieten). Sie verpflichten sich aber, dort ökologische Landwirtschaft zu betreiben. So kann auf Dauer die gute Trinkwasserqualität gewährleistet werden."

M7 Ein Mitarbeiter der Stadtwerke München berichtet

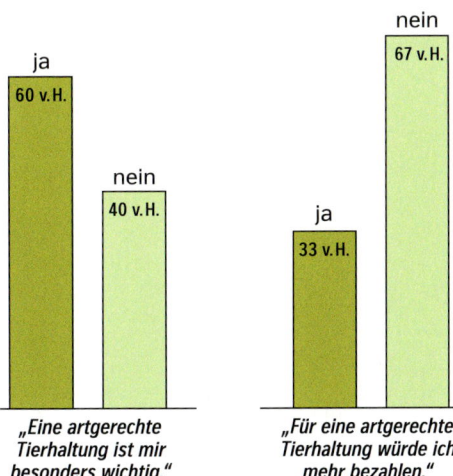

„Eine artgerechte Tierhaltung ist mir besonders wichtig." ja 60 v.H. / nein 40 v.H.

„Für eine artgerechte Tierhaltung würde ich mehr bezahlen." ja 33 v.H. / nein 67 v.H.

v. H. = von Hundert

M8 Umfrage zur Tierhaltung

WES-101570-095

M1 Landwirt mit einer Zuckerrübe

Landwirtschaft in der Börde

INFO

Löss
- mehliger, kalkhaltiger, gelblicher Gesteinsstaub
- in einer kälteren Zeit als heute durch Wind am Nordrand der Mittelgebirge angeweht und abgelagert
- es entsteht daraus ein feinkörniger, lockerer Boden, der sehr gut Wasser speichern kann und viele Nährstoffe enthält

Herr Wissmann ist Landwirt. Sein Hof liegt in der Nähe von Hildesheim in der Hildesheimer Börde. Die **Börden** am Nordrand der Mittelgebirge zählen zu den ertragreichsten Anbauflächen in Deutschland. Hier befindet sich ein Hauptanbaugebiet für Zuckerrüben. Auf dem fruchtbaren Lössboden gedeihen anspruchsvolle Feldfrüchte wie Zuckerrüben oder Weizen besonders gut.

„Um die Qualität des Bodens und damit die Ernteerträge zu erhalten, muss ich im jährlichen Wechsel verschiedene Pflanzen anbauen. Dieser **Fruchtwechsel** ist wichtig: Die verschiedenen Pflanzen entziehen dem Boden nämlich unterschiedliche Nährstoffe. Würde ich immer nur Zuckerrüben anbauen, so würden die Felder immer weniger Ertrag bringen. Zudem bringt zum Beispiel Klee den für Pflanzen wichtigen Stickstoff zusätzlich in den Boden ein. Aber der Klee dient auch als natürlicher Gründünger, wenn ich ihn unterpflüge."

M3 Landwirt Wissmann zum Fruchtwechsel

M2 Experiment zum Speichern von Wasser in Böden

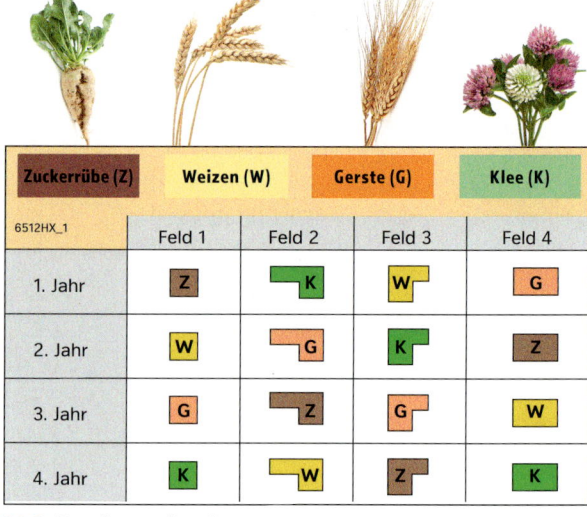

	Zuckerrübe (Z)	Weizen (W)	Gerste (G)	Klee (K)
	Feld 1	Feld 2	Feld 3	Feld 4
1. Jahr	Z	K	W	G
2. Jahr	W	G	K	Z
3. Jahr	G	Z	G	W
4. Jahr	K	W	Z	K

M4 Fruchtwechsel

Wachsen

„Im März oder April lege ich mit einer Maschine die Samenkörner der Zuckerrüben in die Erde. Etwa 70 000 Rüben wachsen auf einem Hektar. Bei ausreichend Regen im Sommer und Sonne im Herbst entwickeln die Rüben einen hohen Zuckergehalt. Der ist wichtig für mich: Dann verdiene ich mehr mit ihnen."

Ernten

„Ende September beginnt die Ernte. Vollerntemaschinen schneiden die Blätter ab, ziehen die Rüben aus dem Boden und reinigen sie (A). Sie werden entlang eines Weges auf Haufen abgeladen. Sie werden später verladen. Von meiner Zuckerfabrik in Nordstemmen bekomme ich einen Anliefertermin, zu dem ich die Rüben dort abliefere."

Verarbeiten

„In der Zuckerfabrik werden die Rüben gewogen und der Zuckergehalt gemessen. Anschließend werden die Rüben in kleine Teile geschnitten und auf 70 °C erhitzt. Das Wasser schwemmt den Zucker heraus. Der Rohsaft wird gereinigt und gekocht. Maschinen schleudern den Sirup, wodurch sich die Kristalle von der Flüssigkeit trennen. Das Wasser verdampft und der Rohzucker bleibt übrig."

M 5 Landwirt Lehmann beschreibt den Weg von der Rübe zum Zucker

M 7 Zuckerrübenanbaugebiete in Deutschland

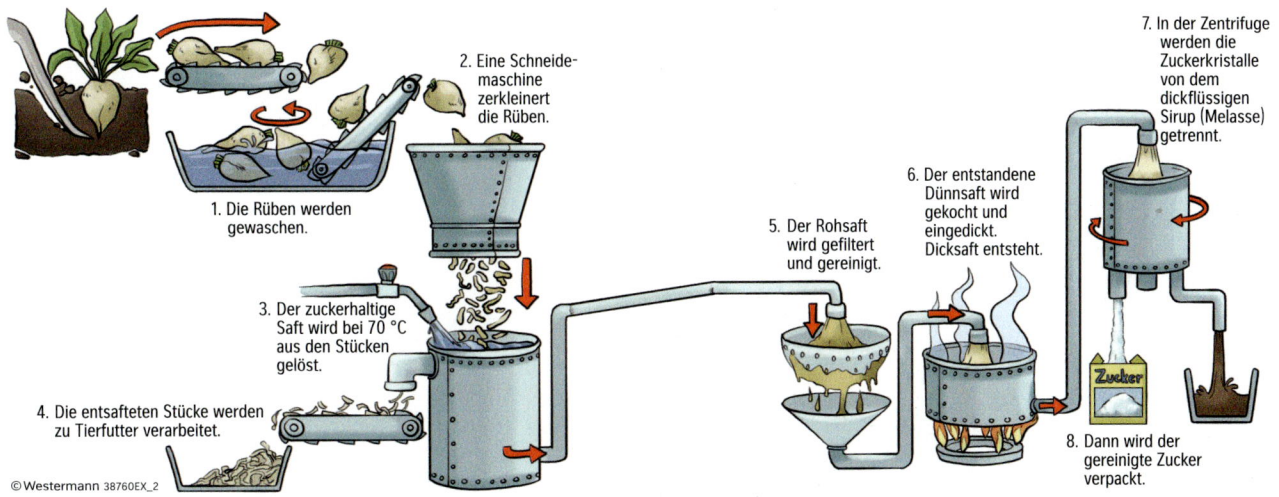

M 6 Verarbeitung und Verwertung der Zuckerrübe

AUFGABEN

1. *Gib die Anbauprodukte in der Hildesheimer Börde wieder (M1, Text).*
2. *Erkläre die Lage der Zuckerrübenanbaugebiete in Deutschland (M7).*
3. *Vergleiche Sand und Löss (M2, Infotext Löss).*
4. *Erkläre die Notwendigkeit des Fruchtwechsels (M3, M4).*
5. *Schreibe als Landwirt einen Bericht über die Aufbereitung und Verwertung der Zuckerrübe (M1, M6, M7, QR-Code).* ↗

WES-101570-097

M1 Neetze in Niedersachsen

M3 Hofladen auf dem Spargelhof Strampe

M5 Spargelbauer Strampe

Spargelanbau in Niedersachsen

Spargel benötigt zum Wachstum ein warmes Klima und einen leicht zu bearbeitenden Boden. Ideal zum Spargelanbau eignen sich Sandböden.

Die Pflanzen müssen einzeln in die Erde gesetzt werden. Die erste Ernte ist danach erst in drei Jahren möglich.

Für den Spargelanbau muss sich ein Landwirt teure Spezialmaschinen zulegen. Zudem benötigt er für die Pflege und die Ernte viele Arbeitskräfte. Die dadurch bedingten hohen Produktionskosten deckt der Landwirt unter anderem durch höhere Preise für die Kunden. Der Spargel zählt aufgrund des beträchtlichen Einsatzes an Geld und Arbeitskräften zu den **Sonderkulturen**.

„Seit 1962 besteht unser Familienbetrieb in Neetze bei Lüneburg mittlerweile. Der Hof besitzt einen eigenen Laden, in dem wir unseren Spargel verkaufen. Beginnen kann die Spargelernte erst, wenn die Zeit der Nachtfröste vorbei ist und die Pflanze keine ‚kalten Füße' mehr bekommt. Zwischen Ende April und dem 24. Juni ist die Arbeit auf dem Feld und im Laden alleine nicht mehr zu schaffen.

Bis zu drei Tonnen Spargel werden täglich gestochen. Zum Glück helfen uns in jedem Jahr Erntehelfer aus Polen bei der Arbeit. Wir ernten fast rund um die Uhr. Aber wir bauen nicht nur Spargel an. Auch die Sonderkulturen Heidelbeere, Brombeere und Erdbeere wachsen auf unseren Feldern."

M6 Spargelbauer Peter Strampe berichtet

Spargel

- mehrere Jahre überdauernder weißer, violetter oder grüner Spross (bis 20 Jahre Erträge)
- Erntezeit: Mitte April bis 24. Juni (Johannistag)
- Spross der Pflanze ist essbar (obere 20 cm)

M2 Steckbrief: Spargel

M4 Spargelernte in Niedersachsen

2 Stadt und Land

„Ich stamme aus Polen und komme jedes Jahr für drei Monate zur Spargelernte ins niedersächsische Neetze. Die Voraussetzungen sind hier ideal. Bei einer Jahresdurchschnittstemperatur von etwa 10 °C und einer Sonnenscheindauer von fast 1600 Stunden im Jahr ist genügend Wärme für den Spargelanbau vorhanden. Auch die oft sandigen Lehmböden und der relativ geringe Niederschlag fördern den Anbau. Jeden Tag muss ich das Spargelfeld dreimal abgehen. Der Spargel muss nämlich geerntet werden, bevor er aus der Erde herausgewachsen ist. Sonst verfärbt er sich und dann will ihn niemand mehr kaufen. Das Spargelfeld ist mit Folien abgedeckt. Sie bewirken, dass es unter der Folie warm ist. So kann der Spargel früh geerntet werden.
Die Folien muss ich zuerst auf die Seite ziehen. Kurz bevor der Spargel die Erdkruste durchbricht, zeigt sich in ihr ein Muster feiner Risse. Vorsichtig grabe ich die Erde auf, bis der Spargel frei liegt. Zum Schluss wird er mit dem langen Spargelmesser kurz über der Wurzel abgeschnitten. Wir sagen: ‚Er wird gestochen'. Mit einer Kelle schaufle ich das Loch zu und streiche die Erde glatt, damit ich später das neue Rissmuster wieder erkennen kann. Das Anstrengendste dabei ist, dass ich in gebückter Haltung arbeiten muss. Aber ich verdiene hier mehr als zu Hause."

M 7 Spargelstecherin Maria Docz berichtet

Spargelregionen in Niedersachsen und Deutschland
In Niedersachsen gibt es bekannte Spargelregionen. Bekannt ist zum Beispiel der Spargelanbau in der Gemeinde Neetze. Dort hat er eine lange Tradition. Auch der Nienburger Spargel ist sehr bekannt. In dieser Region wird das Gemüse auf etwa 964 Hektar angebaut.
In der Spargelstadt Beelitz, 50 km südwestlich von Berlin, wird seit 1861 Spargel angebaut.

M 8 Spargelanbau in Niedersachsen

AUFGABEN

1. Beschreibe den Spargelanbau in Niedersachsen (M6 – M8).
2. Nenne Merkmale der Sonderkultur Spargel (M2, Text).
3. „Niedersachsen zählt zu den Hauptanbaugebieten für Sonderkulturen in Deutschland". Nimm Stellung (M9, Atlas).
4. Erkläre die Bedeutung der Erntehelfer aus Polen (M6, M7).
5. Bestimme den Verlauf der Spargelstraße (M8).

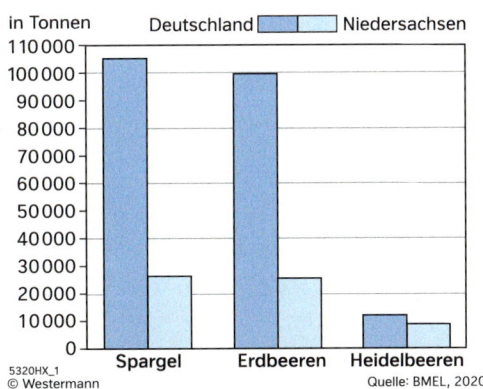

M 8 Erntemenge ausgewählter Sonderkulturen im Jahr 2019 (in Tonnen)

99

EXTRA

M1 Der Blick auf eine Biogasanlage

Grüne Rohstoffe vom Acker?

Wächst der Kraftstoff für Autos auf Feldern? In den vergangenen Jahren fand eine Weiterentwicklung in der Landwirtschaft statt: Viele Landwirte wurden zu Energiewirten. Auf einem Teil ihrer Flächen bauen sie in großen Monokulturen Pflanzen an, die nicht der Ernährung der Menschen dienen, sondern als Treibstoff für Autos oder als Strom- und Wärmeerzeugung im eigenen Haushalt. Auch zur Herstellung von Industrieprodukten werden die Pflanzen verwendet (M4). Mit der Produktion nachwachsender Rohstoffe eröffnen sich neue Wege für die Landwirte.

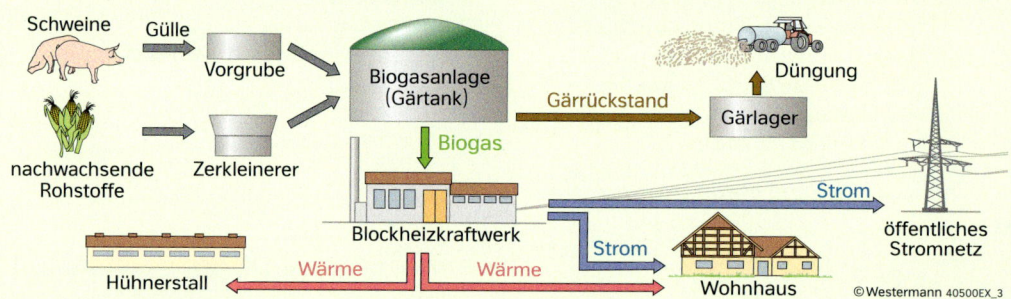

M2 Nutzung einer Biogasanlage

AUFGABEN

1. a) Beschreibe das Foto (M1).
   b) Beschreibe die Nutzung einer Biogasanlage (M2).
2. Erkläre den Begriff nachwachsende Rohstoffe (M4).
3. Analysiere die Flächennutzung in Deutschland 2020. Gehe dabei besonders auf die Aufteilung der landwirtschaftlichen Nutzfläche ein (M3).
4. Diskutiert die Vor- und Nachteile einer Landwirtschaft zur Energieerzeugung (M2–M5).

Pflanzen	Industrierohstoff	Verwendungsbeispiele
Kartoffel	Industriestärke	Papierherstellung
Zuckerrübe	Industriezucker	Klebstoff, Kosmetika
Raps, Sonnenblume	technische Öle	Schmierung von Maschinen
Hanf, Lein	Pflanzenfasern	Kleidung, Verpackungen, Bau- und Dämmstoffe
verschiedene Pflanzen	Arznei- und Farbstoffe	Arzneimittel, Farben
Raps	Biodiesel/Pflanzenöl	Treibstoff für Autos
Zuckerrübe, Getreide	Bioethanol	Frostschutz, Brennspiritus
Pflanzenreste, Mais	Biogas	Strom- und Wärmegewinnung
Bäume	Holz	Bauholz, Papierherstellung, Heizen

M 3 Übersicht zu nachwachsenden Rohstoffen in Deutschland

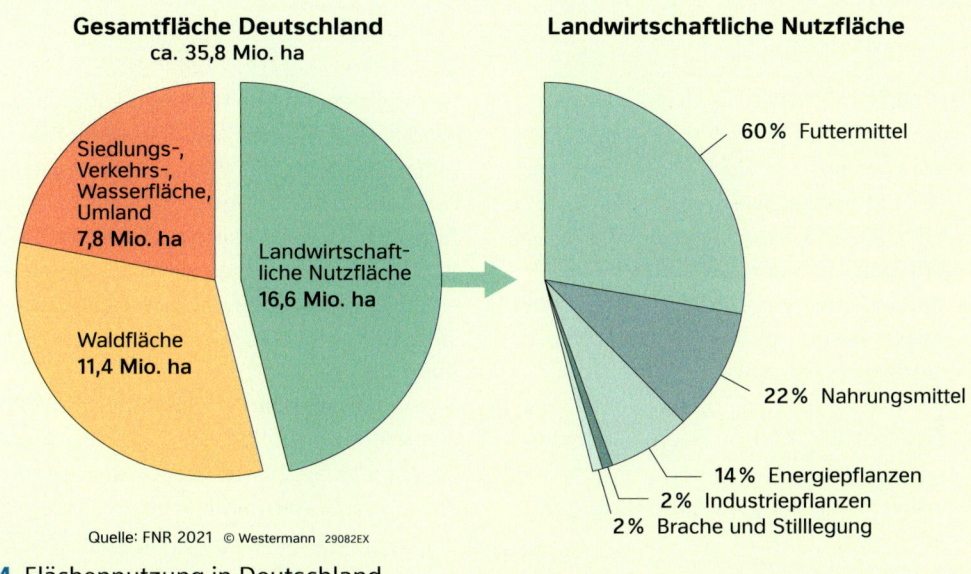

M 4 Flächennutzung in Deutschland

„Zusammen mit anderen Landwirten aus meinem Dorf habe ich vor zehn Jahren eine Biogasanlage am Rande des Dorfes gebaut. Das war für uns ein großer Schritt, denn zuerst mussten wir viel Geld dafür ausgeben. Jetzt bin ich aber sehr froh, dass ich mich daran beteiligt habe. Ich baue auf einem Teil meiner Felder jetzt pflanzliche Rohstoffe wie Mais an und liefere sie auf einem kurzen Weg an unsere Biogasanlage. Zusätzlich benötigt unsere Biogasanlage auch noch Flüssigkeit und die stammt aus der Gülle meiner Rinder. So kann ich nachhaltig Energie erzeugen, denn diese Grundstoffe kann ich immer wieder bereitstellen. Die Biogasanlage ist für meinen Hof ein wichtiges Standbein geworden, denn ich kann für mich selbst Strom und Wärme erzeugen und einen Teil sogar noch verkaufen."

M 5 Aussage von Bauer Eckert zu seiner neuen Tätigkeit als Energiewirt

AKTIV

M1 Die Klasse auf dem Eckert-Hof

M3 Rinderkalb auf dem Eckert-Hof

Wir führen eine Betriebserkundung durch

M2 Beispiele für Erkundungsschwerpunkte:
- ökologische/konventionelle Landwirtschaft
- Landwirtschaft früher und heute
- Mechanisierung/Vermarktung
- Tierhaltung
- Anbau und Feldarbeit
- Persönliche Situation
- Allgemeines zum Betrieb

Betriebserkundung durchführen

Schritt 1: Vorbereitung
- Was wollen wir wissen und erfragen (Erkundungsschwerpunkte M2)?
- Welchen Betrieb erkunden wir?
- Wie gelangen wir zum Betrieb?
- Wie kommen wir an die Informationen (interviewen, beobachten, notieren, skizzieren, fotografieren)?
- Was brauchen wir dazu (Notizblock, Schreibzeug, Karten, Pläne, Smartphone oder Tablet)?
- Wer ist für welche Aufgabe verantwortlich?

Schritt 2: Arbeit vor Ort
- Anweisungen des Lehrers und des Betriebsmitarbeiters beachten
- Aufgaben erledigen
- Skizze der Hofstelle anfertigen

Schritt 3: Auswertung und Präsentation
- erhobene Daten auswerten (Tabelle)
- geeignete Präsentationsform auswählen (Plakat, Skizze ...)
- Präsentation erstellen
- Präsentation üben

Die meisten Schülerinnen und Schüler kennen nur den Lebensmitteleinkauf im Supermarkt. Dort können Gemüse und Obst aus allen Regionen der Welt jederzeit gekauft werden. Teresa hingegen berichtet: „Wir holen Obst, Gemüse und Eier direkt vom Bauern. Da bekommen wir zu manchen Jahreszeiten nicht alle Lebensmittel. Aber das, was wir kaufen, ist sehr frisch. Auch frische Milch gibt es dort."
Wie lebt es sich auf einem Bauernhof? Welche Aufgaben fallen an? Derartige Fragen lassen sich am besten bei einer Erkundung auf einem Bauernhof klären.

AUFGABEN

1. Beschreibe den Lebens- und Arbeitsalltag auf dem Eckert-Hof (M8).
2. Arbeite aus den Materialien (S. 102–105) die Antworten zu M11 heraus.
3. a) Nenne einen Erkundungsschwerpunkt für eine Bauernhoferkundung, der dich interessiert (M2).
   b) Erstelle einen Fragebogen zu deinem Beispiel, ähnlich wie in M11.
4. Plant in der Klasse eine Betriebserkundung eines Bauernhofs.

2 Stadt und Land

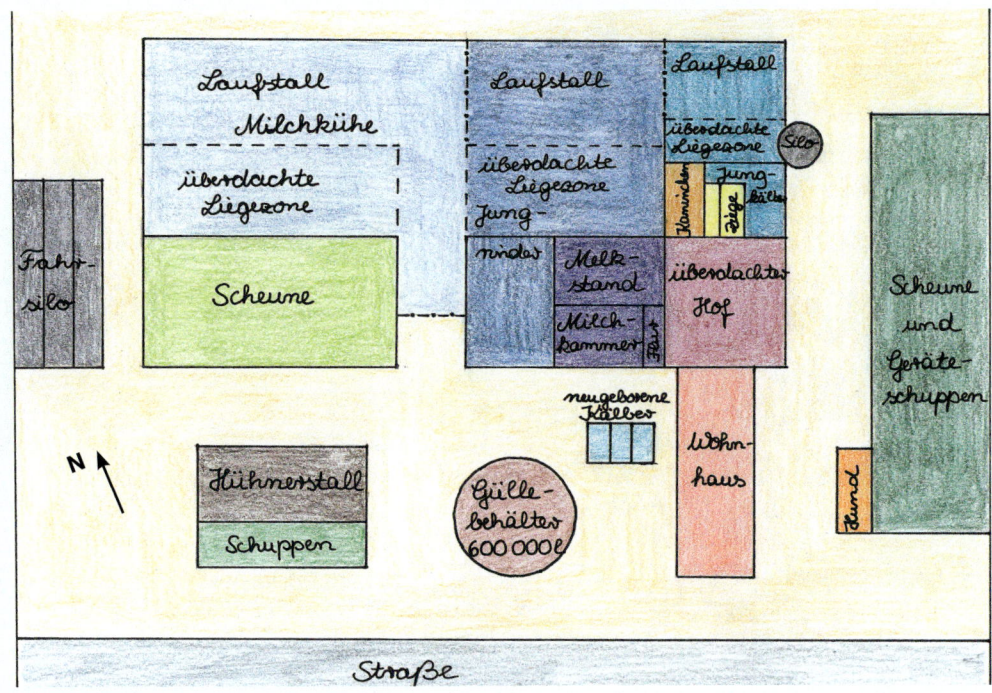

M 4 Schülerskizze vom Eckert-Hof

Eckert-Hof

Betriebsgröße	100 ha
Eigenbesitz	22 ha
Pachtland (gemietetes Land)	78 ha
Bodennutzung	
Ackerland	50 ha
davon: Mais	15 ha
Luzerne/Gras	5 ha
Getreide	15 ha
Grünland als Mähwiesen	50 ha
Tierbestand	
Rinder/Kälber	70
Milchkühe	75
Milchkälber	200
Legehennen	200
Arbeitskräfte	
Familienarbeitskräfte	2
Auszubildender	1
Aushilfskraft	1
Maschinenbestand	
4 Traktoren, 1 Pflug, 1 Sämaschine, 1 Heuwender, 1 Miststreuer, 1 Feldspritze, 4 Anhänger	

M 5 Steckbrief

6.00 Uhr:	Melken
7.30 Uhr:	Frühstück
8.00 Uhr:	Füttern, Stall, Feldarbeit
12.30 Uhr:	Mittagspause
14.00 Uhr:	Feldarbeit
18.00 Uhr:	Melken, Verkauf von Produkten
19.30 Uhr:	Abendessen
Feierabend je nach Jahreszeit, zur Erntezeit gegen 22.00 Uhr	

M 6 Arbeitstag auf dem Hof

M 7 Maisernte

INFO

Hektar (ha)
Maß für die Fläche. Ein Hektar misst 100 Meter mal 100 Meter.

WES-101570-103

AKTIV

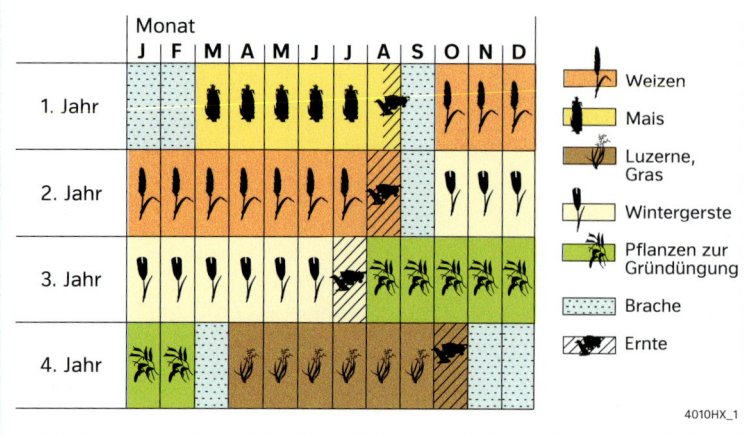

M8 Fruchtfolge (Abfolge der Nutzpflanzen auf einem Acker)

M9 Der Landwirt mit seinen Kühen

Herr Eckert, warum sind Sie Landwirt geworden?
Den Hof habe ich von meinen Eltern übernommen. Da ich von artgerechter Tierhaltung überzeugt bin, habe ich vor zehn Jahren den Kuhstall in einen Laufstall umgebaut. Dort sind die Tiere nicht mehr angebunden. Bei weniger Stress liefern sie mehr Milch. Ich liebe die Natur.

Arbeiten Sie alleine auf dem Hof?
Natürlich bin ich auf meinen Maschinenpark und die Mithilfe meiner Frau angewiesen. Sie kümmert sich vor allem um den **Direktverkauf** unserer Produkte. Außerdem beschäftige ich momentan einen Auszubildenden. Seit einiger Zeit hilft uns auch eine Aushilfskraft, wenn sehr viel Arbeit anfällt. Das ist vor allem zur Heuernte notwendig.

Welche Bedeutung hat die Tierhaltung auf Ihrem Hof?
Unser Hof ist ein landwirtschaftlicher **Vollerwerbsbetrieb**. Das heißt, wir leben ausschließlich von der Landwirtschaft. Wir sind in erster Linie auf die Milchviehhaltung und die Zucht spezialisiert. Die Bullenkälber werden gemästet und im Alter von 12 Wochen geschlachtet, die Kuhkälber werden aufgezogen. Mit 18 Monaten sind sie geschlechtsreif und werden künstlich befruchtet. Tierhaltung ist sehr arbeitsintensiv: melken, füttern, Stall ausmisten, Klauen schneiden und Fellpflege. Außerdem brauchen die Tiere Zuwendung. Alle Kühe haben Namen.

Wir halten auch 200 Hühner in **Bodenhaltung**. In der Regel legt jedes Huhn etwa 300 Eier im ersten Jahr. Nach einem Jahr wird jedes Huhn jedoch zum Suppenhuhn.

Weshalb liegt Ihr Hof mitten in den Feldern?
Vor vielen Jahren wurden wir und fünf weitere Höfe aus dem engen Dorf heraus mitten in die Felder verlegt. Der Umzug brachte den Vorteil, dass unsere Felder seitdem direkt um unseren Hof herum liegen. Das spart viel Zeit.

Wie groß ist Ihr Hof?
Unsere Betriebsfläche beträgt 100 Hektar. Davon sind 22 Hektar Eigenbesitz und 78 Hektar Pachtland. Das ist Land, das ich dazumiete. Die gepachteten Naturschutzwiesen liefern uns zwar gutes Heu, liegen jedoch bis zu sieben Kilometer entfernt.

Und was bauen Sie alles an?
Unser Ackerland befindet sich auf fruchtbaren Böden und so bauen wir Mais und Getreide an. Da jede Pflanze dem Boden jedoch bestimmte Nährstoffe entzieht, müssen wir auf einen regelmäßigen Fruchtwechsel achten.
Den Mais „stellen wir auf vier Beine", was man in der Fachsprache **Veredelung** nennt. Das heißt, wir füttern den Mais an unsere Schweine. Das Getreide wird zur Weiterverarbeitung verkauft.

M9 Interview mit Herrn Eckert

Vorbereiten eines Interviews

Durch eine Befragung mithilfe eines Interviews oder eines Fragebogens könnt ihr Meinungen oder Sachverhalte zu einem Thema sehr gut erfassen.
- Sammelt zunächst die Fragen und ordnet sie nach Themen.
- Achtet auf verständlich formulierte Fragen.
- Seid höflich, wenn ihr eurem Gesprächspartner gegenübertretet.
- Bestimmt, wer von euch mitschreibt. Wenn ihr ein Gespräch aufzeichnen wollt, fragt vorher um Erlaubnis.

M 12 Erstellen einer Präsentation

1. Allgemeines zum Betrieb
- Name und Lage des Betriebs?
- Wie groß ist die Betriebsfläche?
- Wie viel Hektar sind Eigenbesitz?
- Ist es ein Voll- oder Nebenerwerbsbetrieb?
- Welche Arbeitskräfte haben Sie?
- Welche Gebäude gehören zum Betrieb?
- Welche Produkte stellen Sie her?
- Haben Sie Zuverdienste durch z. B. einen Hofladen oder Tourismus?

2. Persönliche Situation
- Weshalb sind Sie Landwirt geworden?
- Wie sieht Ihr Arbeitstag aus?
- Wann können Sie Urlaub machen?

3. Anbau und Feldarbeit
- Welche Pflanzen bauen Sie an und wofür werden diese verwendet?
- Welche Fruchtfolge beachten Sie und warum?
- Arbeiten Sie ökologisch/konventionell?
- Wie ist die Qualität Ihres Bodens?

4. Tierhaltung
- Welche Tierarten halten Sie und wie viele?
- Wie halten Sie die Tiere?
- Welche Arbeiten fallen an?

5. Landwirtschaft früher und heute
- Welche Veränderungen haben Sie auf dem Hof vorgenommen?
- Wie hat sich die Landwirtschaft in den letzten Jahren verändert?
- Was macht Ihnen am meisten Sorgen?

M 11 Ein Fragebogen

- Eine Kuh gibt erst dann Milch, wenn sie ein Kalb geboren hat.
- Erst sechs bis acht Wochen vor der Geburt des nächsten Kalbs wird sie nicht mehr gemolken.
- Die Tragzeit beträgt neun Monate und zwei Wochen; bereits zwei bis drei Monate später wird die Kuh wieder befruchtet.
- Aus täglich 80 Kilogramm Gras, Mais, Heu und Kraftfutter sowie 80 Litern Wasser produziert eine Kuh durchschnittlich pro Tag 20 bis 40 Liter Milch.
- Kühe sind Wiederkäuer, d. h., sie würgen ihr Futter, nachdem sie es beim Fressen fast unzerkaut verschluckt hatten, später wieder zurück ins Maul und kauen es nochmals richtig durch.
- Um 1 Liter Milch zu bilden, müssen circa 400 Liter Blut durch das Euter der Kuh strömen.
- Melken ist von Hand, mit der Melkmaschine oder mit computergesteuerten Melkrobotern möglich. Das Euter muss sorgfältig gesäubert und gepflegt werden. Gemolken wird zwei Mal am Tag.
- Ein Landwirt bekam in den letzten Jahren ca. 31,5 Cent pro Liter Milch, wobei er Kosten von 30,1 Cent pro Liter hatte. Zeitweise lagen die Verkaufspreise unter den Erzeugerpreisen.

M 13 Die Kuh verwandelt Gras in Milch

M2 Verdichtungsraum Köln

Wirtschafts- und Verdichtungsräume in Europa

Europas Bevölkerung ist ungleichmäßig über den Kontinent verteilt. Viele Europäer leben eng beieinander in Metropolen wie London oder Verdichtungsräumen wie Rhein-Ruhr. In Deutschland leben etwa 25 Millionen der 83,1 Millionen Einwohner in Städten mit über 100 000 Einwohnern.

In den **Verdichtungsräumen** haben sich viele Unternehmen angesiedelt, in denen viele Menschen arbeiten. Aber auch Einkaufsmöglichkeiten und Freizeitangebote sind dort konzentriert. Deshalb sind diese Räume auch die stärksten **Wirtschaftsräume**.

In ländlichen Räumen leben nur wenige Menschen, dort ist die **Bevölkerungsdichte** (Info) gering. Landwirtschaft kann hier auf großen Flächen betrieben werden, was in den Verdichtungsräumen kaum möglich ist. Auch sind die ländlichen Räume oft Urlaubs- und Erholungsgebiete für die städtische Bevölkerung.

M3 Dorf im Elsass (Frankreich)

M1 Verdichtungsräume in Deutschland

AUFGABEN

1. Stelle wichtige Merkmale von Verdichtungsräumen und von ländlichen Räumen in einer Tabelle dar (Text, M2, M3).
2. Beschreibe die Lage folgender Wirtschafts- und Verdichtungsräume in Deutschland (M1): Halle-Leipzig, Hannover, Rhein-Main.
3. Vergleiche mithilfe des Infotextes die Angaben für München und Prignitz in M4.
4. Beurteile die Fotos M2 und M3 im Hinblick auf die Lebensqualität für die dort lebenden Menschen.
5. In M7 sind sieben besondere Lichtquellen durch Zahlen gekennzeichnet. Bestimme den Ursprung der Lichtquellen (M5, M6, Atlas).

2 Stadt und Land

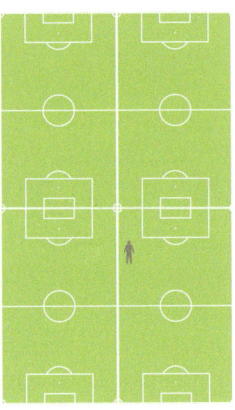

Auf einem Platz der Größe von vier Fußballfeldern wohnen 120 Personen.

Auf einem Platz der Größe von vier Fußballfeldern wohnt nur 1 Person.

© Westermann

M 4 Höchste und geringste Bevölkerungsdichte in Deutschland

M 6 Ölbohrinsel

INFO
Bevölkerungsdichte
Die Bevölkerungsdichte gibt an, wie viele Menschen auf einem Quadratkilometer (km^2) leben. In München leben z. B. 4800 Menschen auf einem Quadratkilometer.

Verdichtungsräume sind Gebiete mit einer sehr hohen **Einwohnerzahl**. Sie sind bei Nacht als Sterne oder kreisförmige Flächen zu erkennen. Der eindrucksvollste Verdichtungsraum in M7 ist die russische Hauptstadt Moskau.

Gewächshäuser sind für die große Helligkeit einiger Regionen der Niederlande verantwortlich. Sie sind nachts beleuchtet, damit die Pflanzen schneller wachsen.

Küstenstädte sind oft wie an einer Perlenschnur aneinandergereiht. Ihre Lichter bilden nachts eine weiße Linie. In M7 ist hier die Côte d'Azur im Süden Frankreichs markiert.

Erdöl- und Erdgasförderung zur Energieversorgung findet in West- und Nordwesteuropa vorwiegend auf dem Meer statt, in Russland auch an Land. Auf den Ölbohrinseln und Bohranlagen brennen Tag und Nacht helle Feuer (M6), die auch vom Weltraum aus zu sehen sind.

M 5 Erläuterungen zu M7

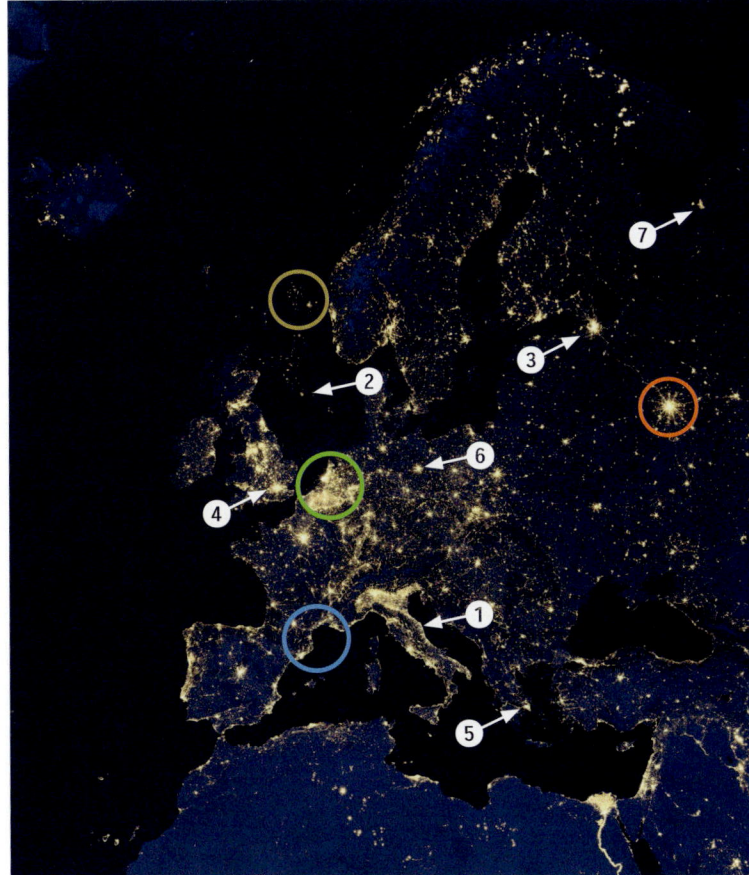

M 7 Europa bei Nacht

107

M1 Die Lage der Region Halle-Leipzig

M2 Protest gegen den Kohleabbau

M4 Das Dorf Pödelwitz am Tagebau Schleenhain südlich von Leipzig

Wirtschaftsraum Halle-Leipzig

Die Region Halle-Leipzig galt im 20. Jahrhundert als stark industrialisiert. In diesem Raum waren vor allem moderne **Chemiewerke** angesiedelt.

Diese stellten Arzneien und weitere chemische Produkte aus **Braunkohle** her, die hier abgebaut wurde. Die Landschaft war gekennzeichnet durch riesige Löcher – die **Braunkohletagebaue**, die später mit Wasser befüllt wurden. Heute dienen sie den Menschen als Badeseen (M7). Braunkohle wird in der Region nur noch wenig abgebaut.

Inzwischen haben auch Automobilunternehmen hochmoderne Werke in Leipzig errichtet. Sie setzen auf gut ausgebildete Beschäftigte (z.B. von der Leipziger Universität). Auch der Flughafen Halle-Leipzig mit Anbindung an das ICE-Schienennetz und an zwei Autobahnen wurde ausgebaut. Weil der Flughafen Nachtflüge für Frachtflugzeuge nicht verbietet, verlegte das internationale Transportunternehmen DHL seinen Firmensitz von Brüssel nach Leipzig.

„Der Braunkohleabbau erfolgt hier mit riesigen **Schaufelradbaggern**. Ein solcher Bagger ist mit 220 m mehr als doppelt so lang wie ein Fußballfeld. Er wiegt mehr als 7000 Tonnen. Das entspricht dem Gewicht von 1500 Elefanten. Um die Menge an Kohle zu gewinnen, die ein einziger dieser Bagger an einem Tag abgräbt, würde man mit Hacke und Schaufel mehr als 40 000 Menschen benötigen. Andererseits verbraucht ein einziger Braunkohlebagger am Tag so viel Strom wie eine ganze Stadt mit 50 000 Einwohnern."

M3 Ein Arbeiter im Tagebau berichtet

AUFGABEN

1. Beschreibe den Abbau der Braunkohle (M2–M5).
2. Nenne mögliche Folgen für Mensch und Natur, die durch den Braunkohletagebau entstehen können (M2, M4, M5).
3. Ermittle weitere Gebiete in Deutschland, in denen Braunkohle abgebaut wird (Atlas).
4. Erläutere den Wandel in der Region Halle-Leipzig (M6–M8).

2 Stadt und Land

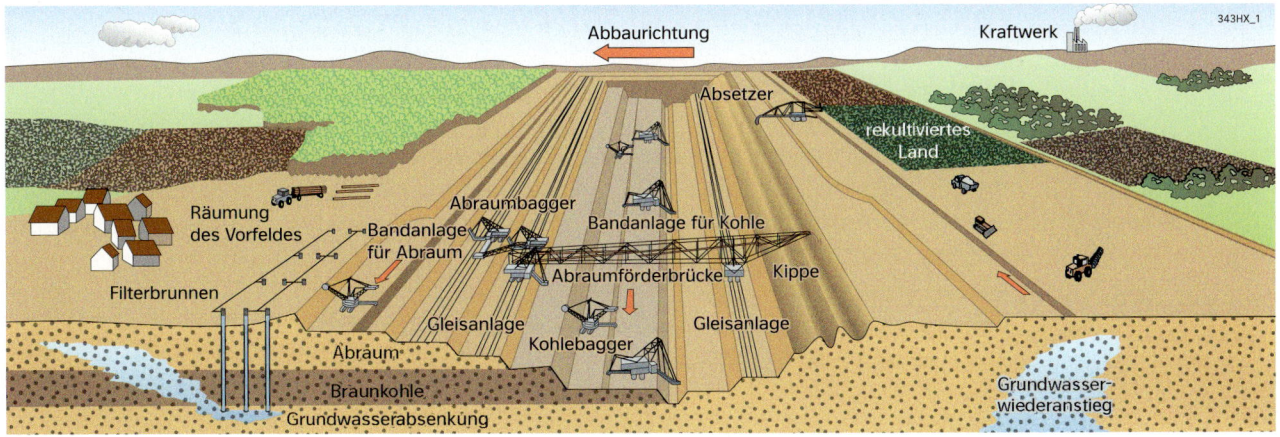

M 5 Wie Braunkohle in einem Tagebau abgebaut wird

- Porsche: 4300 Arbeitsplätze, **Zulieferbetriebe** weitere 4000 Beschäftigte
- BMW: 5400 Beschäftigte (Tagesproduktion: 1000 Fahrzeuge, davon 180 E-Autos), Zulieferbetriebe weitere 2700 Beschäftigte
- Leipziger Verkehrsbetriebe: 2400 Arbeitsplätze
- Kommunikations- und Informationstechnologie: insgesamt über 3000 Arbeitsplätze
- DHL Logistik: ca. 6000 Arbeitsplätze
- Deutsche Telekom AG
- VNG-Verbundnetz Gas (Energieversorgung)
- Amazon: größtes deutsches Logistikzentrum
- viele Banken und Finanzunternehmen

M 6 Ansiedlung von Unternehmen in Leipzig nach 1990

M 8 Automobilproduktion im BMW-Werk Leipzig

M 7 Leipziger Neuseenland: Freizeiteinrichtungen (Auswahl)

109

Vom Eisenerz zum Autoblech

Damit aus **Eisenerz** der Stahl für die Autoindustrie wird, sind mehrere Arbeitsschritte nötig. Für jeden Schritt gibt es spezielle Fabriken. Eisenerz ist einer der wichtigsten Rohstoffe in der **Automobilindustrie**. Es ist ein metallhaltiges Gestein, aus dem Stahl hergestellt wird. Ob Türen, Motor, Motorhaube oder Achsen, oft bestehen diese aus Stahl.

In Deutschland lohnt es sich heute nicht mehr, Eisenerz abzubauen. Da der Eisengehalt des Erzes in anderen Ländern höher und der Abbau kostengünstiger ist, wird Eisenerz importiert. Trotz der langen Transportwege ist das Eisenerz aus Übersee, zum Beispiel Brasilien, günstiger als einheimisches Eisenerz.

M1 Eisenerz und Koks als Ausgangsrohstoffe

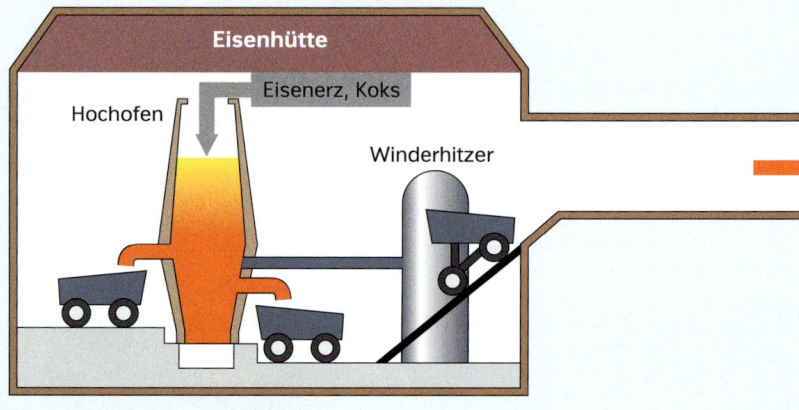

INFO
Hütte
Als Hütte wird eine Industrieanlage bezeichnet, in der aus Eisenerz und Kohle Roheisen und Stahl erzeugt wird. Der größte Eisen- und Stahlstandort in Deutschland ist Duisburg.

In der Eisenhütte
- Das angelieferte Eisenerz wird in der Eisenhütte zusammen mit Koks in den Hochofen geschüttet.
- Es wird auf über 1600 °C erhitzt.
- Das Eisenerz schmilzt und es entstehen flüssiges Roheisen sowie **Schlacke** als Abfallstoff.
- Alle vier bis sechs Stunden wird das heiße Roheisen in eine feuerfeste Rinne abgelassen, in Spezialwaggons gefüllt und dann zur Weiterverarbeitung ins Stahlwerk transportiert.
- Ein moderner Hochofen arbeitet Tag und Nacht, damit er nicht abkühlt. Dabei produziert er bis zu 12 000 t Roheisen. 19 000 t Eisenerz und 4000 t Koks sind dazu nötig. Außerdem entstehen etwa 3300 t Schlacke, die für Zement, für den Straßenbau sowie für die Glasindustrie verwendet wird.

M2 Vom Erz zum Stahl – Schritte des Verarbeitungsprozesses

2 Stadt und Land

AUFGABEN

1. Beschreibe den Weg des Eisenerzes bis zur Blechrolle/Coil (M2, M3).
2. Analysiere die Standorte der Eisen- und Stahlhütten in Deutschland (Atlas: Wirtschaftskarte Deutschland).

Wusstest du, dass für ein Auto mit einem Leergewicht von einer Tonne ca. 600 kg Stahl benötigt werden? Dazu kommen noch 10 kg Gusseisen und 90 kg Aluminium. Reines Eisen wäre zu weich und deshalb wird vor allem Stahl verwendet.

Auch Rohre, Stahlträger, Drähte und vieles mehr werden übrigens im Walzwerk gefertigt. In anderen Industrien werden diese Produkte weiterverarbeitet.

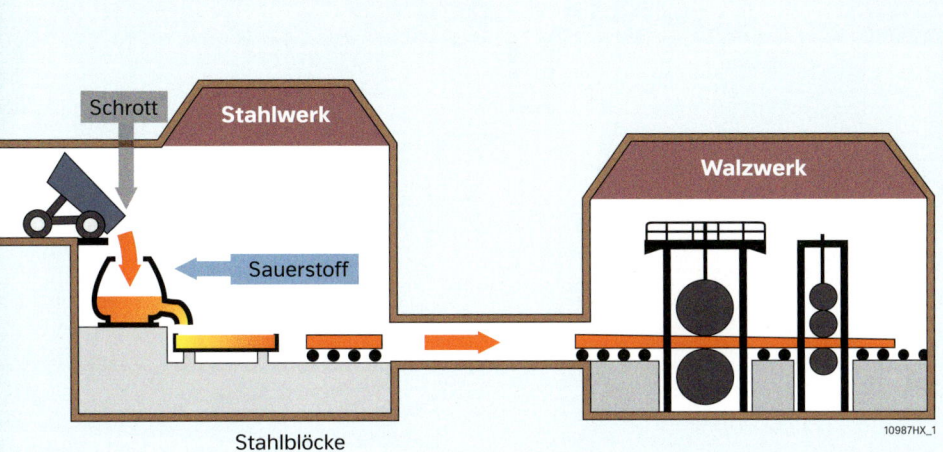

M 3 Coil als Endprodukt

Im Stahlwerk

- In einem Ofen wird im Stahlwerk zum flüssigen Eisen Schrott hinzugegeben.
- Der Schrott wird bei Temperaturen von bis zu 3500 °C geschmolzen.
- Dabei verbrennen unerwünschte Bestandteile wie Kohlenstoff.
- Damit der Stahl seine gewünschte Beschaffenheit erhält (rostfrei, sehr hart, formbar), gibt man weitere Metalle hinzu.

Im Walzwerk

- Der noch heiße und flüssige Stahl wird in Formen gegossen.
- Der Stahl wird in Bleche verschiedener Dicke und Breite gewalzt.
- Die Blechrollen, aus denen zum Beispiel Autos hergestellt werden, wiegen 30 t und heißen bei Fachleuten Coils.

Im Automobilwerk

Das Auto besteht aus vielen verschiedenen Bestandteilen, die in zahlreichen Arbeitsschritten zusammengebaut ein Auto ergeben. Während die Karosserie in den Fabrikhallen vor Ort angefertigt wird, werden die übrigen Bestandteile in anderen, zumeist kleineren Betrieben produziert und anschließend angeliefert. Bei der industriellen Automobilproduktion sind viele Arbeitsschritte automatisiert und werden mit hoher Präzision von Robotern ausgeführt.

M1 Coil als Ausgangsprodukt

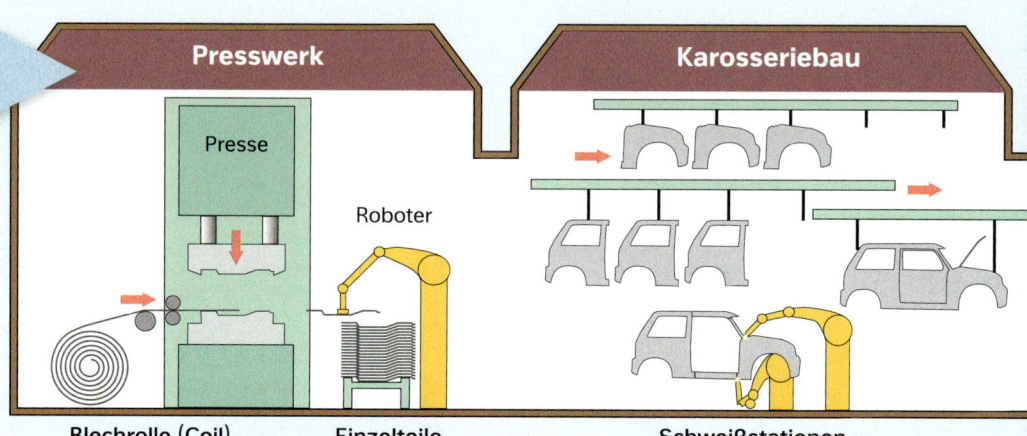

Das Presswerk

Aus Stahlblechen werden in großen Pressen Teile für die Karosserie geformt. Da die Verletzungsgefahr hoch ist, befinden sich die Pressen in einem eigenen Raum, in dem Roboter Stahlbleche zu den Pressen führen. Die Karosserieteile werden von einer Hängebahn automatisch in die nächste Halle transportiert.

Der Karosseriebau

Die geformten Teile werden durch Roboter zusammengeschweißt, verschraubt oder verklebt. Alles geschieht mit hoher Geschwindigkeit und großer Genauigkeit – immer im gleichen Tempo. Aus den einzelnen Teilen entsteht die Karosserie, das sogenannte Skelett eines Autos.

M2 Vom Coil zum vollwertigen Auto – Schritte des Verarbeitungsprozesses

2 Stadt und Land

AUFGABEN

1. Gib den Weg des Coils bis zur Endkontrolle des fertigen Autos wieder.
2. a) Fasse die Arbeiten, die von Menschen und die von Robotern erledigt werden in einer Tabelle zusammen.
   b) Erkläre den Einsatz von Robotern in der Autoproduktion.
3. Beurteile die Vor- und Nachteile des Einsatzes von Robotern für das Automobilwerk.

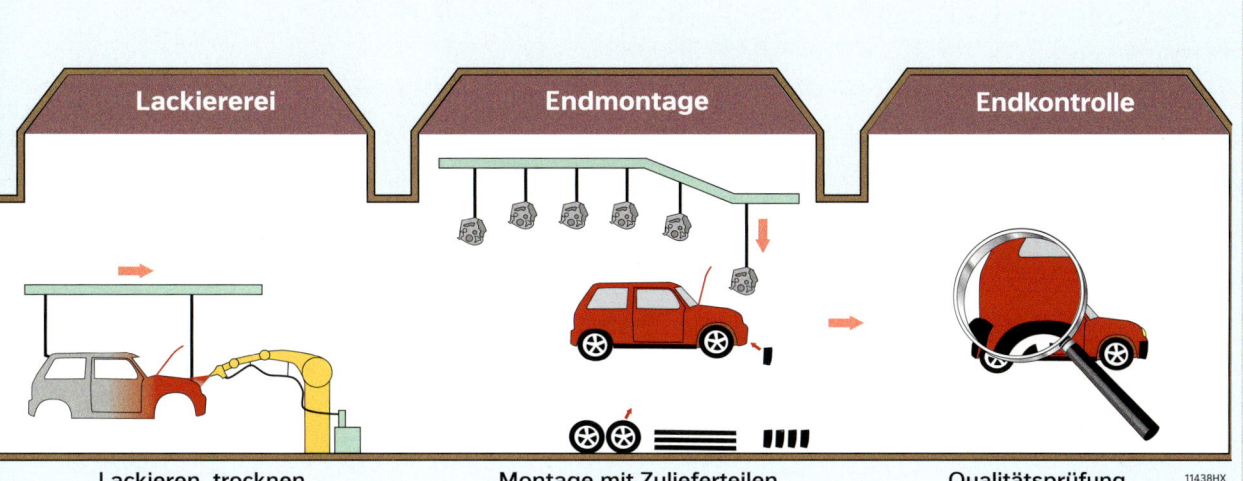

Lackieren, trocknen — Montage mit Zulieferteilen — Qualitätsprüfung

Die Lackiererei

Die Karosserien werden zur Lackiererei befördert. Hier werden sie mit mehreren Farbschichten lackiert. Dies geschieht durch Roboter, die die Farbe sehr gleichmäßig und dünn auftragen können. Für Menschen wäre das Einatmen der Farbdämpfe auf Dauer sehr gesundheitsschädlich.

Die Endmontage

In die fertigen Karosserien werden nun teils von Robotern, teils von Arbeitern die fehlenden Teile eingebaut, z. B. Armaturen, Sitze, Scheiben, Achsen und Räder. Für den Einbau jedes Einzelteils werden nur wenige Minuten benötigt. Die Arbeiter nennen den Zusammenbau von Motorblock und Karosserie Autohochzeit.

Die Endkontrolle

Zuletzt wird das Auto auf Mängel überprüft. Qualitätsprüfer machen eine Probefahrt und überprüfen zum Beispiel Bremsen und Licht. Wenn alles in Ordnung ist, darf das Auto die Fabrik verlassen. Alle Arbeitsschritte haben insgesamt knapp 13 Stunden gedauert.

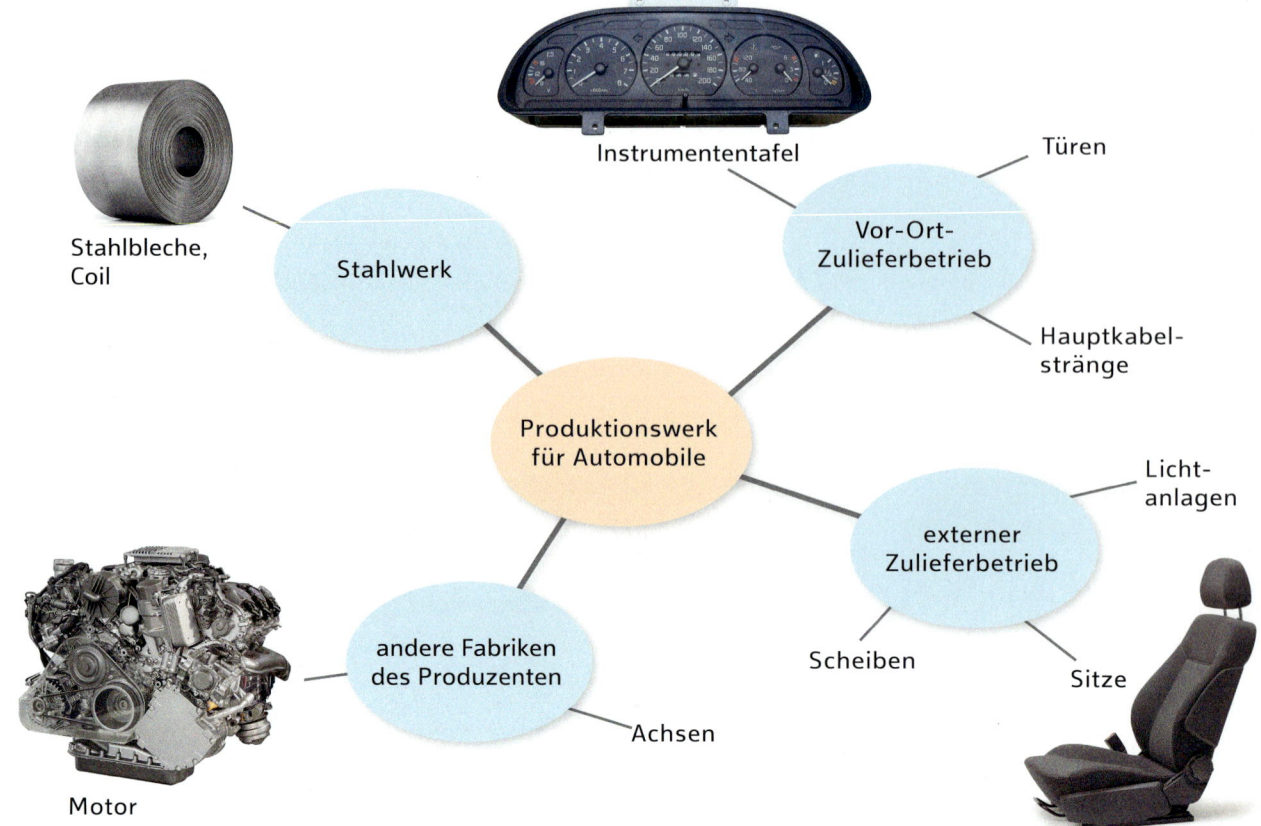

M1 Zulieferer des Automobilwerkes

Ohne Zulieferer geht es nicht

Auch wenn ein Automobilwerk aus mehreren Fabriken besteht, so werden doch nicht alle Teile für das Auto dort produziert. Bei manchen Herstellern wird beispielsweise nur die Karosserie dort vollständig hergestellt. Alle anderen Teile werden in **Zulieferbetrieben** gefertigt, ins Automobilwerk geliefert und schließlich eingebaut.

Häufig haben sich direkt neben dem Automobilwerk mehrere Zulieferer in einem Industriepark angesiedelt. Diese Zulieferbetriebe fertigen dann beispielsweise Armaturen, Instrumententafeln oder Auspuffanlagen an.

Über eine computergesteuerte Hängebahn werden diese Teile genau zu dem Zeitpunkt in das Automobilwerk geliefert, wenn sie eingebaut werden. Das Automobilwerk informiert mehrere Tage vorher zum Beispiel darüber, wie viele Instrumententafeln benötigt werden. Die genaue Bestellung, welche Instrumententafel mit welcher Ausstattung für welches Modell gebraucht wird, erfolgt aber erst zwei bis drei Stunden vor dem Einbau. Die gewünschte Instrumententafel ist etwa 35 Minuten vor dem Einbau im Werk. Aufgrund dieses Produktionsverfahrens, das **Just-in-time** genannt wird, kann das Automobilwerk auf große und teure Lagerhallen verzichten. Durch die Hängebahn sind Hunderte von Lkw-Transporten unnötig. Dies spart Kosten für Verpackung und Transport.

AUFGABEN

1. Beschreibe M1 mit eigenen Worten.
2. a) Erkläre das Just-in-time-Produktionsverfahren.
   b) Nenne Vor- und Nachteile des Just-in-time-Produktionsverfahrens.
3. Erläutere die unmittelbare Nähe der Zulieferer zum Automobilwerk.

2 Stadt und Land

M 2 Die Autoterminals in Bremerhaven

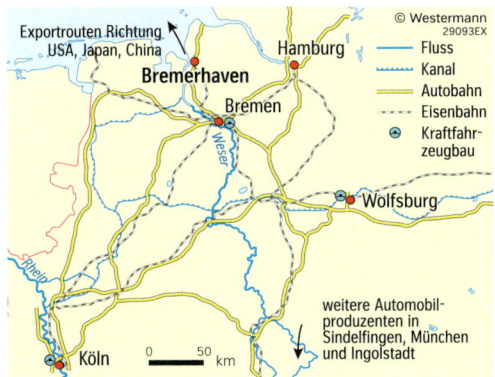

M 3 Transportwege des Autoterminals Bremerhaven

Die Auslieferung von Autos

Das Autoterminal in Bremerhaven ist für seine weltweite Verladung von Fahrzeugen bekannt und gilt als einer der größten Autohäfen der Welt. Dies wird anhand der folgenden Zahlen besonders deutlich: Jährlich fahren mehr als 1300 Autoschiffe den Hafen an und es werden über 2,3 Mio. Fahrzeuge pro Jahr auf einer Fläche von 240 ha (1 Hektar entspricht etwa einem großen Fußballfeld) verladen. Dies entspricht einer Stellfläche für 95 000 Pkw.

Der An- und Abtransport findet mithilfe von Autotransportern (vor allem in Form von Schiffen), Binnenschiffen und Autozügen statt. Auch die weltgrößten Autotransporter laufen den Autohafen von Bremerhaven an. Die Autotransporter sind sogenannte Roll-on/Roll-off-Schiffe, das heißt, dass jedes Auto einzeln durch Fahrer ver- und entladen wird.

AUFGABEN

4. a) „Bremerhaven ist der größte Autohafen der Welt". Gib mögliche Argumente für die Bezeichnung wieder (M2, M3).
   b) Beschreibe die möglichen Transportwege eines Autos, dass in Bremerhaven verschifft wird (M3).
5. Erläutere Vor- und Nachteile des Transports der Autos mit Schiffen.

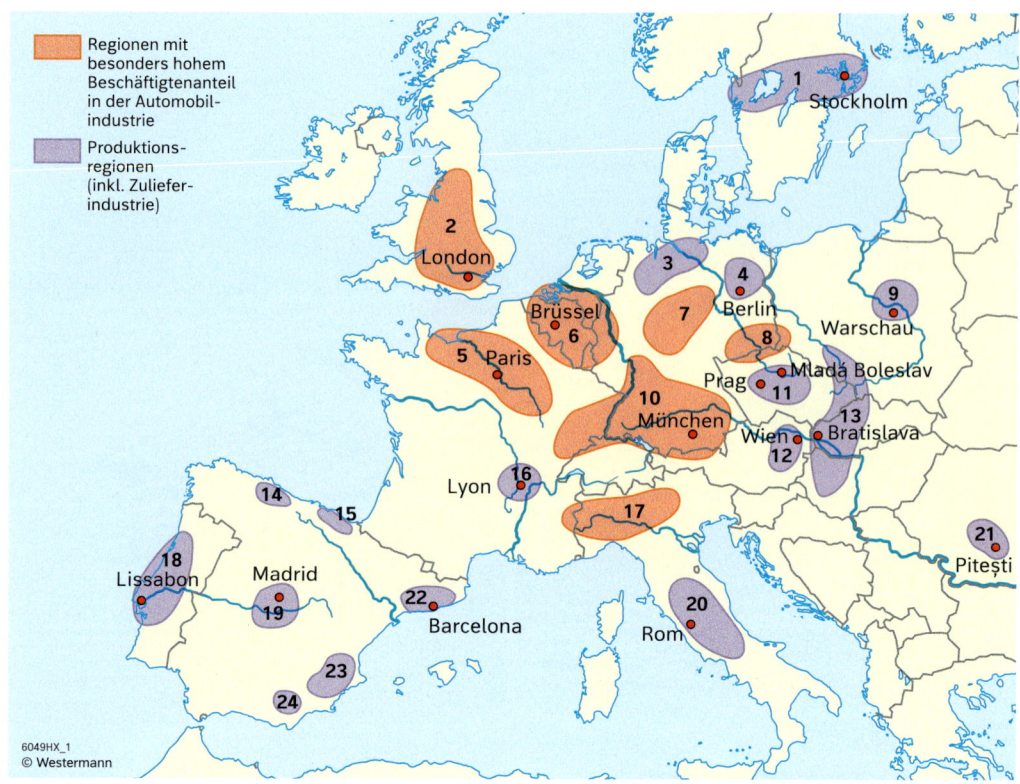

M1 Zentren der Automobilwirtschaft

Die Automobilwirtschaft – Europas Wirtschaftsmotor

Die **Automobilindustrie** gehört in Europa zu den wichtigsten Wirtschaftszweigen. Sie verarbeitet viele Produkte, die andere Industriezweige herstellen. So entsteht aus etwa 20 000 Einzelteilen ein Auto. Europa ist der größte Hersteller von Kraftfahrzeugen. Doch europäische Automobilunternehmen produzieren nicht nur in Europa. Sie haben auch auf anderen Kontinenten Betriebe (z. B. in Asien). Einige Werke tauschen sogar weltweit Teile untereinander aus. Diesen speziellen Herstellungsprozess bezeichnen Fachleute als **Werksverbund**.

M2 Wichtige Automarken in Europa

AUFGABEN

1 Bestimme die europäischen Zentren der Automobilindustrie (M1, Atlas).

2 Ordne die Automarken (M2) den Zentren der Automobilwirtschaft zu (M1, Internet).

3 Beschreibe die Bedeutung der Automobilindustrie für Europas Wirtschaft (Text, M3, M5).

4 Analysiere Chancen und Risiken, die in der Ansiedlung von Automobilwerken in Osteuropa gesehen werden (M4, M6, M7).

2 Stadt und Land

Staat	Beschäftigte
Deutschland	882 000
Frankreich	229 000
Polen	213 000
Rumänien	191 000
Tschechische Republik	181 000
Italien	176 000
Vereinigtes Königreich	166 000
Spanien	163 000
Ungarn	102 000
Schweden	90 000
Slowakei	81 000
Portugal	42 000
Österreich	40 000
Belgien	29 000
Niederlande	25 000
weitere europ. Staaten	74 000
insgesamt	2 684 000

M 3 Beschäftigte in der europäischen Automobilproduktion (2018)

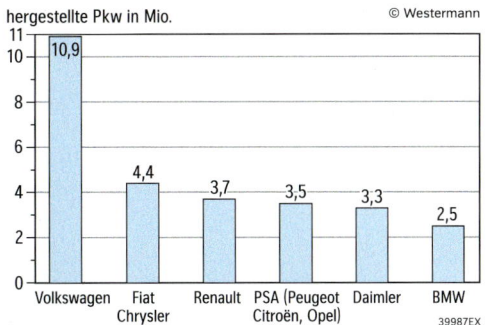

M 5 Größte Autounternehmen Europas (2019)

„Bei der Entscheidung, in Osteuropa Autos zu bauen, haben unterschiedliche Gründe eine wichtige Rolle gespielt: Zuallererst haben wir geprüft, ob bereits bestehende Werke von uns gekauft oder modernisiert werden können und ob der Staat uns hierbei finanziell hilft. So war der Bau eines komplett neuen Werks oft gar nicht nötig. Auch ist es wichtig, dass in der Region gut ausgebildete Fachkräfte verfügbar sind. Von Vorteil ist es ebenso, dass in vielen Ländern Osteuropas die Arbeitskosten gering ausfallen und in den Betrieben längere Arbeitszeiten, meist drei statt zwei Schichten sowie Sonntagsarbeit, möglich sind."

M 6 Die Managerin eines deutschen Automobilunternehmens erklärt

„Die Verbindung von Škoda und Volkswagen war am Anfang nicht unproblematisch. Schon im Jahr 1990 war sichtbar, dass Škoda ohne einen ausländischen Partner im harten weltweiten Konkurrenzkampf keine Überlebenschance hatte. Deshalb war die Übernahme so wichtig. Der deutsche Volkswagen-Konzern versprach den Erhalt der Marke Škoda. Die Angst vor einer Abhängigkeit der tschechischen von der deutschen Wirtschaft war groß. Viele Tschechen waren dagegen, die Škoda-Werke billig zu verkaufen und dadurch den Deutschen die wirtschaftliche Kontrolle über die Autoindustrie in der Tschechischen Republik zu überlassen. Heute wissen aber alle, dass die Verbindung von Škoda und Volkswagen zu den Erfolgskapiteln der Wirtschaftsgeschichte beider Länder gehört."

M 4 Eine Škoda-Mitarbeiterin berichtet

„Neben der tschechischen Hauptstadt Prag gehört die Gemeinde Mladá Boleslav heute zu den reichsten Städten in der Tschechischen Republik. Die Löhne in der Automobilfabrik von Škoda sind höher als in anderen Werken der Tschechischen Republik. Und dadurch konnte sich auch die Stadt positiv entwickeln. Die Škoda-Fabrik hatte eine Sogwirkung auch auf andere Unternehmen. Diese siedelten sich in Mladá Boleslav an – vor allem Zulieferbetriebe von Autoteilen. Deshalb sind in der Region weniger Menschen arbeitslos als in vielen anderen Teilen Tschechiens.
Woran in Mladá Boleslav allerdings keiner denken möchte, das ist ein schlechterer Absatz der Autos als heute. Die Fabrik ist so wichtig, dass auch die Stadt leidet, wenn es der Fabrik schlecht geht."

M 7 Der Bürgermeister von Mladá Boleslav erzählt

M1 Teil des Hamburger Hafens in Altenwerder

Wirtschaftsraum Hamburg – der Welthafen im Wandel

Der Wirtschaftsraum Hamburg ist geprägt durch seinen großen Hafen, das Tor zur Welt. Im Laufe der Jahrzehnte hat sich der Hafen sehr verändert. Die Schiffe wurden immer größer, der Hafen ebenfalls. Eine der ältesten noch erhaltenen Teile des Hafens ist die Speicherstadt aus dem 19. Jahrhundert. Östlich davon entstand in einem alten Hafengebiet ein neues Areal für Wohnen, Arbeiten und Freizeit. Zusammen mit der Speicherstadt bildet es den neuen Stadtteil HafenCity.

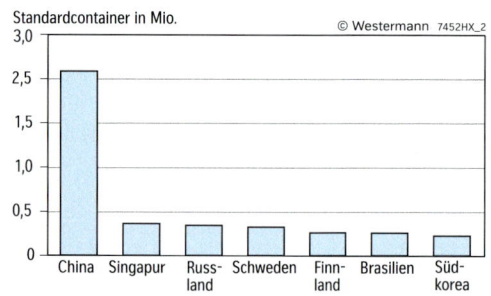

M3 Größte Handelspartner des Hamburger Hafens im Containerumschlag (2019)

- Gesamtfläche: ca. 72 km²
- nach Rotterdam und Antwerpen drittgrößter Containerhafen Europas
- Verladung (Umschlag) von unterschiedlichen Gütern:
  → **Container**
  (z. B. Maschinen, Kleidung, Spielzeug)
  → **Greifergut**
  (z. B. Schrott, Kohle, Baustoffe)
  → **Sauggut**
  (z. B. Getreide, Ölsamen, Futtermittel)
  → **Flüssigladung**
  (z. B. Erdöl, Fruchtsaftkonzentrate)
- Containerumschlag (2020):
  8,5 Millionen Container

M2 Steckbrief Hamburger Hafen

WES-101570-118

AUFGABEN

1. *Beschreibe das Foto M1 (siehe S. 127).*
2. *Beschreibe die unterschiedlichen Arten der Verladung von Gütern (M2, M9).*
3. *Der Hamburger Hafen ist ein „Tor zur Welt". Erkläre (M2, M3).*
4. *Überprüfe, ob das Containerschiff CSCL Star (M4) mit seinem Tiefgang die Elbe bis zur HafenCity befahren kann (Atlas, Internet).*
5. *Erläutere den Wandel eines alten Teils des Hamburger Hafens zum Stadtteil HafenCity (M5 – M8, Internet).* ↗

2 Stadt und Land

Die CSCL Star ist eines der größten Containerschiffe der Welt. Vollbeladen hat das Schiff einen Tiefgang von ca. 15 m. Für den Transport der Container (M9), die auf der CSCL Star Platz finden, wären mehrere Tausend Lkw notwendig.

M 4 Chinesisches Containerschiff CSCL Star

M 9 Abmessungen eines Containers

„Die Arbeit im Fruchtschuppen ist anstrengend. Die Früchte, wie zum Beispiel Apfelsinen, werden in Fässern auf kleinen Schiffen angeliefert. Mithilfe von Kränen und Winden be- und entladen wir die Schiffe. Die Früchte sind empfindlich, deshalb müssen wir die Fässer vorsichtig mit der Hand stapeln.
Für den Transport in der Lagerhalle benutzen wir Sackkarren. Mein Bruder arbeitet in einem großen achtstöckigen Speichergebäude ganz in der Nähe. Dort wird Getreide gelagert."

M 5 Ein Hafenarbeiter um 1900 berichtet

M 7 Hamburger Hafen um 1900: Fruchtschuppen (links) und Speicherstadt (im Hintergrund)

„Wer möchte nicht direkt am Wasser wohnen, aus dem Fenster schauen und riesige Schiffe vorbeifahren sehen? Östlich der Speicherstadt mit ihren Wasserstraßen und hohen Speichergebäuden haben wir ein altes Hafengelände erschlossen. Es entstand ein ganz neuer Stadtteil: die HafenCity, zu der auch die Speicherstadt seit 2008 gehört. Hier gibt es neue Wohnungen, Schulen und Kitas, ein großes Einkaufszentrum, neue U-Bahnen und Radwege, Parks, die HafenCity-Universität sowie das neue Wahrzeichen Hamburgs: die Elbphilharmonie."

M 6 Ein Stadtplaner berichtet im Jahr 2020

M 8 HafenCity heute: Verwaltung (links) Maritimes Museum (rechts) und Speicherstadt (im Hintergrund)

EXTRA

M1 Lage des Europoort Rotterdam

M3 Der Ölhafen von Rotterdam

Europoort Rotterdam – Europas Tor zur Welt

INFO

Hafen sind wichtige Umschlagplätze. Umschlagen heißt, dass Waren und Güter von einem Transportmittel (z. B. Schiff) auf ein anderes (z. B. Lkw) umgeladen werden.

Der Europoort Rotterdam ist einer der größten Häfen der Erde. Er ist mit mehr als 800 Häfen weltweit verbunden. Eine herausragende Bedeutung hat der Hafen für Europa. Er ist einer der wichtigsten Umschlagplätze für Güter aus aller Welt auf unserem Kontinent.

Hafengelände: 127 km² (Landfläche: 79 km², Wasserfläche: 48 km²)

Arbeitsplätze (2019): 385 000

Containerumschlag (2019): 8,8 Millionen Container

M4 Der Europoort Rotterdam in Zahlen

AUFGABEN

1. Beschreibe die Lage des Rotterdamer Hafens (M1, Atlas).
2. Gib mithilfe von M5 die Möglichkeiten des Ab- und Antransportes von Gütern im Europoort Rotterdam wieder.
3. Benenne die Wasserwege, die ein Binnenschiff vom Europoort zum Braunschweiger Hafen befährt (Atlas).
4. Vergleiche die im Europoort Rotterdam umgeschlagenen Gütermengen nach Herkunfts- und Zielkontinenten (M2).
5. Erläutere die Bedeutung des Rotterdamer Hafens für Europas Wirtschaft (M2–M4, M6).
6. Viele Transportfirmen bevorzugen die Roll-on-Roll-off-Technik (M7). Begründe.

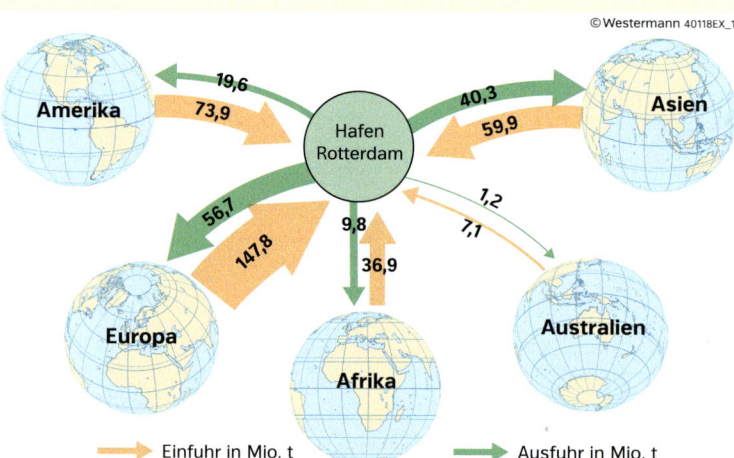

M2 Herkunft und Ziele der Güter im Europoort Rotterdam nach Kontinenten (2019)

2 Stadt und Land

EXTRA

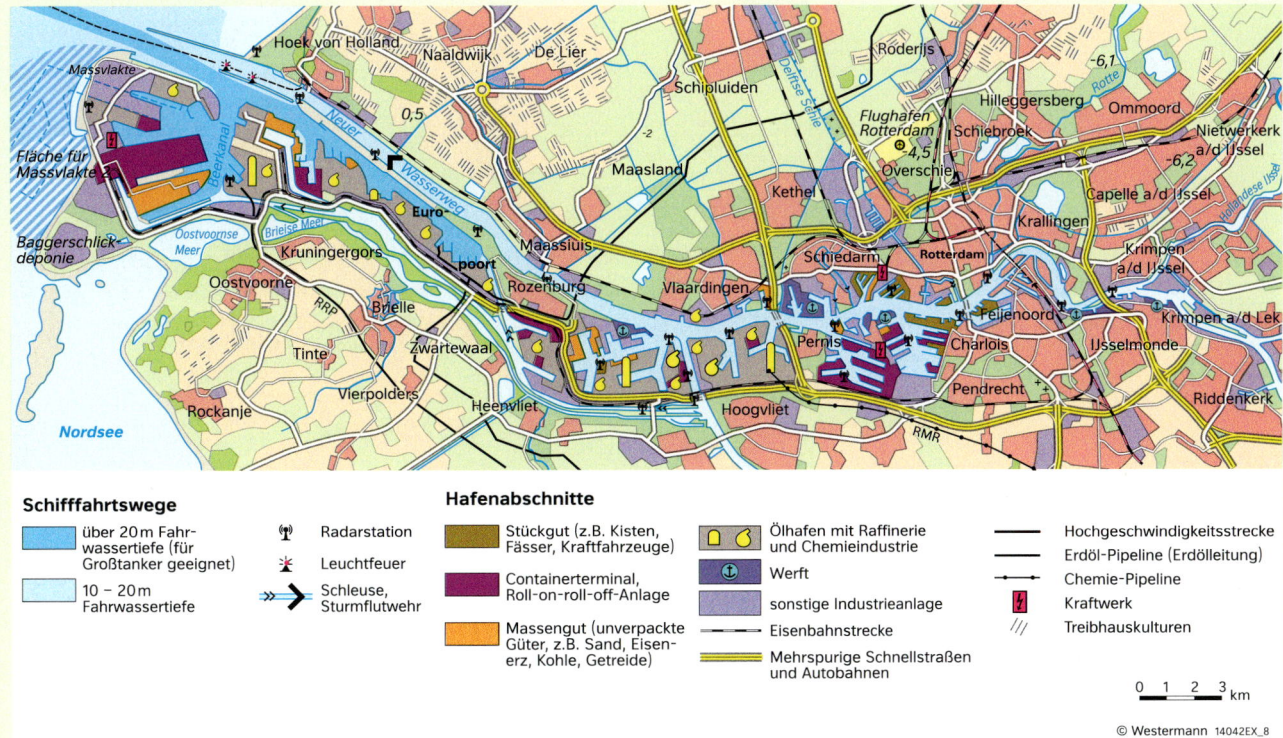

M 5 Hafen Rotterdam

„Der Europoort hat sich auf den Energierohstoff Erdöl spezialisiert. Ein großer Teil des Rohöls wird direkt im Hafen in sogenannten Raffinierien und in Chemiewerken weiterverarbeitet. Über Pipelines, das sind große Rohrleitungen, kann das Erdöl außerdem über Hunderte von Kilometern bis nach Belgien und Süddeutschland gepumpt werden.
Für Europa ist der Europoort außerdem ein bedeutender Containerhafen. Mehr als die Hälfte der hier im Hafen umgeschlagenen Container sind für den Kontinent bestimmt. Aber auch für Obst und Gemüse aus aller Welt ist der Hafen der wichtigste Umschlagplatz Europas."

M 6 Eine Hafenmanagerin berichtet

Schiffe werden oft mithilfe der Roll-on-Roll-off-Technik be- und entladen: Fahrzeuge können durch verschiedene Klappen direkt in die Schiffe hineinfahren. Pkw, Busse, Lastwagen und sogar ganze Güterzüge werden von diesen besonderen Schiffen aufgenommen. Eine solche Methode spart Zeit und Geld, denn Liegeplätze im Hafen kosten die Transportfirmen hohe Gebühren. Kräne werden nicht benötigt.

M 7 Roll-on-Roll-off-Technik im Europoort Rotterdam

M1 Lage von Stuttgart

M2 Stadtplan der Innenstadt Stuttgarts

Stuttgart – bedeutendes Dienstleistungszentrum in Baden-Württemberg

Stuttgart ist die Landeshauptstadt Baden-Württembergs. Im Großraum Stuttgart leben 2,8 Millionen Menschen, davon über 600 000 in der Landeshauptstadt. Anfang der 1990er-Jahre war Stuttgart noch stark industriell geprägt. Im Laufe der letzten 25 Jahre veränderte sich aber die Wirtschaft. Es entstanden über 100 000 neue Arbeitsplätze im Dienstleistungsbereich, sodass Stuttgart heute das wichtigste **Dienstleistungszentrum** in Baden-Württemberg ist.

M4 Das Milaneo – ein Einkaufszentrum mit über 200 Geschäften am Hauptbahnhof

M3 Landtag in Stuttgart

AUFGABEN

1. Stelle anhand von M2 dar, dass Stuttgart ein Dienstleistungszentrum (M5) ist.
2. Ordne die Besonderheiten Stuttgarts im Dienstleistungssektor (M3, M4, M6, M7) den Merkmalen in M5 zu.
3. Stuttgart besitzt eine große Anziehungskraft für Dienstleistungsunternehmen (M6). Begründe.

2 Stadt und Land

Kultur- und Freizeitzentrum
- viele Theater- und Museumsangebote
- viele Einkaufsmöglichkeiten (Einzelhandel)

Bildungszentrum
- Universitäten / Schulen / Bibliotheken
- Forschungseinrichtungen

Dienstleistungs-Zentrum Stuttgart

Verkehrszentrum
- Flughafen
- Bahn mit ICE-Verbindungen
- Autobahnanschluss
- Häfen am Neckar

Verwaltungs- und Rechenzentrum
- Landtag
- Ministerien / Landesbehörden

Wirtschaftszentrum
- Sitz großer Banken, Versicherungen
- Messe Stuttgart / Börse Stuttgart

M 5 Merkmale des Dienstleistungszentrums Stuttgart

„In Stuttgart gibt es viele gut ausgebildete Arbeitskräfte. Das liegt unter anderem an den vielfältigen Bildungsangeboten. Zudem ist Stuttgart gut mit öffentlichen Verkehrsmitteln (Bus und Bahn) aus dem Umland erreichbar. Es leben dort viele Menschen, die ein überdurchschnittlich gutes Einkommen haben. Deshalb gibt es auch viele Kunden für Dienstleistungen.
Auf der Stuttgarter Messe können Dienstleistungsunternehmen ihre Angebote vorstellen und neue Geschäftspartner aus anderen Ländern finden. Aber auch die Nähe der Firmen untereinander bietet Vorteile. So arbeiten einige Firmen zusammen, sie nutzen gemeinsame Angebote (z. B. günstige Transporte) und manchmal unterstützen sie sich gegenseitig.
Die Landeshauptstadt Stuttgart hat eine hohe Anziehungskraft und es gehört zum guten Ansehen eines Unternehmens, einen Sitz hier zu haben."

M 6 Eine Mitarbeiterin der Stuttgarter Stadtverwaltung berichtet

- jeder fünfte Studienplatz in Baden-Württemberg ist in Stuttgart
- etwa die Hälfte aller Forschungsaktivitäten Baden-Württembergs
- Deutschlandzentralen von internationalen Computerfirmen (IBM und HP)
- zweitgrößter Standort des Allianz-Versicherungsunternehmens weltweit
- Cannstatter Wasen: eines der zehn größten Volksfeste der Welt (siehe Foto)

M 7 Stuttgarter Besonderheiten (Auswahl)

EXTRA

M1 Lage des Rhein-Main-Gebiets

M2 Im Wirtschafts- und Verdichtungsraum Rhein-Main: Frankfurt

Wirtschafts- und Verdichtungsraum Rhein-Main

Das Rhein-Main-Gebiet ist eines der wichtigsten Wirtschaftsräume Deutschlands. Hier leben über fünf Millionen Menschen in etwa 50 Städten.

Die Region ist ein multikultureller Raum, in dem Menschen unterschiedlicher Nationalitäten zusammenleben. Unter ihnen sind daher viele Menschen, die nicht die deutsche Staatsangehörigkeit besitzen. Alle diese Menschen eint der Wunsch, in einer Region mit hoher Lebensqualität und wirtschaftlicher Stärke zu arbeiten und zu leben. Im Vergleich zu anderen Gebieten sticht das Rhein-Main-Gebiet hervor. Es erstreckt sich von Gießen im Norden bis nach Heppenheim im Süden, von Bingen im Westen bis Aschaffenburg im Osten. Zentrum ist die Stadt Frankfurt am Main.

Auch ohne große Rohstoffvorkommen hat sich das Rhein-Main-Gebiet zu einem wichtigen Industriegebiet entwickelt. Grund dafür ist vor allem die günstige Verkehrslage, da sich hier wichtige Verkehrswege kreuzen. Die gute **Infrastruktur** (u. a. Versorgung, Fortbewegung und Vernetzung) hat viele Firmen veranlasst, sich hier niederzulassen. Einige Städte haben sich auf bestimmte Wirtschaftszweige spezialisiert, wie zum Beispiel die chemische Industrie, Maschinenbau und Elektrotechnik (M3).

AUFGABEN

1. Berechne die Nord-Süd- und die Ost-West-Ausdehnung des Rhein-Main-Gebietes (Text, Atlas).
2. Bestimme Städte, die sich auf einen Wirtschaftszweig spezialisiert haben (M3).
3. Nenne große Verkehrslinien, die sich im Rhein-Main-Gebiet kreuzen (M3).
4. a) Recherchiere mindestens fünf bekannte Firmen, die ihren Sitz im Rhein-Main-Gebiet haben (Internet).
   b) Bestimme die Wirtschaftszweige, in denen sie tätig sind (M3, M4).
5. a) Benenne die einzelnen Gebäude (Türme) in M2.
   b) Erläutere die Spitznamen „Mainhatten" und „Bankfurt" für die Stadt Frankfurt (M2).

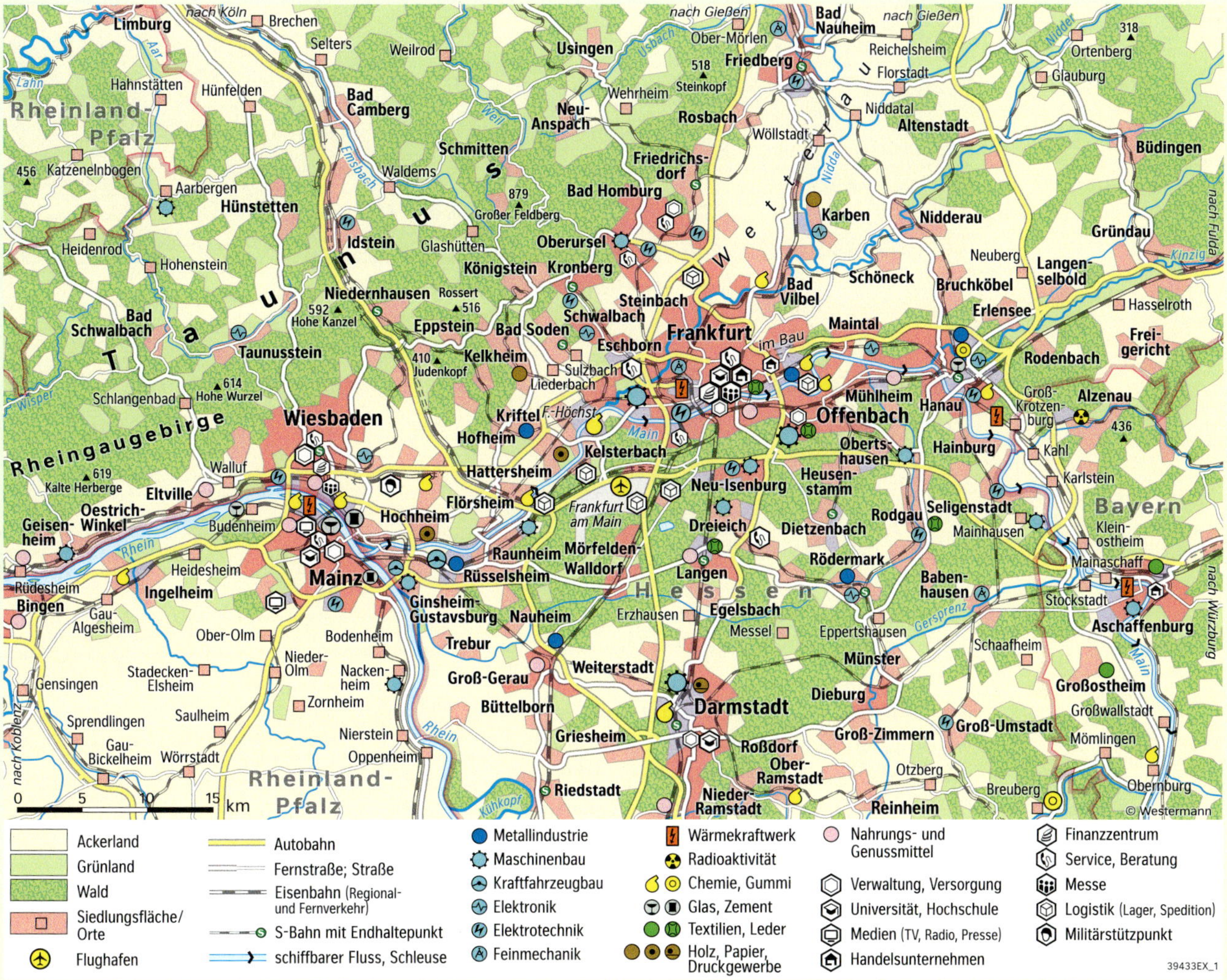

2 Stadt und Land

M 3 Das Rhein-Main-Gebiet als Wirtschaftsraum (Kerngebiet)

Legende:
- Ackerland
- Grünland
- Wald
- Siedlungsfläche/Orte
- Flughafen
- Autobahn
- Fernstraße; Straße
- Eisenbahn (Regional- und Fernverkehr)
- S-Bahn mit Endhaltepunkt
- schiffbarer Fluss, Schleuse
- Metallindustrie
- Maschinenbau
- Kraftfahrzeugbau
- Elektronik
- Elektrotechnik
- Feinmechanik
- Wärmekraftwerk
- Radioaktivität
- Chemie, Gummi
- Glas, Zement
- Textilien, Leder
- Holz, Papier, Druckgewerbe
- Nahrungs- und Genussmittel
- Verwaltung, Versorgung
- Universität, Hochschule
- Medien (TV, Radio, Presse)
- Handelsunternehmen
- Finanzzentrum
- Service, Beratung
- Messe
- Logistik (Lager, Spedition)
- Militärstützpunkt

Flugzeugwartung

Fahrzeugbau

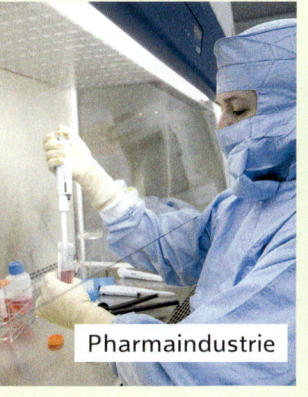

Pharmaindustrie

Maschinenbau

M 4 Berufe im Rhein-Main-Gebiet (Auswahl)

M1 Start eines Airbus am Frankfurter Flughafen

Der Frankfurter Flughafen – ein bedeutender Verkehrsknotenpunkt

Südlich von Frankfurt am Main liegt der größte Flughafen Deutschlands. Er befindet sich am verkehrsreichsten Autobahnkreuz Europas und ist durch einen unterirdischen Bahnhof an das Regionalbahn- und das ICE-Schienennetz angeschlossen.

Mit seiner zentralen Lage in Deutschland und Europa ist der Flughafen einer der wichtigsten **Verkehrsknotenpunkte** weltweit und besitzt eine große wirtschaftliche Bedeutung für das Rhein-Main-Gebiet. Mit 81 000 Beschäftigten im Jahr 2019 ist der Frankfurter Flughafen ein bedeutender Arbeitgeber.

Seine Lage im Rhein-Main-Gebiet wird aber auch kritisch gesehen: Mit den steigenden Passagierzahlen haben Fluglärm und Abgase deutlich zugenommen.

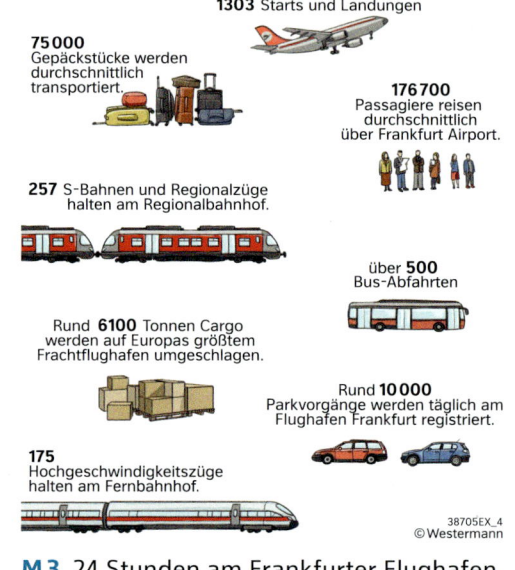

M3 24 Stunden am Frankfurter Flughafen

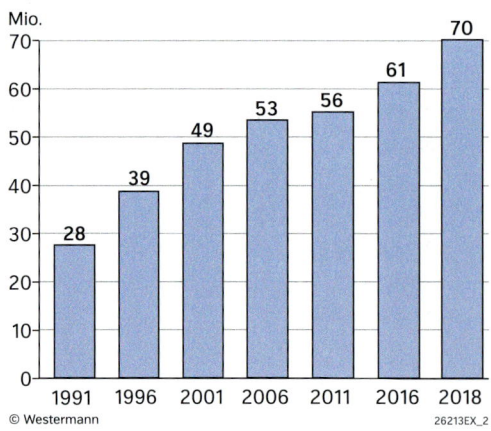

M2 Entwicklung der Passagierzahlen

AUFGABEN

1. *Beschreibe die Entwicklung der Passagierzahlen am Frankfurter Flughafen (M2).*
2. *Erläutere die blaue Überschrift (M3)*
3. *Die Lage des Frankfurter Flughafens im dicht besiedelten Rhein-Main-Gebiet wird als Vorteil, aber auch als Nachteil gesehen. Stelle Vor- und Nachteile in einer Tabelle dar (Text, M1, M3).*
4. *„Der Flughafen ist ein Gewinn für das Rhein-Main-Gebiet." Nimm zu dieser Aussage Stellung.*

2 Stadt und Land

METHODE

M1 Blick auf die Hochhäuser in der Innenstadt Frankfurts am Main

Wir werten Bilder aus

Ein Sprichwort sagt: „Ein Bild sagt mehr als tausend Worte." Überall finden wir Bilder – in Zeitschriften, Büchern oder im Internet. Dabei musst du dir eines bewusst machen: Ein Bild zeigt immer nur einen Ausschnitt der Wirklichkeit. Oft hat der Fotograf auch Teile der Wirklichkeit nicht fotografiert, weil er etwas Bestimmtes zeigen wollte.

AUFGABEN

1. Werte das Bild M1 nach den Schritten im Methodenkasten „Ein Bild auswerten" aus.
2. Wähle in diesem Buch ein Bild aus. Werte es aus.

Ein Bild auswerten
Schritt 1: Dem Bild einen Namen geben
- Nenne zunächst den Titel des Bildes. Dieser steht meist unter dem Bild.
- Welchen Ort zeigt das Bild und wo liegt er? Nutze hierzu eventuell den Atlas.
- Wann wurde das Bild aufgenommen? Manchmal wird der Zeitpunkt genannt.

Schritt 2: Bildbeschreibung
- Beschreibe das Bild entweder von links nach rechts oder vom Vordergrund zum Hintergrund.
- Welche Einzelheiten sind besonders auffallend (Gebäude, Menschen, Natur usw.)?
- Fasse die Informationen zu einer Kernaussage zusammen.

Schritt 3: Wie ist das auf dem Bild Dargestellte erklärbar?
- Finde Erklärungen zu den Bildinhalten.
- Aktiviere deine geographischen Kenntnisse und formuliere Zusammenhänge für eine Erklärung.

ALLES KLAR?

Erkläre die Unterschiede zwischen ökologischer und konventioneller Landwirtschaft mithilfe der beiden Abbildungen.

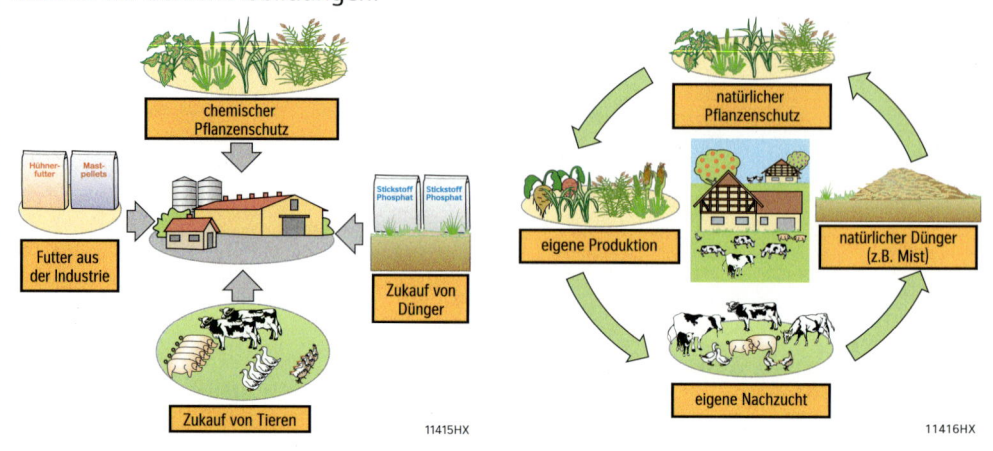

Ordne die Aussagen (Ⓐ bis Ⓓ) den Textkästen (① bis ④) zu.

Ⓐ All diese Pflanzen können nur an Orten mit guten Klima- und Bodenverhältnissen wachsen.

Ⓑ Bei dieser Art von Tierzucht werden viele Tiere auf engem Raum gehalten.

Ⓒ Diese Art von Landwirtschaft gibt dem Boden zurück, was sie ihm entnommen hat.

Ⓓ Bei der Ernte dieses Gemüses können keine Maschinen eingesetzt werden.

① Spargel

② ökologische Landwirtschaft

③ Sonderkulturen

④ Intensivtierhaltung

Wo ist das möglich?
Stelle eine der nachfolgenden Regionen Deutschlands in einem kurzen Zeitungsartikel vor:

a) Hier starten und landen die meisten Flugzeuge in Deutschland.
b) Diese Region war früher vor allem für ihre Stahl- und Kohleproduktion bekannt.
c) Hier werden die Waren der meisten Schiffe gelöscht.

2 Stadt und Land

Bringe die Arbeitsschritte in die richtige Reihenfolge und notiere eine kurze Erklärung dazu. Erstelle dafür am besten eine Tabelle.

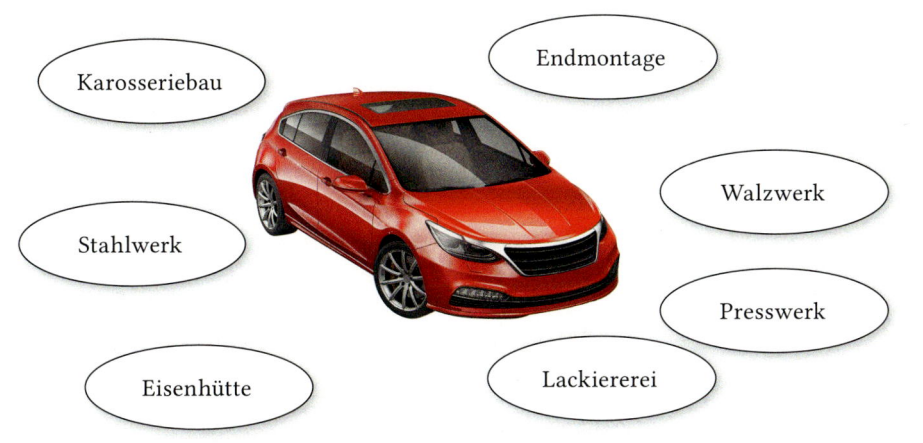

Ergänze die Abbildung mit den richtigen Bezeichnungen für die Sektoren. Ordne die Begriffe den Sektoren zu.

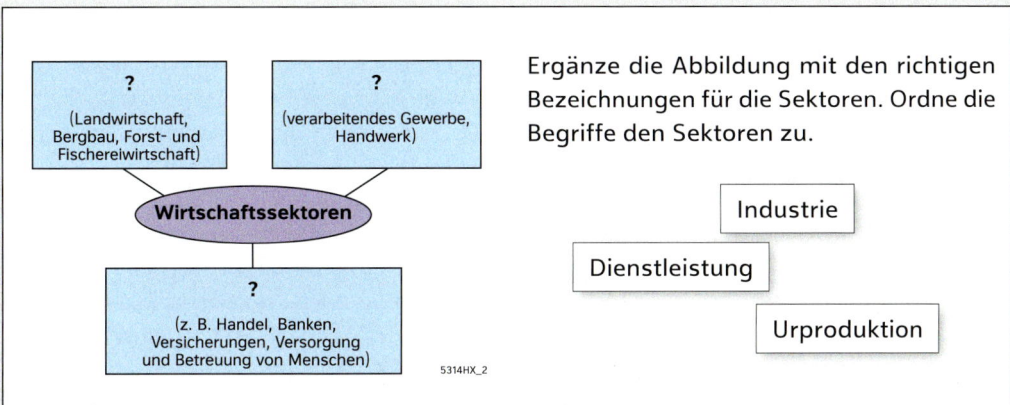

WES-101570-129

Prüfe dich selbst!

Du kannst...		Ja/Nein
... die Wirtschaft in Sektoren (Wirtschaftsbereiche) gliedern.	S. 84	?
... die Landwirtschaft in Deutschland charakterisieren	S. 86 – 89	?
... Technologie-Einsatz im Kuhstall erklären	S. 90	?
... die industrielle und ökologische Landwirtschaft vergleichen	S. 92 – 95	?
... die Landwirtschaft in Niedersachsen beschreiben	S. 96 – 101	?
... eine Betriebserkundung durchführen	S. 102 – 105	?
... Wirtschafts- und Verdichtungsräume Europas beschreiben	S. 106	?
... den Wandel der Industrie in der Braunkohleregion erklären	S. 108	?
... die Bedeutung der Automobilwirtschaft für Europa erklären	S. 110 – 117	?
... besondere Wirtschaftsstandorte charakterisieren	S. 118 – 126	?
... Bilder auswerten	S. 127	?

Vom Meer bis in die Berge – Tourismusregionen in Deutschland

M 1 Freizeit- und Urlaubsziele

Deutschland ist ein beliebtes Urlaubsziel. Viele Deutsche verbringen ihren **Urlaub** im eigenen Land. Die Gründe dafür sind vielfältig. So locken einerseits Städte mit ihren kulturellen Einrichtungen oder die abwechslungsreiche Natur. So stehen die Küstenregionen mit ihren Sandstränden an der Nord- und Ostsee den Hochgebirgsregionen in den Alpen gegenüber. Aber auch interessante Sportmöglichkeiten und die häufig erschwinglichen Preise sind Gründe, um sich im eigenen Land zu erholen.

AUFGABEN

1. Beschreibe die Verschiedenartigkeit des Urlaubs (M1, M3).
2. Nenne fünf Urlaubsregionen oder Urlaubsorte in Deutschland (M1, M2).
3. Fasse die Urlaubsziele der Deutschen im Jahr 2020 zusammen (M2, M4).
4. Wähle drei Urlaubsregionen oder Urlaubsorte in Deutschland. Begründe deren Beliebtheit für Touristen (M5).
5. Erstelle einen Kurzvortrag zu einer der auf den Fotos in M3 abgebildeten Urlaubsregionen (Internet).

M 2 Urlaub von der Ostsee bis in die Alpen

Region	%
Mecklenburg-Vorpommern	5,1 %
Bayern	4,6 %
Schleswig-Holstein	4,2 %
Niedersachsen	3,4 %
Baden-Württemberg	2,0 %
Nordrhein-Westfalen	1,3 %
Berlin	1,1 %
Sachsen	0,8 %
Brandenburg	0,8 %
Thüringen	0,8 %

M 3 Reiseziele der Deutschen im Inland

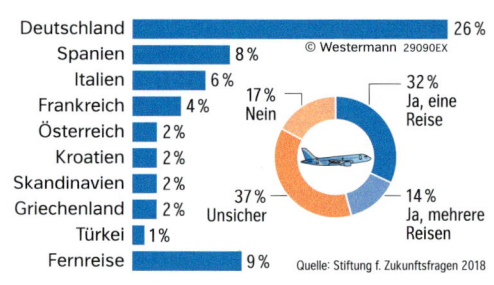

Ziel	%
Deutschland	26 %
Spanien	8 %
Italien	6 %
Frankreich	4 %
Österreich	2 %
Kroatien	2 %
Skandinavien	2 %
Griechenland	2 %
Türkei	1 %
Fernreise	9 %

- 32 % Ja, eine Reise
- 14 % Ja, mehrere Reisen
- 37 % Unsicher
- 17 % Nein

Quelle: Stiftung f. Zukunftsfragen 2018

M 4 Urlaubsziele der Deutschen

2 Stadt und Land

M5 Tourismus in Deutschland

AKTIV

Radfahren macht den Kopf frei. Auf dem Fahrradweg erlebt man die Natur hautnah und mit allen Sinnen! Für mich der perfekte Urlaub nach einem stressigen Alltag im Büro.

M2 Herr Heckmann

M3 Radtourismus entlang der Märchenstraße

Radurlaub in Deutschland

Der Radtourismus erlebt seit den 1980er-Jahren immer stärkeren Zuwachs. Im Jahr 2019 waren insgesamt 4,4 Millionen Menschen mit dem Rad unterwegs.

Ein Fahrradurlaub kann als Radreise mit mehreren Teilstrecken und Übernachtungsorten geplant werden oder als Radausflug von einem festen Quartier aus. Viele Radtouristen nutzen aber auch andere Verkehrsmittel wie Bahn oder Auto um die Urlaubsregion erst zu erreichen.

Deutschland hat mittlerweile ein gut ausgebautes Netz an Fahrradwegen. Auch in Niedersachsen gibt es einige Ziele, die es sich per Rad zu entdecken lohnt. Entlang der Flüsse Elbe, Weser und Ems fährt es sich zum Beispiel gut. Man ist immer auf recht ebenen Landschaften ohne große Höhenunterschiede unterwegs.

Entlang des Weserradwegs ist man dabei auch auf der Deutschen Märchenstraße unterwegs. Sie führt von Hanau in Hessen bis nach Hamburg. Auf den ungefähr 500 km kann man eine erlebnisreiche Kulturlandschaft und Aktivitäten, wie Wandern, Klettern und der Wassersport, erleben. Dabei ist man auf den Spuren der Gebrüder Grimm oder des Lügenbarons von Münchhausen unterwegs. Auf gesondert beschilderten Strecken können Radtouristen neben tollen Aussichten zahlreiche Burgen und Schlösser besichtigen.

M1 Der Weserradweg

76% der Deutschen fahren Rad.

74% nutzen das Rad für Alltagswege.

27% nutzen das Radfahren als Sportart.

51% machen mit dem Rad Ausflüge und Reisen.

M4 Radfahren in Zahlen

M5 Die Deutsche Märchenstraße

Mit dem Rad quer durch Deutschland, von Nord nach Süd, von West nach Ost oder einfach von A nach B – das ist die Leitidee des Radnetzes Deutschland. Im Detail steht das Radnetz für zehn Strecken mit über 12 000 Kilometern, die Deutschland vernetzen und einheitliche Kriterien bieten.

Solche Strecken heißen D-Strecken und verlaufen auf bestehenden und bekannten Radfernwegen wie dem Elbe- oder Rheinradweg. Die D-Strecken sind daher größtenteils schon vorhanden und vor Ort befahrbar. Die Vereinheitlichung der Kriterien steht jedoch noch aus. Dazu zählen eine lückenlose einheitliche Beschilderung und die Ausstattung der Strecken mit einer fahrradfreundlichen Infrastruktur. Dazu müssen Informationen zu den Strecken gebündelt werden. Das soll die Reiseplanung erleichtern und noch mehr ausländische Radtouristen nach Deutschland bringen. Als Modellprojekt diente die D-Strecke 3, die über 960 Kilometer von der niederländischen bis zur polnischen Grenze führt und einen Eindruck von der Vielfalt Deutschlands vermittelt.

M 6 Bedeutende Radwege

AUFGABEN

1. a) Beschreibe den Anfahrtsweg an die Deutsche Märchenstraße von deinem Heimatort aus (M5).
   b) Nenne Verkehrsmittel, um dorthin zu gelangen.
2. a) Stelle den Verlauf der verschiedenen Strecken an der Märchenstraße dar (M5, Internet).
   b) Wähle eine Strecke aus und erläutere ihre Besonderheiten.
3. Ordne die Radwege Ⓐ–Ⓓ (M7) der Karte in M8 zu. Tipp: Orientiere dich an den Großlandschaften Deutschlands (s. Seite 36/37).
4. a) Erkläre die Leitidee vom Radwegenetz Deutschland (M8).
   b) Nenne Vorteile, die für den Tourismus in Deutschland durch die Umsetzung entstehen.
5. Erläutere die Besonderheiten einer Radreise.

M 7 Auf dem Weg...

M 8 Radwegnetz in Deutschland

INFO

Radweg
Ein Radweg ist mit einem blau-weißen Rundschild markiert.

Radwanderweg
Radwanderwege sind individuell ausgeschilderte Freizeitrouten, die sich im Umkreis von Städten/Gemeinden befinden.

Radfernweg
Radfernwege sind mindestens 100 km lang und sind als Strecke oder Rundkurs angelegt.

M1 Die Lage Norderneys

M2 Badespaß auf Norderney

Urlaub auf einer deutschen Nordseeinsel

Millionen von Touristen machen jedes Jahr Urlaub an der deutschen Nordseeküste. Dieser Raum umfasst Landschaften im Grenzbereich zwischen Meer und Festland.
Die Ostfriesischen Inseln liegen wie Perlen an einer Kette vor der deutschen Küste, eine davon ist Norderney. Verdienten die Insulaner früher ihr Geld als Fischer und Landwirte, so ist heute der **Tourismus** die wichtigste Einnahmequelle. Bereits um 1800 erkannten die Menschen, dass sich das besondere Klima der Nordsee heilsam auf Atemwegs- und Hautkrankheiten auswirkt. Seit 1950 ist Norderney deshalb ein anerkannter Luftkurort.

TIPP

Um dir die Namen der Ostfriesischen Inseln (von Ost nach West) merken zu können, hilft dir folgende „Eselsbrücke":
Welcher **S**eemann **l**iest **b**ei **N**acht **J**ames **B**ond?

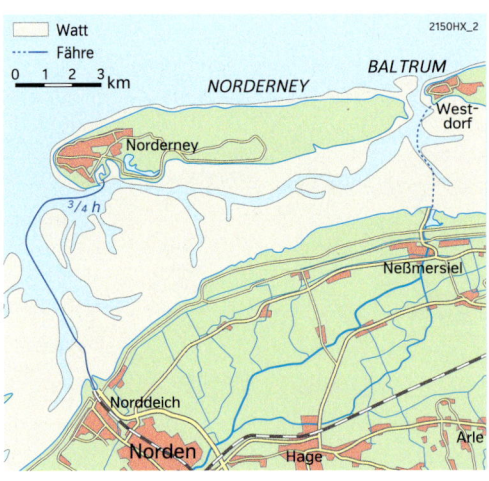

M3 Fährverbindungen nach Norderney

AUFGABEN

1. Nenne die Namen der Ostfriesischen Inseln (Atlas).
2. Beschreibe den Reiseweg von deinem Heimatort nach Norderney (M1, M3, Atlas).
3. Nenne Freizeitbeschäftigungen und Sehenswürdigkeiten auf Norderney (M2, M4).
4. Suche die Ortsmarkierungen in Google-Earth und beschreibe sie (M4).
5. Erläutere die Veränderungen der Übernachtungszahlen auf Norderney (M5, M6).

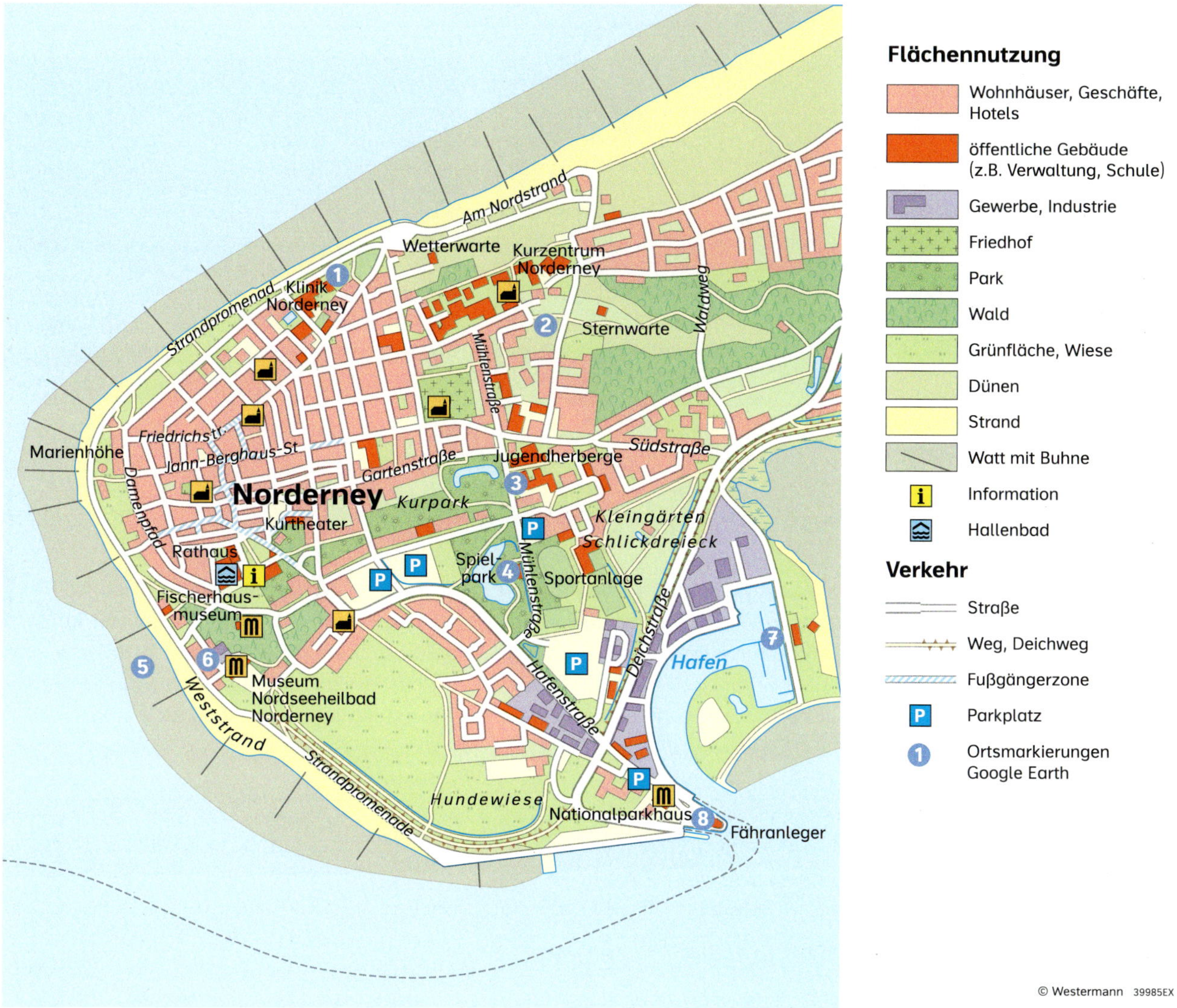

2 Stadt und Land

Flächennutzung

- Wohnhäuser, Geschäfte, Hotels
- öffentliche Gebäude (z.B. Verwaltung, Schule)
- Gewerbe, Industrie
- Friedhof
- Park
- Wald
- Grünfläche, Wiese
- Dünen
- Strand
- Watt mit Buhne
- **i** Information
- Hallenbad

Verkehr

- Straße
- Weg, Deichweg
- Fußgängerzone
- **P** Parkplatz
- **1** Ortsmarkierungen Google Earth

M4 Kartenausschnitt von Norderney

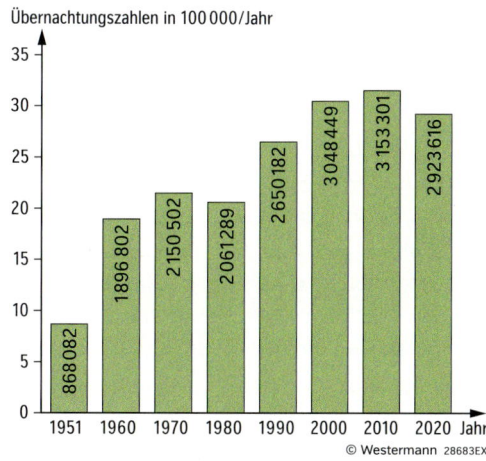

M5 Übernachtungen auf Norderney

„Im Sommer ist ganz schön was los auf Norderney. Man hat manchmal das Gefühl, in einer Großstadt zu sein. Dabei leben gerade mal 6100 Menschen auf der Insel. In der Sommersaison ist mein kleines Hotel stets ausgebucht. Ich habe dann viel im Hotel zu tun. Erst im Herbst wird es wieder ruhiger. Allerdings sind dann viele Restaurants geschlossen und das Kino hat auch nur noch an einzelnen Tagen in der Woche geöffnet. Lange hält die ruhige Zeit nicht an, denn Weihnachten wird es schon wieder voll. Zum Glück, denn ich brauche natürlich die Einnahmen durch mein Hotel."

M6 Ein Hotelbesitzer berichtet.

WES-101570-135

135

EXTRA

M1 In den Dünen

M3 Badestrand auf Sylt

Tourismus verändert die Nordseeküste

Jedes Jahr verbringen Millionen von deutschen Touristen ihren Urlaub an der Küste. Die Inseln und Halbinseln Norddeutschlands sind dabei besonders beliebt. Der Tourismus ist eine bedeutende Einnahmequelle, die auch in Zukunft weiter sprudeln soll. Sylt ist dabei eine besondere und seit langem beliebte Insel für Touristen. Doch was wird an der Nordseeküste getan, damit sie für Touristen weiterhin attraktiv bleibt?

Jahr	2004	2014	2019
Anzahl an Betten		41 700 (2017)	43 161
Gäste gesamt	679 060	868 564	617 998
Übernachtungen	5 664 092	6 514 423	6 315 851
Durchschnittliche Aufenthaltsdauer der Übernachtungsgäste in Tagen	9	7,6	7,4

M2 Entwicklung des Tourismus auf Sylt

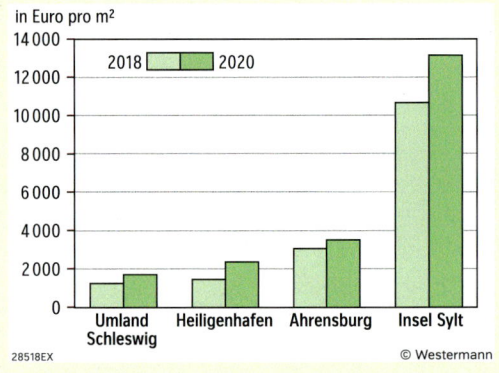

M4 Preise für Ein- und Zweifamilienhäuser

AUFGABEN

1. „Der Tourismus verändert die Nordseeküste!" Erkläre (M1, M4).
2. Beschreibe die Lage und Ausdehnung der Nordfriesischen Inseln (Atlas).
3. Sylt bietet viele Freizeitaktivitäten. Notiere, für wen die Insel interessant ist (M6 – M8).
4. Beschreibe die Entwicklung des Tourismus auf Sylt (M2) und mögliche Folgen (M3, M5).
5. a) Lokalisiere die Orte im Atlas (M3).
   b) Beschreibe die Lage der Orte.
   c) Begründe die Preisunterschiede (M1, M3).
6. „Sylt muss hart an seiner Attraktivität arbeiten!". Beurteile diese Aussage eines Hotelmanagers (M1 – M5).

„Ich wurde im Norden von Sylt in List geboren und lebe schon fast 50 Jahre auf der Insel. Ich bin daher eng mit der Insel und dem Meer verbunden. Seit meiner Heirat vor 29 Jahren wohne ich in Kampen. Die Insel hat sich seitdem stark verändert.

Wenn meine Frau das Grundstück in Kampen nicht geerbt hätte, könnten wir es uns wohl kaum mehr leisten, hier zu wohnen. Die Kaufpreise und Mieten für Grundstücke, Häuser und Wohnungen sind sehr stark gestiegen. Die extrem hohen Preise sind auch der Grund, weshalb einige unserer Nachbarn und Bekannten ihr Haus verkauft haben. Sie sind weggezogen und haben sich mit dem Geld vom Verkauf auf dem Festland ein Haus gekauft. Dort sind die Preise viel niedriger und sie haben noch Geld übrig. Das ist schon schade, denn viele der neuen Käufer kennen wir nur flüchtig. Häufig wohnen sie nicht ganzjährig hier, sondern nur einige Wochen oder Monate im Jahr. Oder sie leben sehr zurückgezogen und scheinen keinen Kontakt zu suchen. Das war früher anders. Damals kannte man noch fast jeden.

Und es hat sich natürlich auch baulich etwas verändert. Vieles wurde umgebaut oder neu errichtet, denn die Besucher müssen schließlich auch übernachten und sich verpflegen. Mit den zunehmenden Touristenzahlen gibt es viel mehr Restaurants und Geschäfte als früher. So sind zum Beispiel aus ehemaligen Wohnhäusern Ferienwohnungen geworden und neue Hotels und Pensionen entstanden. Man kann Veränderungen eben nicht aufhalten, zumal in den traditionellen Berufen (z. B. im Fischfang) kein Geld mehr zu verdienen ist."

M 5 Bericht eines Sylters

M 7 Karte von Sylt

M 6 Am „Ellenbogen"

M 8 „Skyline" Westerland

EXTRA

M1 Leben im Watt

M2 Küstenseeschwalbe

M4 Auf einer Wattwanderung

M3 Kothaufen des Wattwurms

„Im Watt kann man überall die Kothäufchen des Wattwurms sehen. Er frisst sich röhrenartig durch den Schlick und scheidet Unverdauliches wieder aus. Aber auch Algen, Krebse sowie verschiedene Muscheln (wie Herz-, Mies- und Schwertmuscheln) lassen sich hier finden. Viele Zugvögel nutzen das an Nahrung reiche Watt als Brut- oder Rastplatz. Es gilt als das vogelreichste Gebiet der Erde. Aber auch viele Speisefische brauchen das Watt, um sich und ihren Nachwuchs vor Raubfischen zu verstecken.
Auf den zahlreichen Sandbänken ruhen sich häufig die Seehunde aus."

M5 Eine Wattführerin erzählt

Lebensraum Wattenmeer

Das Wattenmeer entlang der deutschen und niederländischen Nordseeküste wurde durch die Gezeiten geschaffen. Bei Flut wird das Watt durch Meerwasser bedeckt. Bei Ebbe fließt das Meer ab und legt den Meeresboden frei. Das Wattenmeer ist reich an Nährstoffen und bietet daher für viele Pflanzen und Tiere einen einzigartigen Lebensraum. Es gehört zu den **Naturlandschaften** auf der Welt, die noch nicht durch den Menschen zerstört wurden.

AUFGABEN

1 Beschreibe den Lebensraum Wattenmeer (M1 – M5).

2 Das Watt gilt als Kinderstube für viele Fischarten (M5). Erkläre.

3 a) Erläutere die Hinweisschilder im Nationalpark (M9).
b) Zeichne weitere Gebots- und Verbotsschilder (M6, M9).

4 a) „Zwischen Fischern und Naturschützern entstehen Konflikte." Nimm Stellung (M7, M8).
b) Nenne weitere Konfliktmöglichkeiten.

Ruhezone/Zone I:
Hierzu gehören Salzwiesen, Seehundbänke, Brutgebiete der Vögel. Die Ruhezone darf nicht betreten werden, gewerblicher Fisch- und Krebsfang ist nur in bestimmten Gebieten erlaubt.

Zwischenzone/Zone II:
Sie darf – mit Ausnahme der Brutgebiete von Vögeln – betreten werden. Autoverkehr ist auf wenige Straßen beschränkt. Baden, Fischerei und Jagd sind erlaubt.

Erholungszone/Zone III:
Hier findet Ferien- und Kurbetrieb statt. Örtlich gelten verschiedene Einschränkungen. Häfen können errichtet und Erdöl darf gefördert werden.

M6 Schutzzonen im Nationalpark

M9 Seehunde auf einer Sandbank und Hinweisschilder

Der Nationalpark Wattenmeer

Zwischen 1985 und 1990 wurden weite Teile des deutschen Wattenmeeres zu Nationalparks erklärt. Seit 2009 gelten große Gebiete des deutschen und niederländischen Wattenmeeres als Weltnaturerbe der Menschheit, denn das Watt der Nordsee ist einzigartig auf der Erde. Es soll sich daher weitgehend ohne Einfluss des Menschen entwickeln. Das Wattenmeer erstreckt sich über mehr als 450 km von den Niederlanden bis in den Westen Dänemarks. Seit 2014 ist auch das dänische Wattenmeer Teil des Weltnaturerbes. Fischerei, Landwirtschaft, Industrie und Tourismus sind aber die Lebensgrundlage der Küstenbewohner. Deshalb wurden für die Nutzung des Wattenmeeres strenge Vorschriften erlassen. Es gibt verschiedene Schutzzonen (M6).

M7 Aus einer Broschüre des Naturschutzbundes

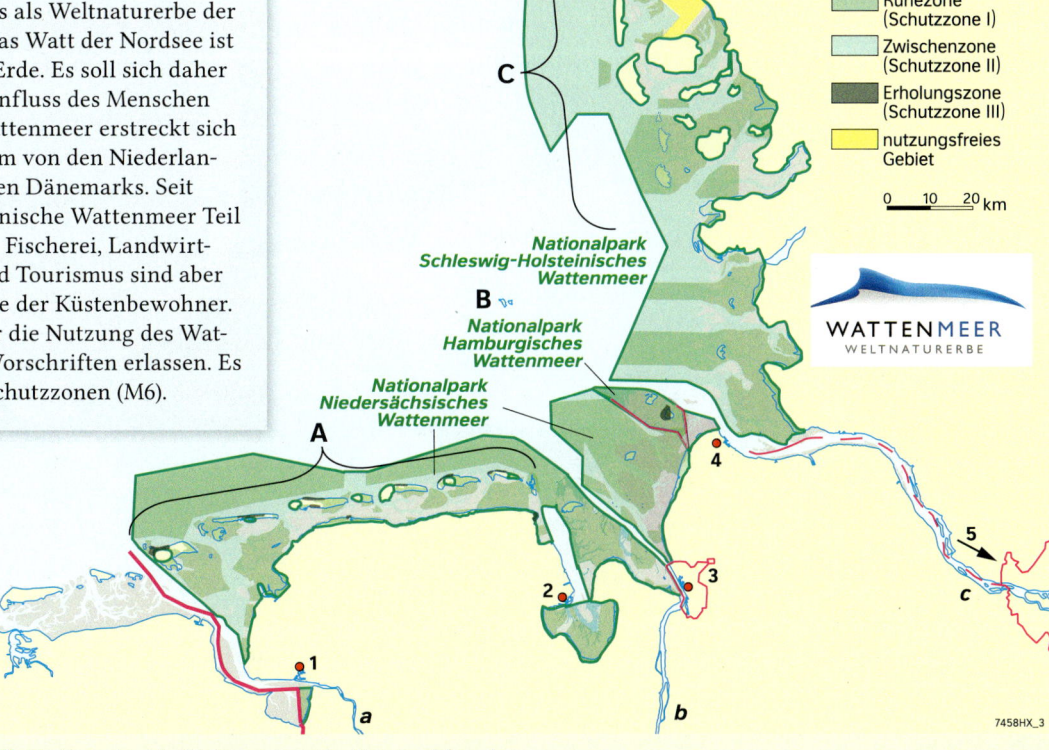

M8 Nationalpark Wattenmeer in Deutschland

METHODE

Wir führen ein Rollenspiel durch

Wo soll Familie Guckenmoser leben?

Der Bergbauernhof der Familie Guckenmoser liegt im Ennstal auf einer Höhe von etwa 1250 m ü. M. und ist nur von Wald und Wiesen umgeben.

Die Familie lebt vom Verkauf ihrer Produkte. Die Produkte werfen jedoch immer weniger Gewinn ab, bei gleichem Arbeitsaufwand. Deshalb muss sich die Familie Guckenmoser über ihre Zukunft Gedanken machen.

AUFGABEN

1. Führe das Rollenspiel zur Zukunft der Familie Guckenmoser durch (M2, M3, Methodenkasten). ↗
2. Würdest du auf dem Hof der Familie Guckenmoser wohnen wollen (M2, M3)? Erstelle einen Brief aus der Perspektive der Zwillinge an einen Freund, in dem du die Vor- und Nachteile des Hoflebens darstellst.

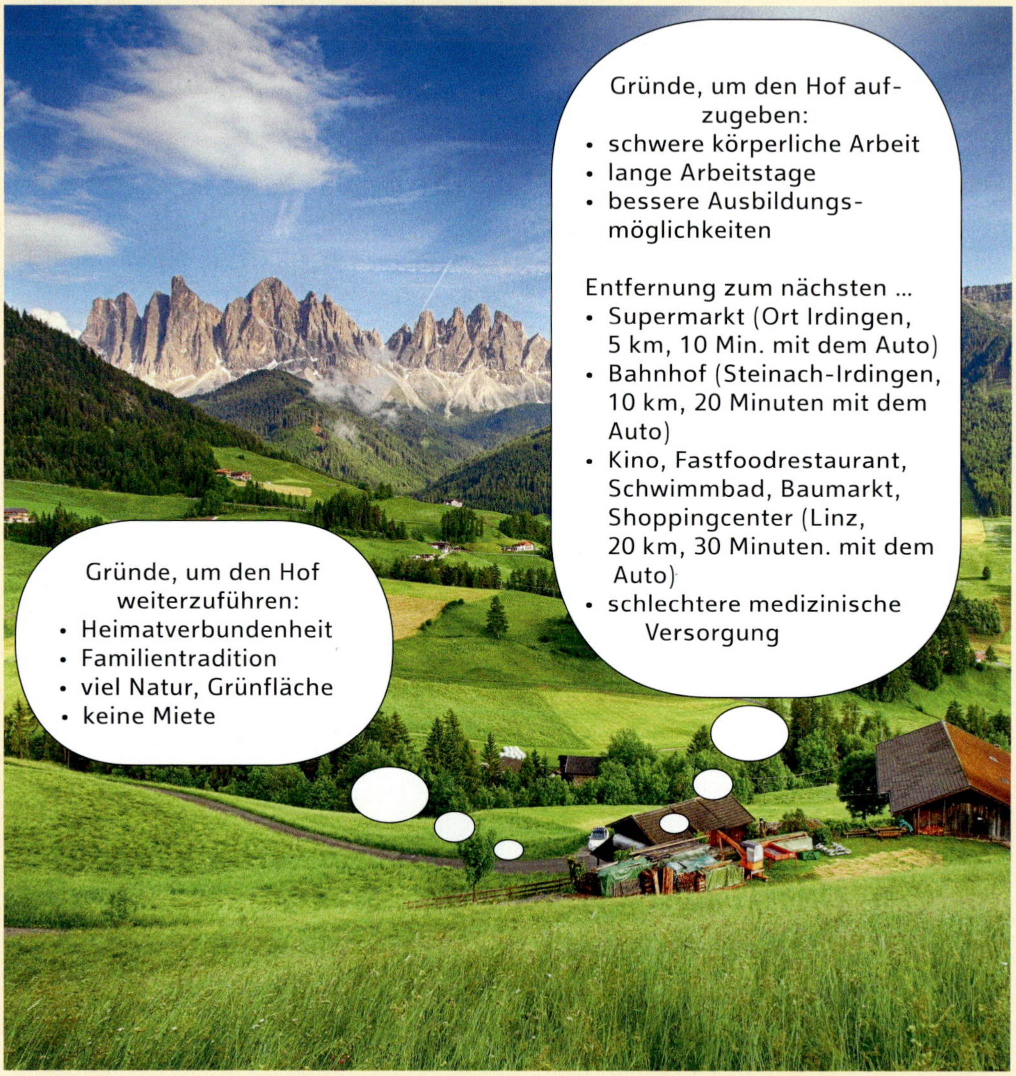

M1 Lage des Ennstals in den Alpen

Gründe, um den Hof aufzugeben:
- schwere körperliche Arbeit
- lange Arbeitstage
- bessere Ausbildungsmöglichkeiten

Entfernung zum nächsten ...
- Supermarkt (Ort Irdingen, 5 km, 10 Min. mit dem Auto)
- Bahnhof (Steinach-Irdingen, 10 km, 20 Minuten mit dem Auto)
- Kino, Fastfoodrestaurant, Schwimmbad, Baumarkt, Shoppingcenter (Linz, 20 km, 30 Minuten. mit dem Auto)
- schlechtere medizinische Versorgung

Gründe, um den Hof weiterzuführen:
- Heimatverbundenheit
- Familientradition
- viel Natur, Grünfläche
- keine Miete

M2 Bergbauernhof der Familie Guckenmoser

2 Stadt und Land

Ein Rollenspiel durchführen

Schritt 1: Vorbereitung
- In Vierergruppen arbeiten.
- Teilt die Rollen untereinander auf, sodass alle besetzt sind.
- Lies dir die Informationen zu deiner Rolle durch und notiere wichtige Argumente (M1, M3).
- Gestalte deine Rolle aus, indem du eigene Ideen hinzufügst.
- **Hinweis:** Du übernimmst eine Rolle. Die Ansichten müssen nicht deiner eigenen Meinung entsprechen.

Schritt 2: Rollenspiel
- Setzt euch nun als Familienrat (Gruppe) zusammen. Jedes Familienmitglied trägt nun seine Gründe und Forderungen vor.
- Entscheidet, welche drei Überlegungen oder Argumente eurer Meinung nach die wichtigsten sind. Was soll am Ende den Ausschlag für die Entscheidung geben? Haltet diese auf einem Papier (DIN A3) schriftlich fest.

Schritt 3: Präsentation
- Verlasst eure Rolle wieder.
- Tragt in der Klasse eure Argumente zur Lösung der Frage „Wo soll Familie Guckenmoser zukünftig leben?" vor.
- Vergleicht die verschiedenen Ergebnisse miteinander.

Schritt 4: Nachbesprechung
- Besprecht eure Erfahrungen im Rollenspiel: Wann waren Argumente überzeugend, wie seid ihr zu eurer Lösung gekommen, wie hast du dich in deiner Rolle gefühlt?

> Wenn Rudolf als Bergführer arbeitet, muss ich die meiste Arbeit auf dem Hof allein erledigen. Ich würde gerne in die alte Scheune Ferienwohnungen einbauen und an Urlauber vermieten. Für den Bau gibt es Zuschüsse vom Staat. Wir könnten unsere Produkte an die Urlauber verkaufen. Ob wir davon leben können, wird sich zeigen.

Claudia, 42 Jahre

> Ich würde den Hof, den ich von meinem Vater geerbt habe, gerne weiterführen. Ich habe mein ganzes Leben auf dem Hof verbracht und bin an die schwere Arbeit gewöhnt. Ich werde versuchen, eine Stelle als Bergführer zu bekommen. Da habe ich bessere Chancen als in der Stadt, wo meine Kenntnisse und Fähigkeiten nicht gebraucht werden.

Rudolf, 42 Jahre

> Wir wissen noch nicht, was wir später werden möchten, Max interessiert sich für Fußball und ich mich für Technik. Wir fänden es gut, wenn unsere Eltern in die Stadt ziehen. Wir hätten dann mehr Zeit zusammen als Familie und könnten zusammen ins Kino gehen oder ein Restaurant besuchen. Das geht hier nicht.

Max und Julian, jeweils 10 Jahre

> Ich bin in der 10. Klasse. Der Schulweg zum Gymnasium ist weit und es fährt kein Bus. Daher wohne ich unter der Woche im Internat und bin nur am Wochenende zu Hause. Ich liebe die Ruhe, unsere Tiere und Wanderungen in der Natur. Ich möchte nach dem Abitur gerne Tierärztin werden und wieder ins Dorf ziehen. Den Hof könnte ich dann übernehmen und zu einer Praxis umbauen.

Luisa, 15 Jahre

M3 Familie Guckenmoser

M1 Ortsansichten von Sölden um 1939 (links) und heute (der Pfeil markiert die Kirche)

Die Alpen – Europas größte Freizeitregion

M2 Lage von Sölden

Noch um 1900 waren die Alpen ein fast unbewohnter und eher unbedeutender Raum in Europa: zu hoch, zu viele Täler, viel Landwirtschaft, kaum Rohstoffe. In den 1950er-Jahren ändert sich dies. Aufgrund der beeindruckenden Natur entwickelten sich die Alpen zu einem der beliebtesten Reiseziele. Nicht nur Wandern und Skifahren sind hier möglich, auch Sportarten wie Mountainbiking sind immer häufiger zu sehen. In der Folge entwickelte sich der **Massentourismus** in den Alpen. Er ist zu einem der wichtigsten Wirtschaftsfaktoren des Raumes geworden (M3).

Gemeinden wie Sölden wetteifern daher mit anderen Orten. Um möglichst viele Urlauber anzulocken und wettbewerbsfähig zu bleiben, muss die Gemeinde viel Geld in den Ausbau von Hotel- und Freizeitanlagen, Straßen und Parkplätze stecken. Nur so kann die große Zahl von Touristen bewältigt werden.

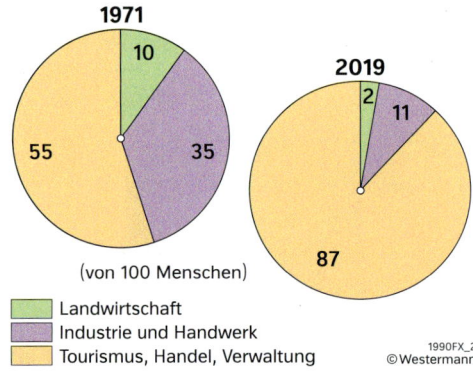

M3 Veränderung der Arbeitsplätze in Sölden

Jahr	Übernachtungen
1950	450 000
1960	650 000
1970	1 050 000
1980	1 550 000
1990	1 800 000
2000	2 180 000
2010	2 170 000
2020	1 980 000

Quelle: Amt der Tiroler Landesregierung

M4 Übernachtungszahlen in Sölden

AUFGABEN

1 Beschreibe die Lage Söldens (M2, Atlas).
2 Analysiere die Veränderungen in Sölden seit 1939 mit Blick auf die touristische Ausstattung (M1 – M5, M7).
3 „Unser Leben auf der Alm hat sich stark verändert." Nimm Stellung zur Aussage von Frau Wenger (M6).

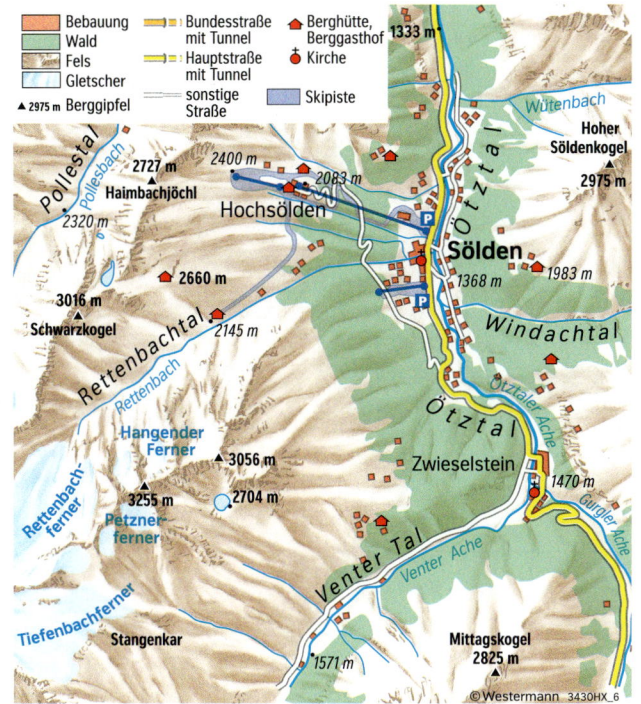

M 5 Touristische Ausstattung der Region Sölden im Jahr 1955

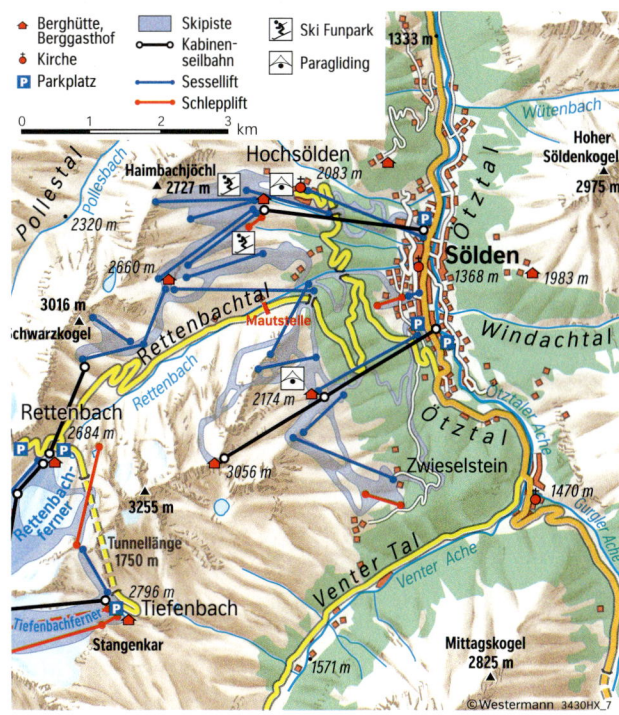

M 7 Touristische Ausstattung der Region Sölden heute

„Als ich klein war, war vieles anders. Unser Leben war anstrengend, aber ruhig. Im Sommer arbeitete ich als Almhirtin. In der Abgeschiedenheit der **Alm** konnte man viele Tiere beobachten. Ich wohnte in einer einfachen Hütte ohne Strom, die mir und den Tieren Schutz vor Unwettern bot. Das Wasser wurde von einem Bergbach in einen Trog abgeleitet. Die Kühe musste ich jeden Tag von Hand melken. Damit die Milch nicht schlecht wurde, musste ich sie sofort auf der Alm zu Käse und Butter verarbeiten.
Heute ist alles anders. Täglich kommt ein Tankwagen, um die Milch zur Weiterverarbeitung in der Molkerei abzuholen. Zwar stehen die Kühe im Sommer noch auf der Alm, doch die Milch wird über Milchleitungen oder Seilbahnen ins Tal gebracht. Die Modernisierung des Betriebes war teuer. Ich bin jetzt 65 Jahre alt. Mein Sohn Xaver wird den Betrieb nicht übernehmen, sondern aus unserem Hof eine Pension für Urlauber machen. Immer mehr Touristen kommen – vor allem im Sommer und Winter – nach Sölden, denn unsere Bergwelt reizt die Menschen. Mit der Versorgung der Urlauber und dem Angebot von Freizeitmöglichkeiten lässt sich gut Geld verdienen. Das hat Xaver erkannt."

M 6 Frau Wenger erzählt.

M1 Andrang am Schlepplift

M3 Bannwald (im Mittelgrund)

Gefährdet der Massentourismus die Alpen?

Bis 1950 waren die Alpen eine nahezu unberührte Landschaft. Mit dem Wandel von der traditionellen Landwirtschaft hin zum Tourismus als Haupteinnahmequelle veränderten sich die Alpendörfer. Wo einst nur Einheimische lebten, wohnen heute vor allem während der Ferienmonate Touristen. Diese bringen Geld in die kleinen Gemeinden der Alpen, beispielweise durch Restaurantbesuche, Hotelunterkünfte, Skiausleihe.

So viele Menschen benötigen aber eine große Menge an Energie und Wasser. Und sie verursachen Lärm und Müll.
Eigentlich kommen die Urlauber in die Alpen, um eine schöne und unversehrte Natur zu erleben. Durch ihr Verhalten beeinträchtigen sie aber auch den Naturraum. Vielen ist das nicht bewusst, denn die Folgen des Massentourismus sieht man oft erst nach Jahren.

Der Tourismus ist eine wichtige Einnahmequelle, sorgt für Arbeitsplätze und wirtschaftlichen Aufschwung.

Der Bau neuer Unterkünfte, Seilbahnen und Liftanlagen verändert den Charakter der Landschaften und Orte. Etwa 40 % aller Skilifte weltweit befinden sich im Alpenraum.

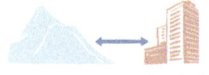

Der Tourismus verringert oder verhindert die sogenannte „Bergflucht" für den Alpenraum, kann sie auf lokaler Ebene aber auch begünstigen.

Die Verkehrswege werden ausgebaut. Der Verkehr nimmt insgesamt stark zu. Etwa 50 % des Verkehrsaufkommens in den Alpen wird als „Freizeitverkehr" eingestuft.

Der Energiebedarf steigt. Insbesondere der Wasserverbrauch erhöht sich immens mit der Zunahme der künstlichen Beschneiung.

Tourismus begünstigt Umweltveränderungen, wie Flächenversiegelung und Abholzung. Dies kann zu sichtbaren Schaden, wie Bodenerosion oder Austrocknung führen.

Häufig gefährden Schneebrettlawinen (aus nassem Neuschnee oder Altschnee), die durch Wanderer oder Skifahrer ausgelöst werden, Menschen.

M2 Auswirkungen des Tourismus auf die Alpen

AUFGABEN

1. Beschreibe den (heutigen) Tourismus in den Alpen (M1, M9).
2. Erkläre die Zusammenhänge von Erosion und Massentourismus (M4, M5).
3. Erkläre die Funktion von Bannwäldern und Lawinenbebauungen (M3, M6, M8).
4. Stelle die Auswirkungen des Tourismus in den Alpen in einem einfachen Flussdiagramm dar (M2).
5. Erstellt Regeln für richtiges Verhalten in den Alpen (M2, M6).

2 Stadt und Land

M 4 Skilift im Sommer ...

M 9 ... und im Winter

„Im Winter fahren schwere Raupen über die Pisten und verdichten so den Schnee für die Skifahrer. Aber auch der darunter liegende Boden wird zusammengepresst. Nach Abtauen des Schnees können Pflanzen mit tiefen Wurzeln hier kaum noch wachsen. Dadurch fehlt ein weit verzweigtes Wurzelwerk, das den Boden stützt. Und weil durch den verdichteten Boden Schmelz- und Regenwasser nicht mehr versickern können, fließt es oberirdisch ab. Dabei schwemmt es die oberste Bodenschicht ab und hinterlässt tiefe Rillen. Diesen Vorgang nennt man **Erosion**. Auch auf ausgetretenen Wanderwegen kann die Erosion leicht wirken.

Im Sommer können sich nach heftigen Regenfällen gewaltige Schlammlawinen (sogenannte **Muren**) bilden. Diese fließen dann rasend schnell ins Tal hinab und gefährden Dörfer und Menschen."

M 5 Eine Biologin erklärt.

„Früher schützten ausgedehnte Bergwälder die Alpenbewohner vor Lawinenabgängen. Inzwischen wurden aber viele der sogenannten **Bannwälder** gerodet, um neue Skipisten und Häuser zu bauen. Die noch bestehenden Wälder sind zudem durch die Luftverschmutzung geschwächt und können großen **Lawinen** kaum noch standhalten. Also müssen die Gemeinden künstliche **Lawinenverbauungen** aufstellen, um die Menschen im Tal zu schützen – und das kostet viel Geld!"

M 7 Eine Försterin berichtet.

Um weitere Zerstörungen zu vermeiden, schlagen Umweltschützer Folgendes vor:
- die Touristen über die möglichen Folgen ihres Urlaubs aufklären,
- mehr Schutzzonen ausweisen,
- Bergwiesen neu einsäen,
- massive Aufforstung (insbesondere der Bannwälder),
- keine neuen Skipisten bauen,
- Verbot/Begrenzung des Mountainbikings.

M 6 Mögliche Regeln zum Schutz der Alpen

M 8 Nach einer Schlammlawine (Mure)

WES-101570-145

145

METHODE

Wir informieren uns im Internet

In unserem Schulbuch stehen viele Informationen zu erdkundlichen Themen. Möchtest du darüber hinaus noch mehr Informationen haben, kannst du diese im Internet mithilfe von Suchmaschinen suchen. Die Ergebnisse deiner Suche werden in deinem Internetbrowser aufgelistet. Dabei kann es dir passieren, dass du sehr lange suchst und doch nicht das Gewünschte findest. Oder du hast zwar eine gute Internetseite zum Thema gefunden, verstehst aber vieles darauf nicht, da die Informationen für Erwachsene sind. Und es kann vorkommen, dass du auf eine passende Internetseite stößt, die aber Fehler oder vorsätzliche Falschinformationen enthält.

Über die Suche, die Anzeige der Ergebnisse und das Aufrufen der ausgewählten Internetseite hinaus können noch viele weitere Informationen von dir und über dich transportiert und verarbeitet werden. Dazu gehören oft deine Adresse, welche Internetseiten und Suchbegriffe du vorher genutzt hast, dein Alter und Geschlecht und es wird eindeutig bestimmt, mit welchem Gerät du wann auf das Internet zugreifst. Die Anbieter von Internetseiten sichern sich diese Rechte zur Erhebung und Weitergabe deiner Informationen über ihre Geschäftsbedingungen und Datenschutzbestimmungen. Um die Weitergabe deiner Informationen etwas einzuschränken, kannst du zum Beispiel bestimmte Suchmaschinen für Kinder nutzen, die aber oft nicht so viele Internetseiten durchsuchen wie die Suchmaschinen großer Unternehmen wie Google.

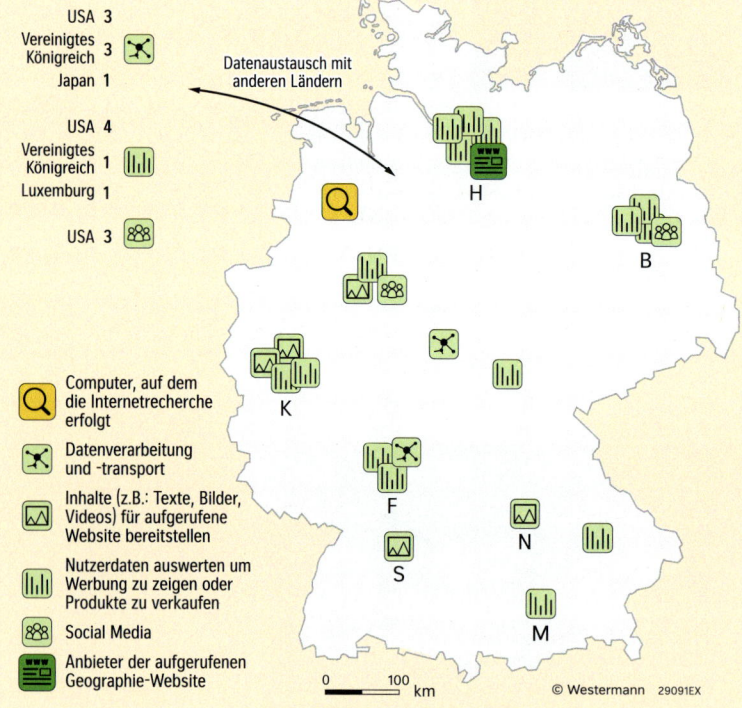

Suchmaschinen:
www.blinde-kuh.de
www.fragfinn.de

Internetseiten mit vielen Themen rund um Erdkunde:
www.diercke.de
www.geolino.de
https://www.internet-abc.de
https://www.planet-wissen.de

Digitaler Globus:
https://www.google.com/intl/de_de/earth

M2 Ausgewählte Internetseiten für Kinder

M1 Beim Suchen und Aufrufen einer Internetseite mit den Suchworten „Erdbeben" und „Entstehung" beteiligte Firmen

AUFGABEN

1. Benenne mithilfe einer Deutschlandkarte die mit Buchstaben gekennzeichneten Standorte der Firmen in Deutschland (M1).
2. Erstelle anhand der Karte (M1) eine Tabelle, in der du die Tätigkeiten der Firmen und deren Anzahl vergleichst.
3. Diskutiert, ob ihr die Weitergabe eurer Daten gut findet.

2 Stadt und Land

Im Internet informieren

Schritt 1: Suchbegriffe festlegen
- Für eine Internetrecherche ist es wichtig, zu wissen, wonach man sucht.
- Du möchtest zum Beispiel einen Vortrag über Erdbeben halten. Gibst du „Erdbeben" in eine für Kinder geeignete Suchmaschinen ein, ist die Anzahl der Suchergebnisse überschaubar (M3). Nutzt du Suchmaschinen wie Google oder Bing, ist die Trefferzahl oft sehr hoch. Durch die Eingabe von mehreren Suchbegriffen wie „Erdbeben, Entstehung" kannst du die Anzahl der Ergebnisse einschränken und findest schnell, was du suchst.

Schritt 2: Suchergebnisse kritisch betrachten
- Wenn Du mehrerer Quellen gefunden hast, prüfe, ob sie für dich geeignet sind.
- Was ist für dein gewähltes Thema nützlich? Ist etwas zu speziell oder verbirgt sich Werbung dahinter?

Schritt 3: Wesentliches herausarbeiten und die Quellen notieren
- Erarbeite mithilfe der von dir ausgewählten Internetseiten die wichtigen Informationen.
- Gib die Internetquelle an, die du genutzt hast, indem du den Internetlink notierst.
- Da sich der Inhalt einer Internetseite schnell ändern kann, wird auch das Datum des Aufrufens der Seite angegeben.

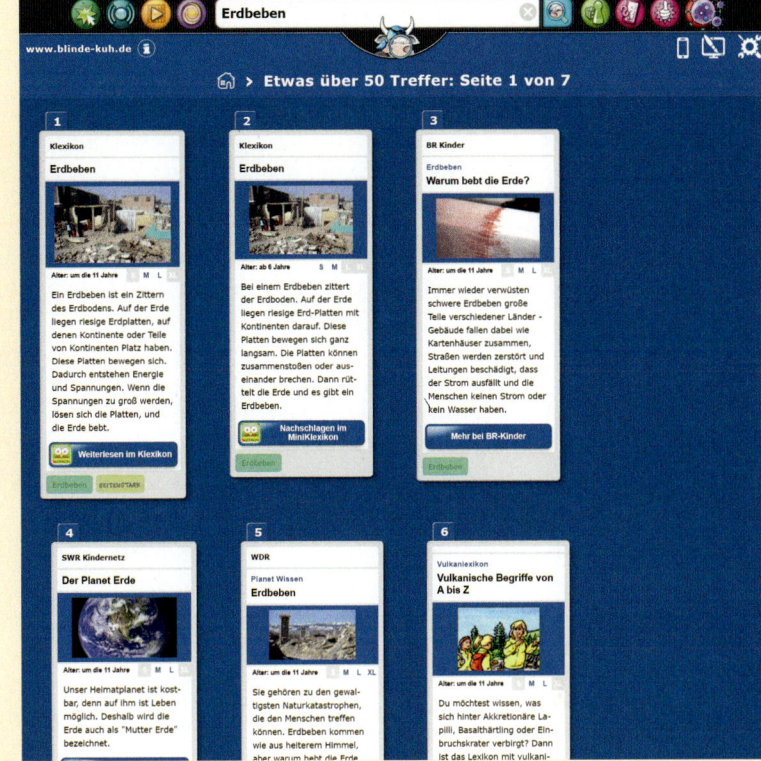

M 3 Ergebnis zum Suchbegriff „Erdbeben" in der Suchmaschine Blinde Kuh

- Nicht alles, was man im Internet findet, ist für Kinder gedacht. Suchmaschinen für Kinder zeigen nur Seiten an, die unter anderem auf die Darstellung von Gewalt, Sexualität und auf falsche und beleidigende Aussagen geprüft sind.
- Gib niemals persönliche Daten von dir oder anderen Personen auf fremden Internetseiten ein und verschicke keine Fotos oder Videos. So können andere Menschen dich nicht betrügen oder belästigen.
- Klickst du auf Werbung oder Links zu SocialMedia-Seite wirst du zu diesen Internetseiten weitergeleitet. Diese sammeln oft persönliche Informationen von Dir und die Inhalt sind nicht geprüft.

M 4 Wichtige Surftipps.

WES-101570-147

4 *Suche den Begriff „Erdbeben" mit zwei unterschiedlichen Suchmaschinen. Ordne jeweils die ersten 20 Suchergebnisse entsprechend der Tabelle zu.*

ALLES KLAR?

Vergleiche die Bilder zu den Alpen – früher Ⓐ und heute Ⓑ.

Sölden in Tirol (Österreich)

Der Kirchturm des Ortes ist in beiden Fotos mit einem weißen Pfeil markiert

Zeichne passende Pfeile ein.

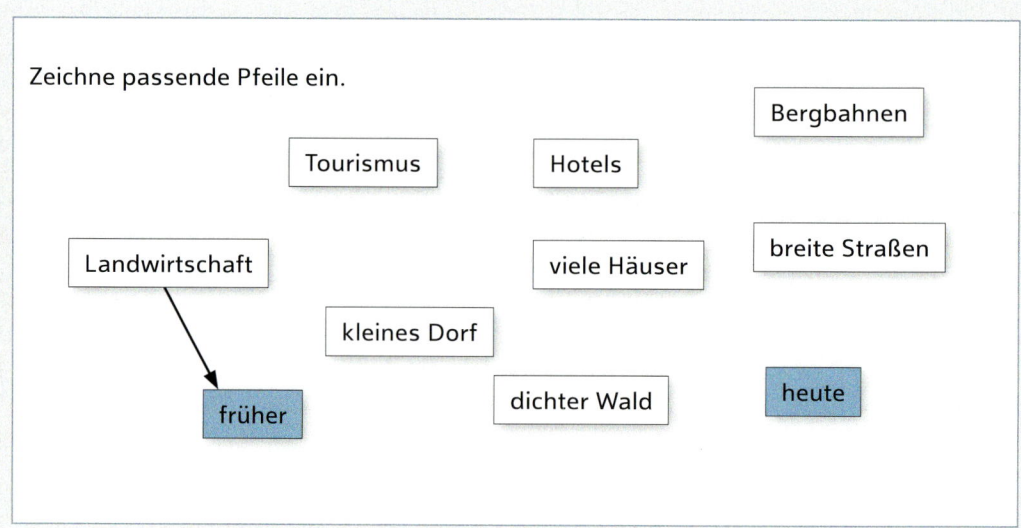

2 Stadt und Land

Erkläre die Aussage „Der Tourismus ist ein wichtiger Wirtschaftsfaktor" für viele Regionen. Die folgenden Begriffe helfen dir vielleicht dabei:

unterschiedliche Betriebe – Arbeitsplätze –
Touristinnen und Touristen geben Geld aus –
Ausbau der Verkehrsinfrastruktur (z. B. Straßen, Bahnanbindung) –
Kunden für die lokalen Handwerksbetriebe

Ordne die richtigen Aussagen zu:

Unter nachhaltigem Tourismus versteht man eine Form des Tourismus, bei der …

… viele große Hotelanlagen errichtet werden.

… die Naturlandschaft bewahrt und geschützt wird.

… das Wichtigste ein möglichst großer Gewinn der Hotelbetreiberinnen und -betreiber ist.

… die Interessen von Einwohnerinnen und Einwohnern sowie Touristinnen und Touristen berücksichtigt werden.

… das Typische der Ferienregion erhalten wird.

WES-101570-149

Prüfe dich selbst!

Du kannst...		Ja/Nein
… die räumliche Verteilung des Tourismus in Deutschland beschreiben.	S. 130	?
… einen (Fahrrad-) Urlaub planen.	S. 132	?
… einen Ort hinsichtlich seiner touristischen Nutzung untersuchen.	S. 134	?
… die Entwicklung einer Tourismusortes beschreiben.	S. 136	?
… den Lebensraum Wattenmeer beschreiben.	S. 138	?
… ein Rollenspiel durchführen	S. 140	?
… die Entwicklung des Massentourismus am Beispiel der Alpen zu analysieren.	S. 142	?
… die Gefährdung eines Raumes durch den Tourismus erklären.	S. 144	?
… dich im Internet informieren.	S. 146	?

3 Raumprägung durch

erdinnere und äußere Kräfte

M1 Der Stromboli im Mittelmeer

Vulkane – faszinierende Feuerberge oder Zeitbomben?

Der Stromboli ist unter Seefahrern seit Jahrtausenden als Leuchtturm des Mittelmeeres bekannt. Er zählt zu den aktivsten **Vulkanen** der Erde und alle 15 bis 20 Minuten sind seine feurigen Explosionen weithin sichtbar. Weltweit brechen jedes Jahr etwa 500 der 1000 aktiven Vulkane aus. Viele Menschen, die an den Rändern der Vulkane wohnen, leben wie auf einem Pulverfass. Trotzdem bestellen sie ihre Felder auf den fruchtbaren Böden an den Hängen. Wissenschaftler forschen deswegen, um Zeitpunkt, Art und Stärke von Vulkanausbrüchen genau vorherbestimmen zu können.

„Große Teile des oberen Erdmantels bestehen aus zähflüssigem Gestein. Es verhält sich wie Knetgummi. An manchen Stellen kann es sogar schmelzen und wird zu **Magma**. Magma ist eine flüssige Gesteinsschmelze.
Das Magma im Erdinneren ist leichter als das Gestein, was es umgibt. Deshalb sucht sich das Magma über Risse seinen Weg nach oben in die Erdkruste. Dort sammelt es sich zunächst in einem großen Hohlraum – der Magmakammer.
Wie beim Öffnen einer geschüttelten Sprudelflasche treten bei einem Vulkanausbruch Gase und glutflüssiges Magma aus dem Schlot aus. Das Magma eines **Schichtvulkans** besitzt dabei eine Temperatur von etwa 800 °C. An diesen Vulkanen kommt es oft zu spektakulären Explosionen, die sogar Teile des Berges absprengen können.
Das Magma wird außerhalb des Schlotes **Lava** genannt. Diese ist dickflüssig und fließt langsam. Die Lava und die Asche können aber auch kilometerhoch geschleudert werden. Die Lava der Schichtvulkane erkaltet schnell. So baut sich ein kegelförmiger, immer höher wachsender Berg auf.
Das Magma der **Schildvulkane** enthält wenig Gase. Sie explodieren deshalb selten. Allerdings ist bei ihnen die Temperatur der Lava hoch (bis zu 1200 °C). Die Lava erreicht dadurch Geschwindigkeiten von bis zu 50 km/h und breitet sich großflächig aus."

M2 Aufstieg des künstlichen-Magmas in einer Lavalampe

M3 Vulkan-Magma-System

M4 Bericht eines Vulkanologen

3 Raumprägung

M 5 Ausbruch des Kilauea auf Hawaii (USA) im Pazifischen Ozean

AUFGABEN

1. Beschreibe die Bilder (M1, M5).
2. Vergleiche die Begriffe Magma und Lava (M4).
3. Erkläre in einem kurzen Text die Entstehung eines Vulkanes (M3, M4, M6).
4. Ordne die Fotos M1 und M5 den Vulkantypen (M6) zu.
5. Vergleiche Schicht- und Schildvulkane miteinander in einer Tabelle (M4, M6).
   a) Gehe auf das Aussehen, den Aufbau und das Ausbruchsverhalten ein.
   b) Bestimme weitere Merkmale von Schicht- und Schildvulkanen.
6. a) Recherchiere die letzten zwanzig Vulkanausbrüche auf der Erde (Internet).
   b) Ergänze die Übersicht (M7).

	Jahr	VEI*	Tote
Tambora / Indonesien	1815	7	90 000
Krakatau / Indonesien (zerstört)	1883	6	36 000
Mt. Pelée / Martinique	1902	4	32 000
Santa Maria / Guatemala	1902	6	6 000
Mt. St. Helens / USA	1980	5	62
Nevada del Ruiz / Kolumbien	1985	3	25 000
Pinatubo / Philippinen	1991	6	1 200
Merapi / Indonesien	2006	4	5 800
Eyjafjallajökull / Island	2010	4	0
Fuego / Guatemala	2018	?	311

*Volcanic Explosivity Index: gibt die Stärke eines explosiven Vulkanausbruchs von 0 bis 8 an; Messgrößen sind vor allem die Höhe der Auswurfsäule sowie die Menge an ausgestoßenem Material

M 7 Große Vulkanausbrüche

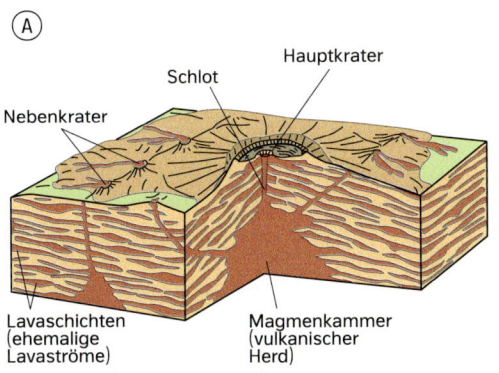
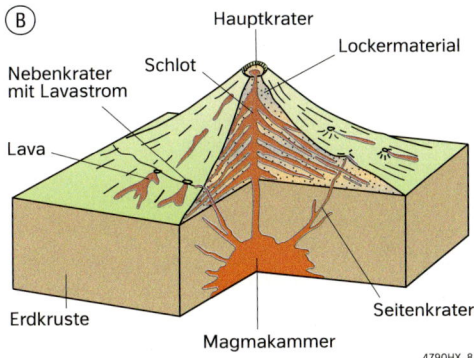

M 6 Vulkantypen: Schildvulkan (A) und Schichtvulkan (B)

M1 Das Schalkenmehrener Maar

M2 Der Wallende Born – ein Brubbel

Das Feuerland Deutschlands – die Eifel

INFO

Ablagerung:
Das Absetzen von Teilchen in Flüssigkeiten, z. B. von Steinen und Geröll in Flüssen und Sand im Meer

Abtragung:
Transport von Sand, Gestein oder Boden durch fließendes Wasser

In der Eifel beweist die Vielfalt der sichtbaren vulkanischen Formen, dass die Vulkantätigkeit noch nicht so lange her sein kann. Die Vulkanformen wären ansonsten schon abgetragen worden. Auch einige Erdbeben im Eifelraum in letzter Zeit erinnern daran, dass die jüngste Vulkanregion Mitteleuropas noch nicht zur Ruhe gekommen ist.
Zeugen der vulkanischen Tätigkeit sind unter anderem die Maare bei Schalkenmehren und der Laacher See bei Mendig. Mehr als 300 weitere Vulkane sind in der Region zu finden.

M3 Ablagerungen des Laacher-See-Vulkans

AUFGABEN

1 a) Lokalisiere das Schalkenmehrener Maar und beschreibe die Abbildung M1 (Atlas, Internet).
b) Lokalisiere den Wallenden Born und beschreibe die Abbildung M2 (Atlas, Internet).

2 Fasse mit eignen Worten die Entwicklung des Vulkanismus in der Eifel zusammen (M3, M4).

3 „Der Ausbruch eines Eifelvulkans kann verheerende Folgen haben!" Nimm Stellung zu dieser Aussage (M6 – M8).

4 Überprüfe den Wahrheitsgehalt und die Folgen der Zukunftsvision (M5).

„Die großen Vulkanfelder der Eifel entstanden in den letzten 700 000 Jahren. Durch die Aufwölbung der Erdoberfläche trat an Spalten das Magma – die heiße Gesteinsschmelze aus dem Erdinneren – aus. Deshalb sind die Eifelvulkane wie die Perlen einer Kette aneinandergereiht. Bei der Vulkanexplosion des Laacher-See-Vulkans vor 12 900 Jahren wurden innerhalb weniger Tage gewaltige Mengen an Magma ausgeschleudert. Dies war viel mehr als bei den anderen Eifelvulkanausbrüchen. Die Vulkanasche gelangte bis in 30 Kilometer Höhe. Sie wurde bis Turin (Italien) und Stockholm (Schweden) getragen. Lavaströme füllten die umliegenden Täler mit bis zu 60 Meter mächtigen Ablagerungen (M3)."

M4 Ein Vulkanexperte berichtet

Eifel-Spezial: „Nordwestlich von Andernach nahe dem Mittelrhein ist ein Vulkan ausgebrochen. Die Folgen sind noch nicht abzusehen."

M 5 Vulkaneifel in der Zukunft?

Maar: kreisförmiger Talkessel mit wenigen Hundert Metern Durchmesser. Sie entstanden durch eine Vulkanexplosion. Die Explosionstrichter wurden in die Erdoberfläche gesprengt. Im Laufe der Jahre füllten sie sich bei Regen mit Wasser. Deshalb sind Maare manchmal mit einem See gefüllt.

Lavabomben: von Vulkanen abgefeuerte Lavageschosse. Die 120 Tonnen schwere, 4 Meter hohe und 5 Meter lange Riesenbombe von Strohn (M8) flog jedoch nie durch die Luft, sondern verblieb im Vulkan.

Schlackenkegel: Vulkantyp mit steilen Hängen, der sich aus erstarrten Lavafetzen aufgetürmt hat. Zwei Drittel aller Eifelvulkane besitzen diese Form.

Lavaströme: Das Gestein der erstarrten Lava war früher begehrt zur Herstellung von Werkzeugen, Mühlsteinen und Bausteinen. In den Lavaströmen angelegte Höhlen (M7) dienten auch als Bierkeller (z. B. Vulkanbrauerei in Mendig).

Stoßquellen: Im Eifler Dialekt werden sie auch Brubbel genannt. Es sind regelmäßig sprudelnde Wasserfontänen. Sie entstehen durch die Entgasung des Magmas in der Tiefe (M2).

M 6 Vulkanerscheinungen in der Eifel

M 7 Im erstarrten Lavastrom bei Mendig

M 8 Lavabombe bei Strohn

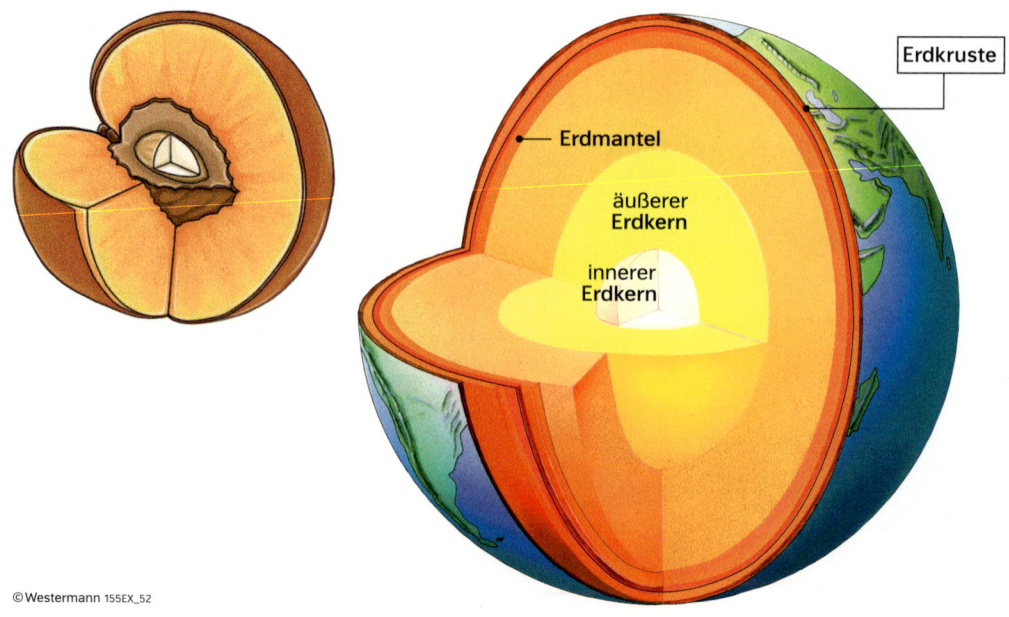

M1 Der Schalenbau der Erde – im Vergleich mit einem Pfirsich

Der Schalenbau der Erde

Der Mensch ist neugierig und besitzt einen unstillbaren Forscherdrang. Auch zunächst unsichtbar erscheinende Dinge wie das Erdinnere wollen ergründet werden. Aktive Vulkane sind für Vulkanologen und **Geologen** die einzige Möglichkeit, direkt Erkenntnisse zu gewinnen. Der Mittelpunkt der Erde liegt 6370 Kilometer unter der Erdoberfläche. Bisher konnten Wissenschaftler mit Bohrungen jedoch lediglich in etwa zwölf Kilometer Tiefe vordringen. Dennoch haben sie recht genaue Vorstellungen vom Aufbau der Erde.

AUFGABEN

1 a) Beschreibe die beiden Abbildungen in M1.
b) Vergleiche den Aufbau der Erde und den des Pfirsichs (M2)

2 Fasse den Aufbau und die Merkmale der Erdschalen zusammen. Lege hierfür eine Tabelle an (M3, M4). ↗

3 Erkläre die Bedeutung der Erdbebenwellen für die Erforschung des Erdinneren (M2, M3)

„Der Aufbau unserer Erde im Inneren ist vergleichbar mit dem Aufbau eines Pfirsichs (M2). Genau wie die Erde besitzt er eine dünne äußere Schale. Darunter verbirgt sich das dicke Fruchtfleisch, ehe dann anschließend der Kern das Innerste der Frucht bildet. Natürlich sind die einzelnen Schalen der Erde viel dicker.

Die Erkenntnisse der Erdschalen besitzen wir aus den Untersuchungen mit Erdbebenwellen. Diese **seismischen Wellen** breiten sich vom Entstehungsort im gesamten Erdball aus. Sie können auch noch in weit entfernten Gebieten wahrgenommen werden.
Wir Forscher fanden heraus, dass die Erdbebenwellen in bestimmten Tiefen langsamer oder schneller werden. Zum Teil werden sie auch ganz geschluckt. Das liegt daran, dass sich die Gesteine im Erdinneren mit der Tiefe verändern. In einigen Schalen liegen sie im festen, in anderen Schalen im flüssigen Zustand vor. Manchmal ändert sich auch ihre Zusammensetzung."

M2 Ein Vulkanologe berichtet

3 Raumprägung

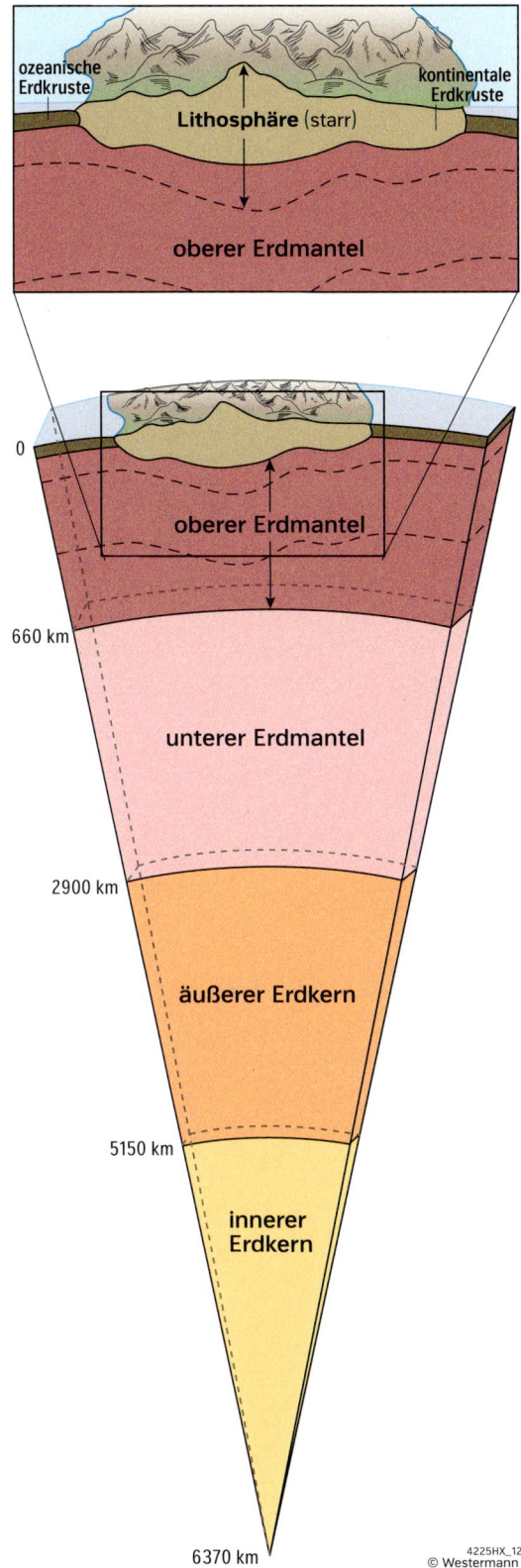

M 3 Merkmale der Schalen

Erdkruste
- Die Temperatur steigt in der Erdkruste bis auf 700 °C.
- Sie besteht aus festen Gesteinen.
- Erdkruste und oberster Teil des Erdmantels sind in Platten gegliedert (= **Lithosphärenplatten**).

a) ozeanische Kruste
- Sie bildet den Untergrund der Ozeane.
- Sie ist etwa 5–8 Kilometer dick und
- besteht oft aus Basalt, einem vulkanischen Gestein mit hoher Dichte.

b) kontinentale Kruste
- Sie bildet die Kontinente und den Untergrund flacher Meere an den Kontinenträndern,
- ist durchschnittlich 30–40 Kilometer, maximal 70 Kilometer dick und besteht aus Gesteinen geringerer Dichte, zum Beispiel Granit.

oberer Erdmantel
- Die Temperatur steigt auf etwa 1300 °C.
- Die oberen Gesteine sind fest und bilden gemeinsam mit der Erdkruste die **Lithosphäre** – die Gesteinshülle der Erde.
- Unter der Lithosphäre liegt die **Asthenosphäre** (griech.: asthenos = weich); Gesteine verformen sich, ähneln einer Knetmasse.
- Mit zunehmender Tiefe (Druckanstieg) verfestigen sich die Gesteine.

unterer Erdmantel
- Die Temperatur steigt auf etwa 3700 °C.
- Gesteine besitzen einen hohen Anteil von Eisen und sind aufgrund des hohen Drucks zähplastisch (verformbar).
- Der untere Mantel wird vom Erdkern erwärmt, dadurch steigt heißes Material auf.
- An manchen Stellen sinkt relativ kühleres Material nach unten.

äußerer Erdkern
- Die Temperatur steigt auf etwa 4600 °C.
- Der äußere Erdkern besteht aus Eisen und Schwefel und besitzt eine hohe Dichte.
- An seiner Obergrenze verlangsamen sich die Erdbebenwellen stark; deshalb nehmen die Forscher an, dass er flüssig ist (wie Honig).
- Es finden Umwälzungsprozesse statt, die vermutlich eine Ursache des Magnetfeldes der Erde sind.

innerer Erdkern
- Die Temperatur steigt auf etwa 6000 °C.
- Er besteht aus Nickel und Eisen und besitzt eine extrem hohe Dichte.
- Er ist fest, weil der extrem hohe Druck das Schmelzen verhindert.

M 4 Der Schalenaufbau der Erde

Wusstest du schon ...

... dass die tiefste Bohrung der Welt 1989 auf der russischen Halbinsel Kola (Kola-Bohrung) in der Nähe der Kleinstadt Sapoljarny erfolgte? Erreicht wurde eine Teufe (Tiefe) von 12 262 Metern.

„Nach Betrachten der Weltkarte ist mir ein Gedanke gekommen: Passt nicht die Ostküste Südamerikas genau zur Westküste Afrikas?"

M1 A. Wegener

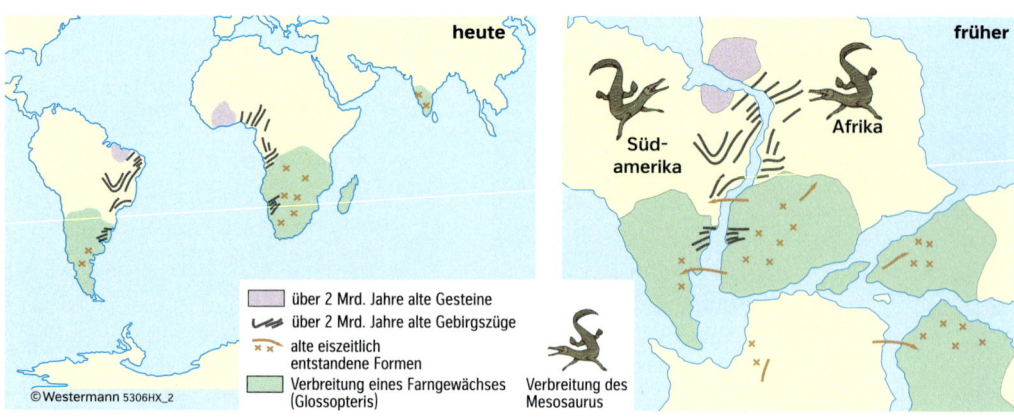

M2 Was Alfred Wegener verwunderte

Platten und Plattenbewegungen

Der Deutsche Forscher Alfred Wegener (1880 – 1939) äußerte als erster die Idee, dass Kontinente wie Puzzleteile zusammenpassen. Er veröffentlichte 1912 seine Theorie der **Kontinentalverschiebung**. Demnach zerbrach der Urkontinent Pangäa vor vielen Millionen Jahren (M3). Aber erst in den 1960er-Jahren wurde erkannt, dass auch die Kontinente Teile von Platten sind (M6).

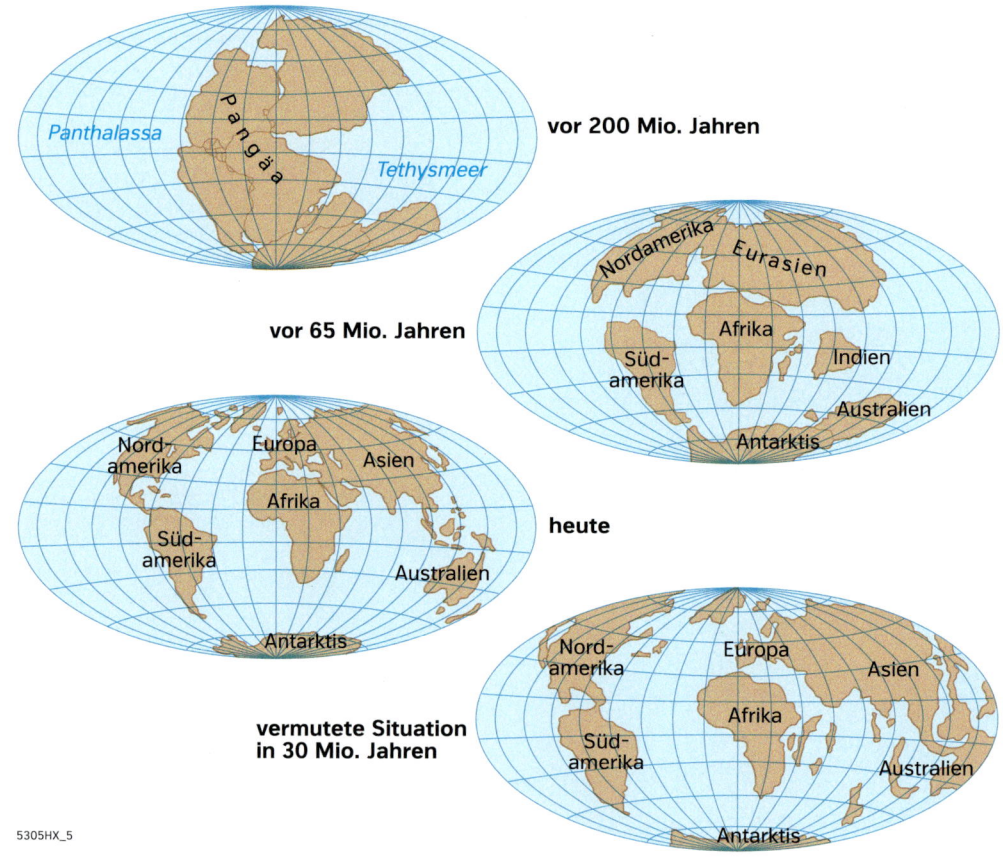

M3 Kontinente wandern

158

3 Raumprägung

① Platten bewegen sich voneinander weg
Am System der 60 000 km langen, erdumspannenden **mittelozeanischen Rücken** weichen Platten auseinander. In der Scheitelregion dieser meist untermeerischen Hochgebirge existiert ein tiefer Graben. In diesen **Rift Valleys** dringen Schmelzen aus der Asthenosphäre hoch und bilden neue, symmetrisch aufgebaute ozeanische Kruste. Durch dieses **Seafloor-spreading** entfernen sich z. B. Amerika und Europa pro Jahr um wenige Zentimeter voneinander.

② Platten bewegen sich aufeinander zu
Der Produktion neuer Lithosphäre muss ein Recycling entgegenwirken, sonst wäre die Erde längst aus der Form geraten. Diese Abbauprozesse finden an **Tiefseerinnen** statt, wo sich zwei Platten aufeinander zubewegen. Das Abtauchen der schwereren unter die leichtere Platte nennt man **Subduktion**. Dabei entladen sich Spannungen in heftigen Erdbeben. Außerdem kommt es an **Subduktionszonen** zu explosivem Vulkanismus und Gebirgsbildung.

③ Platten bewegen sich aneinander vorbei
Im Bereich von Bruchzonen, sogenannten **Transformstörungen**, gleiten Platten aneinander vorbei, ohne dass Erdkruste zerstört oder neu gebildet wird. Wenn die Spannung zwischen den starren Krustenblöcken zu groß wird, entlädt sie sich ruckartig und hinterlässt **Verwerfungen**, das sind bis zu mehrere Meter große Versetzungen von Gesteinspaketen. Diese Zonen sind wegen ihrer starken Erdbebentätigkeit sehr gefürchtet.

M 4 Prozesse an Plattenrändern   **M 4** An Plattenrändern

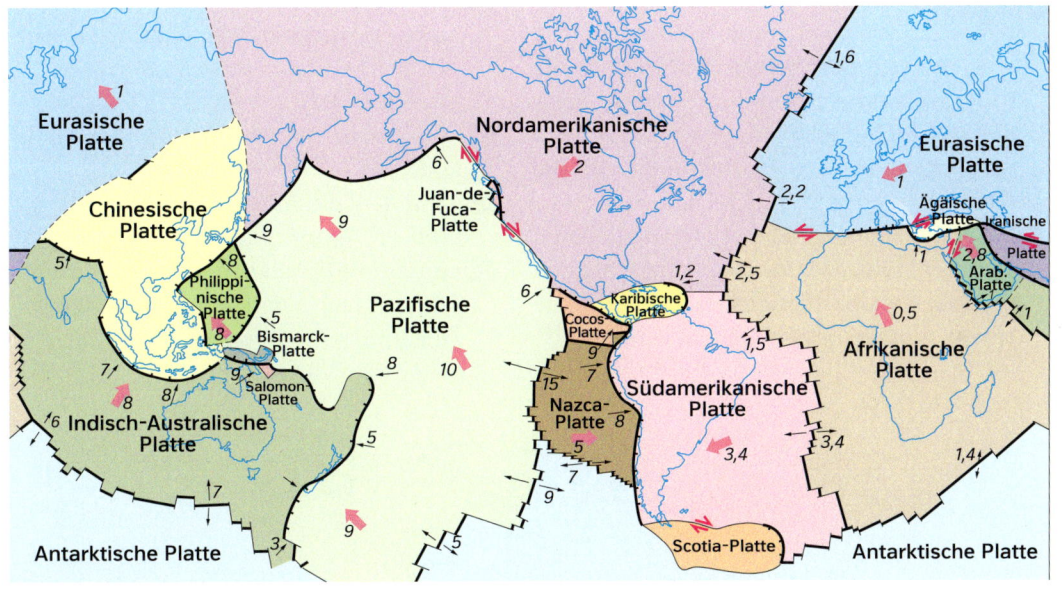

M 5 Plattenpuzzle der Erde

AUFGABEN

1. Fasse die Erkenntnisse Alfred Wegeners zusammen (M1, M2).
2. Beschreibe die Entwicklung der Kontinente (M3).
3. a) Ordne die Texte ①–③ den Abbildungen Ⓐ–Ⓒ zu (M6).
   b) Erkläre die Vorgänge an den Plattenrändern.
   c) Erkläre die Verteilung von Erdbeben und Vulkanismus auf der Erde (M5).

M1 Umbrien/Italien 2016: vor und nach einem Erdbeben

Erdbeben – Zerstörung in Sekunden

Millionen Menschen leben im Mittelmeerraum in ständiger Angst vor einem **Erdbeben**. Diese gewaltigen Naturereignisse ereignen sich dort immer wieder. Doch die Experten sind sich einig darin, dass zwar die Wahrscheinlichkeit eines Erdbebens voraussagbar ist – der Zeitpunkt und die Auswirkungen sind es jedoch nicht.

Die Folgen der Erdbeben hängen vor allem von ihrer Stärke, der Bevölkerungsdichte und der Bausubstanz ab. Gebäude können heute bereits erdbebensicher gebaut werden.

AUFGABEN

1. Beschreibe das Ausmaß des Erdbebens in Umbrien (M1).
2. „Millionen Menschen leben im Mittelmeerraum in ständiger Angst vor einem Erdbeben". Nimm Stellung zu dieser Aussage (M2).
3. Erkläre die Entstehung von Erdbeben (M3).
4. Erläutere die Erdbebenmessung (M5 – M7).
5. Bestimme anhand der Richterskala die Auswirkungen der Erdbeben im Mittelmeerraum (M4, M6).

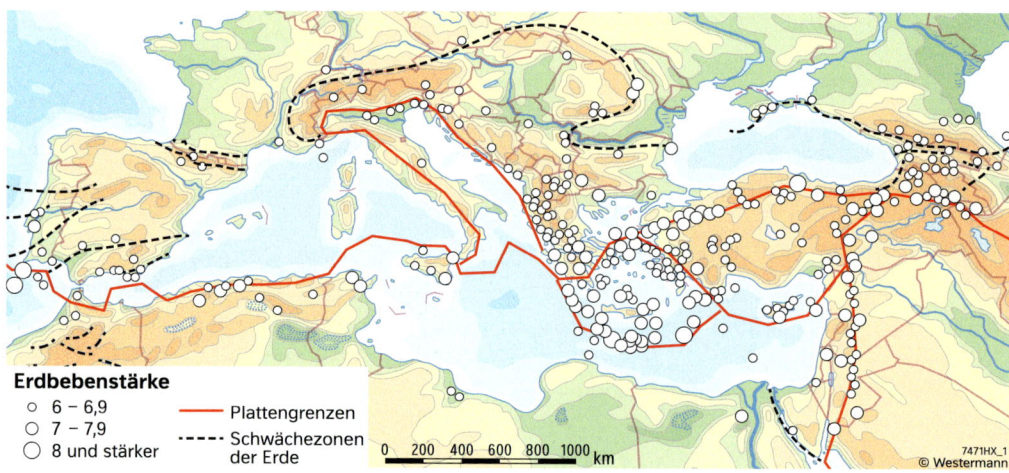

Erdbebenstärke
- ○ 6 – 6,9
- ○ 7 – 7,9
- ○ 8 und stärker
- — Plattengrenzen
- - - - Schwächezonen der Erde

M2 Erdbeben im Mittelmeerraum in den vergangenen Jahrhunderten

3 Raumprägung

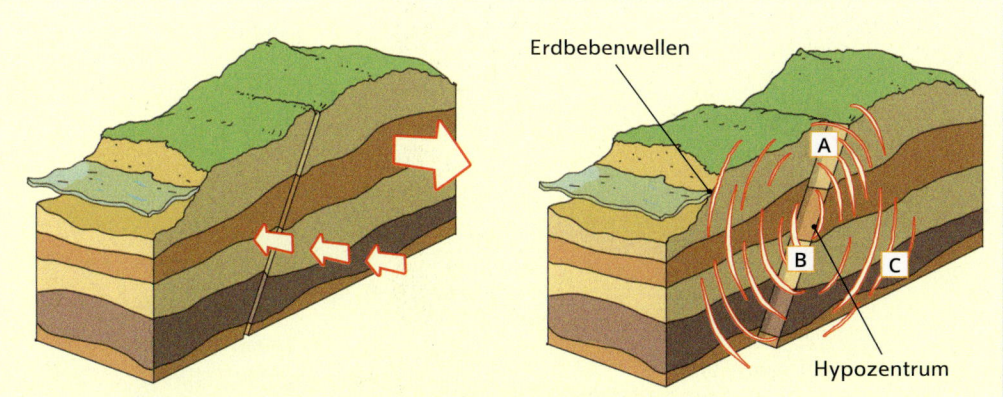

Stoßen Kontinente aufeinander oder bewegen sich aneinander vorbei, dann verhaken sie sich oft. Schließlich löst sich die Spannung meist ruckartig und es werden gewaltige Kräfte frei. Es kommt zu heftigen Erschütterungen und die Erde bebt.
Der eigentliche Erdbebenherd liegt dabei zwischen etwa 5 bis 700 Kilometer Tiefe. Er wird auch **Hypozentrum** genannt. Von ihm breiten sich **Erdbebenwellen** in alle Richtungen aus. Der Ort an der Oberfläche über dem Erdbebenzentrum wird als **Epizentrum** bezeichnet. Hier sind die Erschütterungen und die Schäden an Gebäuden am stärksten.

M3 Entstehung von Erdbeben

Jahr	Region	Erdbebenstärke	Tote
2003	Türkei	6,3	177
2003	Algerien	6,8	2266
2004	Marokko	6,4	631
2005	Türkei	5,8	0
2009	Italien	6,3	300
2010	Türkei	6,1	51
2010	Serbien	5,3	2
2011	Spanien	5,1	9
2011	Türkei	7,2	> 600
2012	Italien	6,1	7
2012	Italien	5,8	20
2014	Griechenland	5,7	0
2015	Kreta	6,1	0
2016	Italien	6,2	299

M4 Starke Erdbeben im Mittelmeerraum

Auswirkungen	Stärke auf der Richterskala
nur durch Instrumente nachweisbar	1
kaum spürbar	2
vor allem von ruhenden Menschen bemerkt	3
in Häusern spürbar, Fenster klirren, Gegenstände schwanken	3,5 – 4
Menschen werden im Schlaf aufgeweckt, Türen schlagen	5
Möbel können sich verschieben, leichte Gebäudeschäden	5,3 – 5,9
deutlich spürbare Erschütterungen, mäßige Gebäudeschäden, Kamine stürzen ein	6,0 – 6,9
große Schäden an Gebäuden, Bäume schwanken, Felsen stürzen ein	7,0 – 7,3
Gebäudezerstörungen, Bodenrisse, Erdrutsche	7,4 – 7,7
Verwüstungen, bis zu 1 m breite Bodenspalten, Schienen verbogen, Dämme und Deiche beschädigt	7,8 – 8,4
nahezu alle Gebäude zerstört, Rutschungen, breite Bodenspalten in Straßen	8,5 – 8,9
völlige Zerstörung von Gebäuden und landschaftsverändernde Zerstörungen	ab 9

M6 Erdbebenschäden auf der Richterskala

Erdbeben werden mithilfe eines **Seismographen** (M7) gemessen. Weltweit messen etwa 10 000 solcher Geräte die Bewegungen im Inneren der Erde. Mehrmals täglich finden Erdbeben an den unterschiedlichen Stellen statt. Die Stärke eines Bebens wird auf der **Richterskala** (M6) angegeben.

M5 Erdbebenmessung

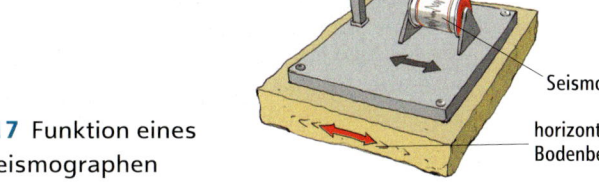

M7 Funktion eines Seismographen

M1 Oberrheingraben bei Freiburg im Breisgau (im Hintergrund die Vogesen)

M2 Entstehung eines Grabenbruchs im Modell

Erdbeben in Deutschland – der Oberrheingraben

Mit Erdbeben leben müssen auch die Menschen am Oberrhein. Die Erde bebt in diesem Raum täglich, doch die Mehrzahl der Erdstöße liegt unter der Wahrnehmungsschwelle (siehe S. 161). Manchmal aber sind die Erschütterungen sekundenlang als dumpfes Grollen oder lautes Knallen zu hören. Wenn der Boden erzittert, klirren sogar die Gläser im Schrank, die Betten schwanken und in den Gemäuern von Gebäuden entstehen Risse (M6).

Für Seismologen sind die Erdbeben keine Überraschung, denn die Region ist Teil einer **geologischen Schwächezone**, die sich als Grabenbruch durch ganz Europa zieht.

> „Vor langer Zeit nahm ein großes Gebirge den gesamten Raum des Schwarzwaldes im Osten, der Vogesen im Westen und der Rheinebene dazwischen ein. Regenwasser, Temperaturwechsel, Flüsse und andere Kräfte wirkten auf dieses Gebirge ein. Sie trugen es ab und verwandelten es in ein flachwelliges Hügelland. Anschließend überfluteten Meere diese Region. Viele abgestorbene Muscheln und Meerestiere lagerten sich am Meeresgrund ab.
> Seit etwa 150 Millionen Jahren dehnt sich in dieser Region die Erdoberfläche. Der Teil in der Mitte sank in die Tiefe. Ein **Grabenbruch** entstand. Die Kräfte, die dafür sorgten, stammen aus dem Erdinneren. Auch heute noch sind sie zu spüren. Bei Karlsruhe senkt sich die Erde jedes Jahr um 0,5 Millimeter. Und auch die Erde bebt."

M3 Ein Geologe berichtet

AUFGABEN

1. Stelle die Erdbebengefahr für die Region des Oberrheingrabens dar (M5–M8).
2. Fasse die Entstehung des Oberrheingrabens mit eigenen Worten zusammen (M2–M5).
3. Erkläre die Erdbebenhäufigkeit in der Region des Oberrheingrabens (M3, M7 M8).
4. Der Oberrheingraben gehört zu einem riesigen Grabenbruchsystem vom Oslofjord bis zu den Ostafrikanischen Gräben. Erläutere dies (M8).

3 Raumprägung

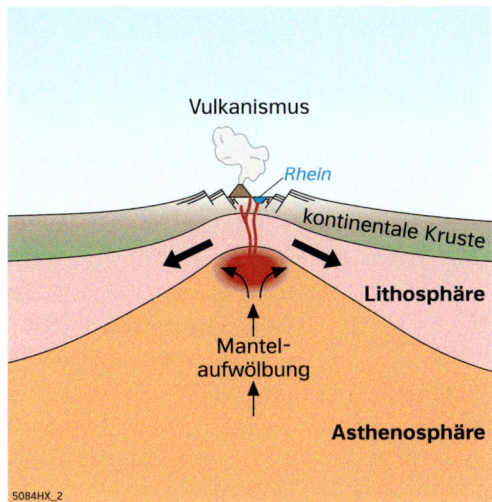

M4 Querschnitt durch einen Grabenbruch

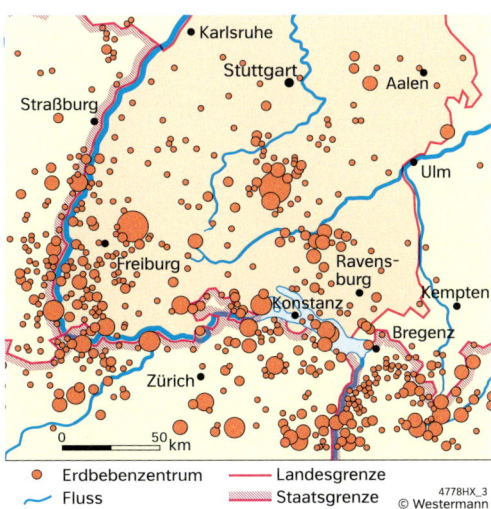

M7 Epizentren von 1973 bis 2019

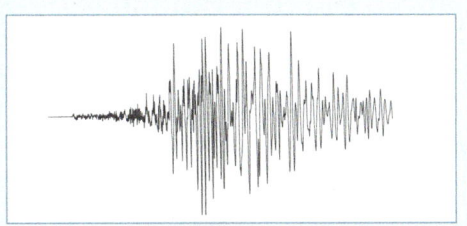

"Samstag, 22. Februar 2003, 22:41 Uhr: Drei bis vier Sekunden lang bebte die Erde, Dächer wackelten, Kamine stürzten ein, Fenster klirrten, Mauern bekamen Risse, zahlreiche Menschen liefen verstört auf die Straße. In Straßburg, wo das Erdbeben besonders heftig war, flohen 1000 Besucher Hals über Kopf aus dem Opernhaus."

M5 Zeitungsmeldung vom 22.2.2003

M6 Erdbebenschaden bei Freiburg

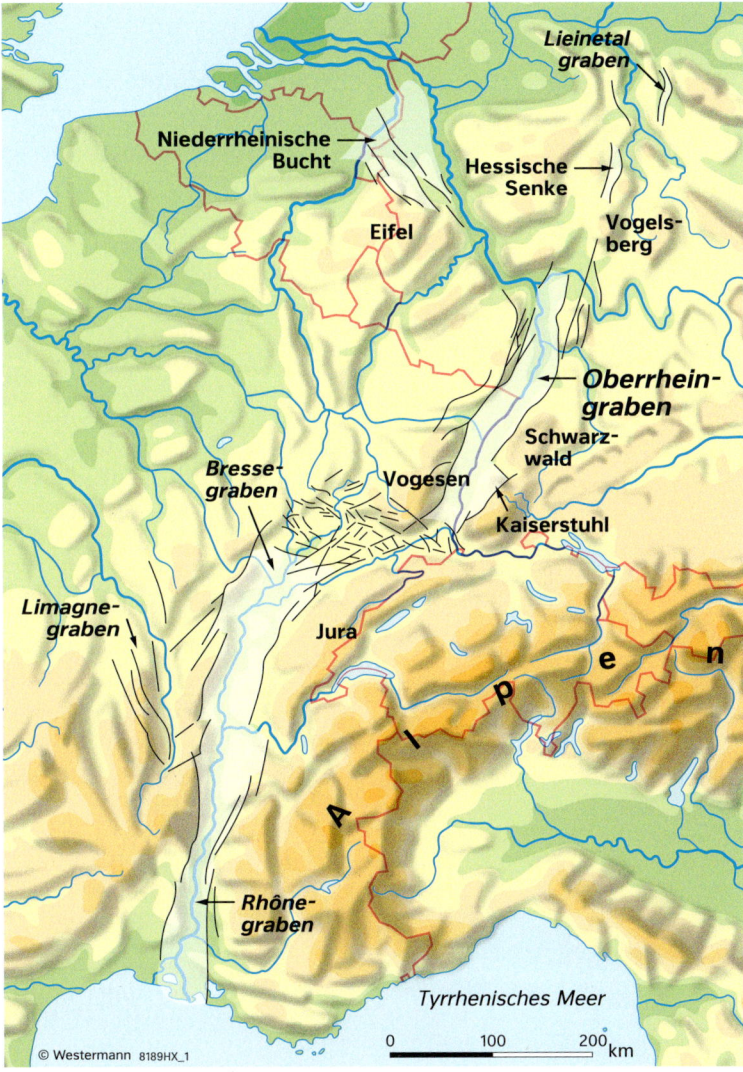

M8 Das europäische Grabenbruchsystem

METHODE

Wir werten einen Sachtext aus

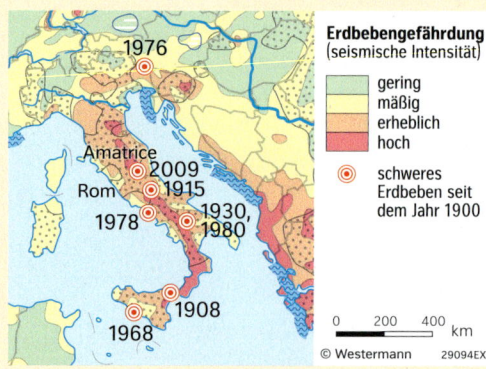

M1 Karte zur Erdbebengefahr in Italien

Sachtexte sind im Fach Erdkunde sehr wichtige Materialien. Sie liefern zu einem Thema oft wichtige Informationen.
Egal ob aus Büchern, Zeitungen oder dem Internet, wichtig ist die richtige Auswertung der Texte. Die Arbeitsschritte des Methodenkastens auf Seite 165 helfen dir, einen Sachtext schnell und erfolgreich zu bearbeiten. An dem Beispieltext zum Erdbeben in Italien (M2) kannst du die einzelnen Arbeitsschritte nachvollziehen.

Von einer Minute auf die andere plötzlich obdachlos

Schweres Erdbeben erschüttert Mittelitalien am 30. Oktober 2016

„Es war furchtbar. An den 30. Oktober 2016 werde ich mich mein Leben lang erinnern. Ein schwarzer Tag, den ich am liebsten vergessen würde. In dem einen Moment war noch alles in Ordnung, wir lachten, aßen und unterhielten uns. Dann kam plötzlich ein kräftiges

Auswirkungen des Bebens

Erdbeben und erschütterte unser Land. Die Erde bebte heftig, man konnte sich nicht mehr auf den Beinen halten, Panik brach aus. Bäume stürzten um, Häuser zerfielen, als würden sie aus Pappe bestehen, Autos wurden zertrümmert, überall hörte man die panischen Schreie der Menschen. Ich selber wusste nicht, wo ich Schutz vor den fliegenden Trümmerteilen finden konnte! Ich wurde von einem Moment auf den anderen plötzlich obdachlos. Mein Haus ist komplett zerstört, ich habe alles verloren! Unsere Regierung geht von ca. 40 000 Obdachlosen aus. Ich lebe momentan mit mehr als 15 000 Menschen in den Lagern des Zivilschutzes. Wir alle haben unser zuhause verloren und wissen vorerst nicht weiter. Erst im

Erdbebenreiche Region

August gab es bei Amatrice ein Erdbeben, bei dem 300 Menschen starben. Dieses am Sonntag war aber wesentlich stärker. Es hatte die Stärke von 6,5. Ein Wunder, dass bei diesem Beben niemand

Überlebenschancen

gestorben ist! 1980 forderte das Beben rund 2900 Menschenleben. Keine Toten, Gott sei Dank, aber unzählige Menschen ohne ein Dach über den Kopf, die alles verloren haben."

Zukunftsprognose?

Zwar keine Toten, jedoch Tausende betroffen

wiederholt ein starkes Beben

Zukunft der Menschen ist ungewiss

M2 Plötzlich obdachlos – ein Augenzeuge berichtet

Einen Sachtext auswerten

Schritt 1: Überfliegen
- Überfliege den Text und verschaffe dir einen Überblick.
- Beachte Überschriften, fett gedruckte Wörter oder Bilder und Grafiken.

Schritt 2: Genaues Lesen
- Lies den Text noch einmal langsam.
- Markiere Schlüsselbegriffe oder wichtige Aussagen.
- Kläre unbekannte Begriffe.

Schritt 3: Notizen zum Text
- Mache Notizen am Rand: links um Textabschnitten Zwischenüberschriften zu geben, die rechte Randspalte kann für Anmerkungen genutzt werden.

Schritt 4: Text zusammenfassen
- Erstelle mithilfe der Schlüsselbegriffe eine Mindmap oder eine Zusammenfassung des Textes: Was wollte der Verfasser (vgl. Quellenangabe am Ende des Textes) aussagen?

„Am 16. September 2021 ist es im Südwesten Chinas zu einem starken Erdbeben gekommen: Häuser zerfielen und viele Straßen wurden durch den bebenden Boden zerstört. In den Nachrichten wird von einer Stärke von 6,0 auf der Richterskala berichtet. In China ist dies keine Seltenheit: es kommt regelmäßig zu Erdbeben, vor allem in den bergigen Regionen im Westen und Südwesten Chinas. Grund dafür ist, dass in der Region um die Provinz Yunnan die Indische und Eurasische Platte aufeinandertreffen. Betroffen hiervon sind mehr als 100 000 Menschen, die in dieser Region leben. So sind im Jahr 2008 in Sichuan insgesamt 87 000 Menschen bei einem Beben der Stärke, 7,9 gestorben, im Jahr 2010 waren es rund 3 000 Tote in der Provinz Qinghai bei einer Bebenstärke von 6,9.
Bei dem heutigen Beben kamen zwei Menschen ums Leben, weitere 60 wurden verletzt, 10 000 Menschen mussten in Notunterkünfte gebracht werden. Insgesamt wurden laut Regierung 7 000 Gebäude beschädigt, 737 Häuser stürzten komplett ein, Stromausfälle traten vielerorts auf. Die Aufräumarbeiten, um große Trümmer und Schutt von den Straßen freizuräumen, werden noch Tage andauern."

M 3 Zeitungsartikel zur selbstständigen Textauswertung

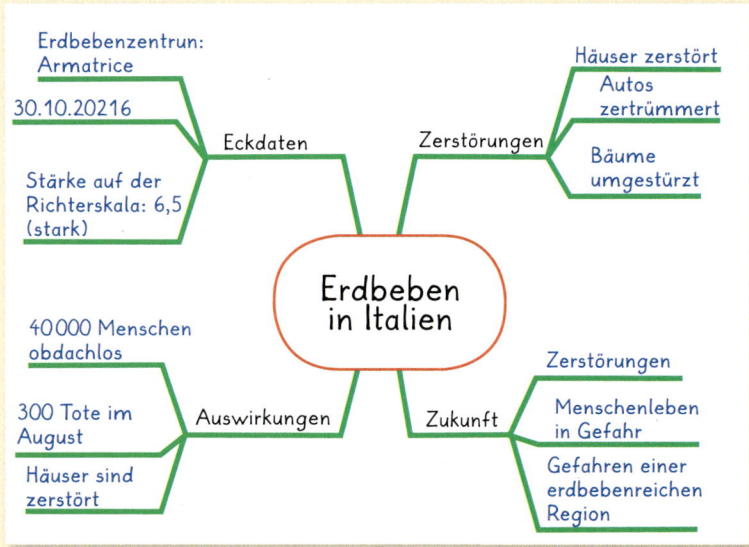

M 4 Mindmap zum Text M1

AUFGABEN

1. Verorte auf der Karte M1 Regionen, die von Erdbeben betroffen sind.
2. Vergleiche den Sachtext über das Erdbeben in Italien (M2) und die Mindmap (M4).
3. Werte den Sachtext in M3 mithilfe des Methodenkastens aus. Erstelle bei Schritt 4 eine Mindmap oder schreibe eine Zusammenfassung des Textes.

M1 Tsunami vor der japanischen Küste

M3 Nach dem Tsunami

Tsunami – Urgewalt aus der Tiefe

Jedes Jahr treten weltweit etwa 10 **Tsunamis** auf. Das Wort stammt aus dem Japanischen und bedeutet „große Hafenwelle". Die meisten Tsunamis verlaufen unbemerkt in den Ozeanen. Sie entstehen durch einen ruckartigen Stoß der Wassersäule im Meer nach oben oder unten. Dieser kann zum Beispiel durch Seebeben verursacht werden. Dadurch können sich an den Küsten gewaltige Wellen auftürmen (M1). Ein Beispiel ist der Tsunami vor Japan im Jahr 2011.

"Atomkraftwerk außer Kontrolle – Katastrophe in Fukushima" (14.03.2011)

"Strahlenbelastung in Japan steigt, Trinkwasser belastet" (16.03.2011)

M2 Zeitungsmeldungen nach dem Tsunami 2011 in Japan

„Nach der Tragödie haben wir Menschen in der Katastrophenregion uns nach Normalität gesehnt. Aber das war sehr schwer. Viele Familien haben Angehörige verloren. Wir versuchten, unser Leben neu zu ordnen. Insgesamt sind fast 20 000 Menschen gestorben, viele wurden vermisst. 80 000 Bewohner in Nordostjapan hatten ihre Häuser verloren oder mussten fliehen, in beengte Wohnungen, zu Verwandten oder in Notunterkünfte. Die Region ist durch die Katastrophe im Atomkraftwerk Fukushima ein fast unbewohntes Niemandsland geworden. Die Regierung hat uns zwar geholfen, mit Geld und beim Wiederaufbau, aber als ehemaliges Touristenziel sind wir am Ende. Die Leute wollen hier keinen Urlaub mehr machen."

M4 Eine Überlebende des Tsunamis in Japan 2011 berichtet

AUFGABEN

1. Beschreibe die Auswirkungen des Tsunamis in Japan 2011 (M1–M4).
2. Beschreibe die Bewegung der Pazifischen Platte und der Philippinischen Platte vor der Ostküste Japans (M6, siehe S. 158/159).
3. Nenne Gebiete, in denen Tsunamis häufig vorkommen (M8, Atlas).
4. Erkläre den Ablauf des Tsunamis vor Japan (M5). ↗
5. Begründe die Wichtigkeit eines Tsunami-Frühwarnsystems (M7).
6. Diskutiert in der Klasse die Notwendigkeit eines Tsunami-Warnschildes (M9).

3 Raumprägung

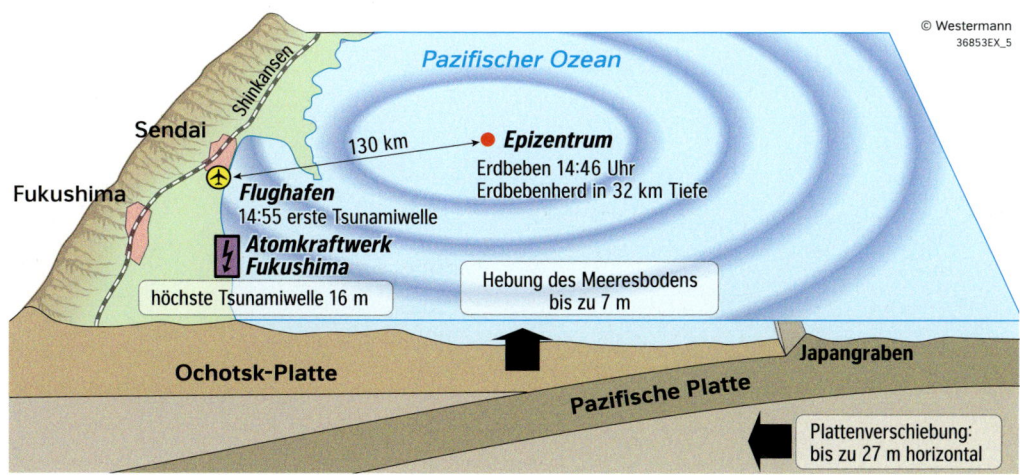

M5 Entstehung des Tsunamis vor Japan 2011

M9 Tsunami-Warnschild

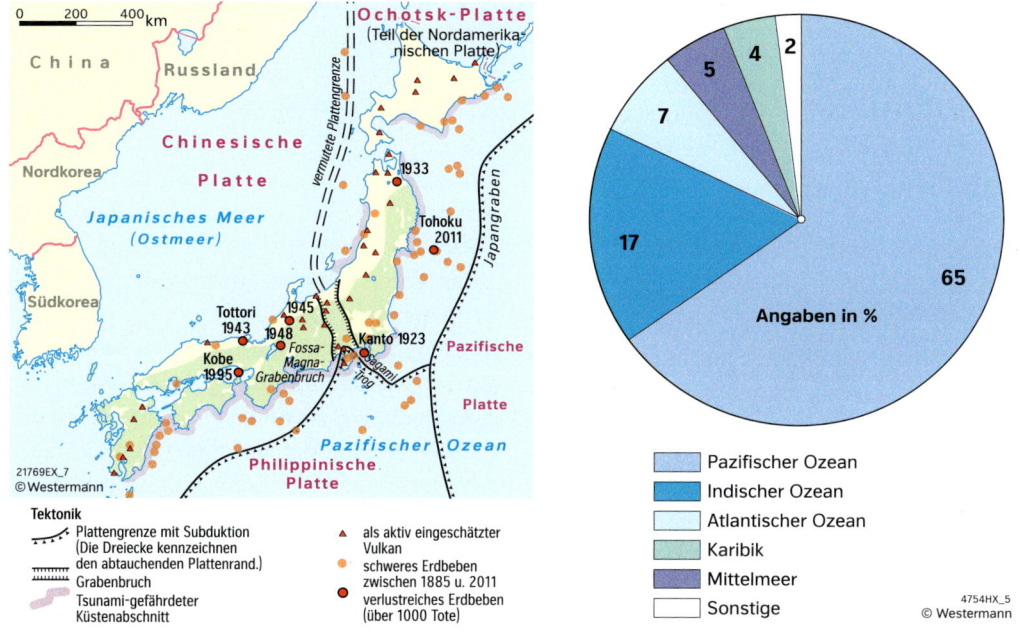

M6 Plattengrenzen und Erdbebensituation in Japan

M8 Weltweite Verteilung von Tsunamis

Bei einem Tsunami-Frühwarnsystem messen mit Satelliten über Funk verbundene Bojen auf den Ozeanen zentimetergenau die Verschiebung des Meeresbodens. So können Tsunamis frühzeitig erkannt werden. Die Bevölkerung wird bald darauf gewarnt. Die Tsunamiwarnung beim Seebeben vor Japan 2011 erfolgte in weniger als einer Minute nach dem Beben. 10 bis 20 Minuten später traf der Tsunami ein.

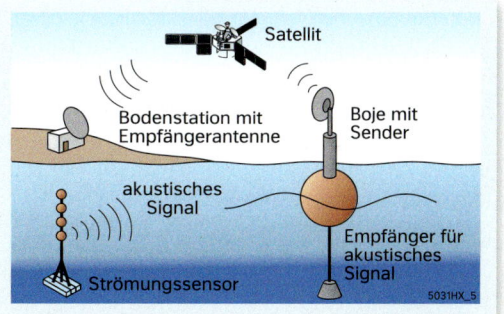

M7 Tsunami-Frühwarnsystem

WES-101570-167

167

M1 Rückhaltemauern am Vulkan Unzen (Japan), um Lavaströme abzulenken

Schutzmaßnahmen – Vulkane und Erdbeben

„Ich bin Bauer mit Leib und Seele und am Fuße eines Vulkans aufgewachsen. Der Vulkan ermöglicht es erst, dass hier Obst und Gemüse gedeihen. Die Vulkanböden eignen sich besonders gut für die landwirtschaftliche Nutzung. Sie sind nämlich sehr fruchtbar und speichern hervorragend das Wasser. Diese günstigen Bedingungen sichern mir hohe Erträge.
Leider passierte es mir aber schon, dass ein Vulkanausbruch Teile meiner Plantage beschädigte. Mit meiner Familie konnten wir die Schäden jedoch zu großen Teilen beseitigen.
Mein Vater erzählte mir, dass unser Vulkan von Wissenschaftlern ständig beobachtet wird. Sie können oft voraussagen, wann der Vulkan ausbricht und wo Schutzvorkehrungen nötig sind. Doch leider können Menschen und Tiere nicht immer geschützt werden. An einem Vulkan zu leben bedeutet also immer auch, mit Gefahren umzugehen."

M2 Ein Bauer am Vulkan Unzen berichtet

Aufgrund der Auswirkungen von Vulkanausbrüchen und Erdbeben ist es wichtig, sie voraussagen zu können. Bei Vulkanausbrüchen ist dies schon oft gelungen, bei Erdbeben nur sehr selten.
Vor einem Vulkanausbruch kommt es häufig zu kleinen Erdbeben. Diese können mit Seismographen gemessen werden (siehe. S. 160/161) Zudem verändert sich die Temperatur und Zusammensetzung der Gase aus dem Vulkan. Dies kann mit Messgeräten nachgewiesen werden. Auch dehnt sich die Oberfläche eines Vulkans aus, was mit Satelliten gemessen wird.
Die Vorgänge, die zu einem Erdbeben führen, gehen meist so plötzlich vor sich, dass es schwierig ist, sie rechtzeitig anzuzeigen. Es ist jedoch möglich, besonders erdbebengefährdete Gebiete auszuweisen.

AUFGABEN

1 *Erläutere Maßnahmen zum Schutz vor Erdbeben und Vulkanausbrüchen (M1, M3 – M5).*
2 *Menschen siedeln oft in Gebieten, die durch Erdbeben oder Vulkanausbrüche gefährdet sind (M2, Atlas). Begründe.*

3 Raumprägung

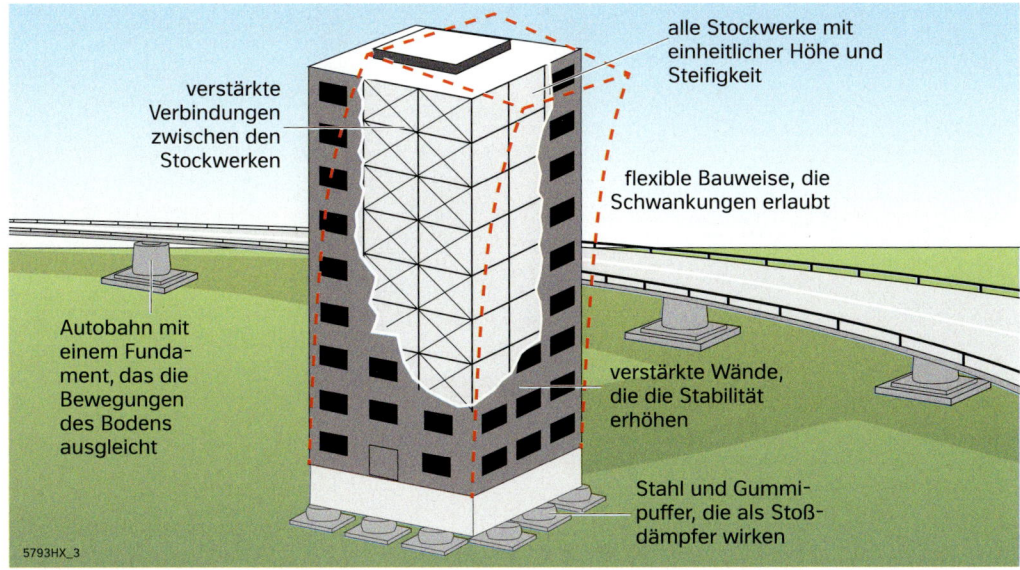

M 3 Erdbebensicheres Bauen senkt die Einsturzgefahr von Gebäuden und ermöglicht sichere Fluchtwege

- Ruhe bewahren und Panik vermeiden, nicht aus dem Fenster / vom Balkon springen;
- Schutz unter schwerem Möbelstück (z. B. Tisch) bzw. stabilem Türrahmen suchen oder auf den Boden legen und Kopf schützen;
- Nähe zu Fenstern meiden;
- Gebäude nicht während des Erdbebens verlassen;
- Radio einschalten und Anweisungen des Katastrophendienstes verfolgen;
- bei Aufenthalt im Freien: Aufsuchen von freien Plätzen entfernt von Gebäuden / Stromleitungen

M 4 Hinweise zum Verhalten bei Erdbeben

M 5 Erdbebenschutzübung in Japan

Wusstest du schon…

… dass man schon im antiken Rom erdbebensicheres Bauen kannte?

Mit einem speziellen Baustoff, dem opus caementicium, einer Art Beton, haben die Baumeister ihre Gebäude erdbebensicher gemacht. Für ihren Spezialbeton, der den Bauwerken zu besonderer Stabilität verholfen hat, verwendeten sie Sand, Kalk und Vulkanasche. So konnten diese Gebäude im Laufe von fast zwei Jahrtausenden vielen Erdbeben trotzen.

M1 Das Matterhorn

Die Alpen – ein junges Hochgebirge

Die **Alpen** sind Europas größtes und höchstes Gebirge. Das Hochgebirge erstreckt sich in einem Bogen über mehr als 1200 Kilometer. Es reicht von der Mittelmeerküste bei Nizza in Frankreich bis in die Nähe von Wien in Österreich. Der Mont Blanc ist mit 4810 Metern der höchste Berg der Alpen. Selbst im Sommer liegt auf ihm noch Schnee.

AUFGABEN

1. *Die Alpen gelten als Hochgebirge. Erkläre die Aussage mithilfe des Fotos vom Matterhorn (M1).*
2. *Beschreibe die Alpenentstehung (M4, M5).* ↗
3. *Erkläre die versteinerten Pflanzen und Tiere großer Höhe (M3, M4).*
4. *Die Form und Gestalt der Schweiz verändert sich noch heute. Erkläre diese Aussage (M2).*

„Hätten wir vor 150 Millionen Jahren an dieser Stelle gestanden, so wären wir unter dem Meeresspiegel gewesen. Damals war Südeuropa von einem Meer bedeckt. Schutt wurde durch die Flüsse und Bäche ins Meer transportiert. Im Meer lebten viele Meeresbewohner (wie z. B. Muscheln) und Pflanzen. Wenn sie starben, lagerten sie sich auf dem Meeresgrund ab.
Das hohe Gewicht des Meerwassers und die immer mächtiger werdenden Schichten aus Tieren, Pflanzen und Schutt wandelten beispielsweise die Kalkschalen der Muscheln in **Kalkstein** um. Dieser Vorgang dauerte Millionen von Jahren.
Seit mehreren Millionen Jahren bewegt sich auch die Afrikanische Platte auf die Eurasische Platte in Richtung Norden zu. Dieser Schub faltete die Alpen auf. Auch die ehemaligen Meeresablagerungen wurden immer weiter nach oben geschoben. Noch heute findet dieser Vorgang statt."

M3 Ein Alpenforscher berichtet

Der Mont Blanc ist 3,40 Meter höher als bisher angenommen. Eine neue Messung ergab, dass der höchste Berg der Alpen 4810,4 Meter und nicht nur 4807 Meter misst. Der französische Geologieprofessor Alain Morel wies zudem darauf hin, dass der Mont Blanc, wie die gesamten Alpen, jährlich um weitere zwei bis drei Millimeter wächst.

M2 Der höchste Berg der Alpen wächst weiter

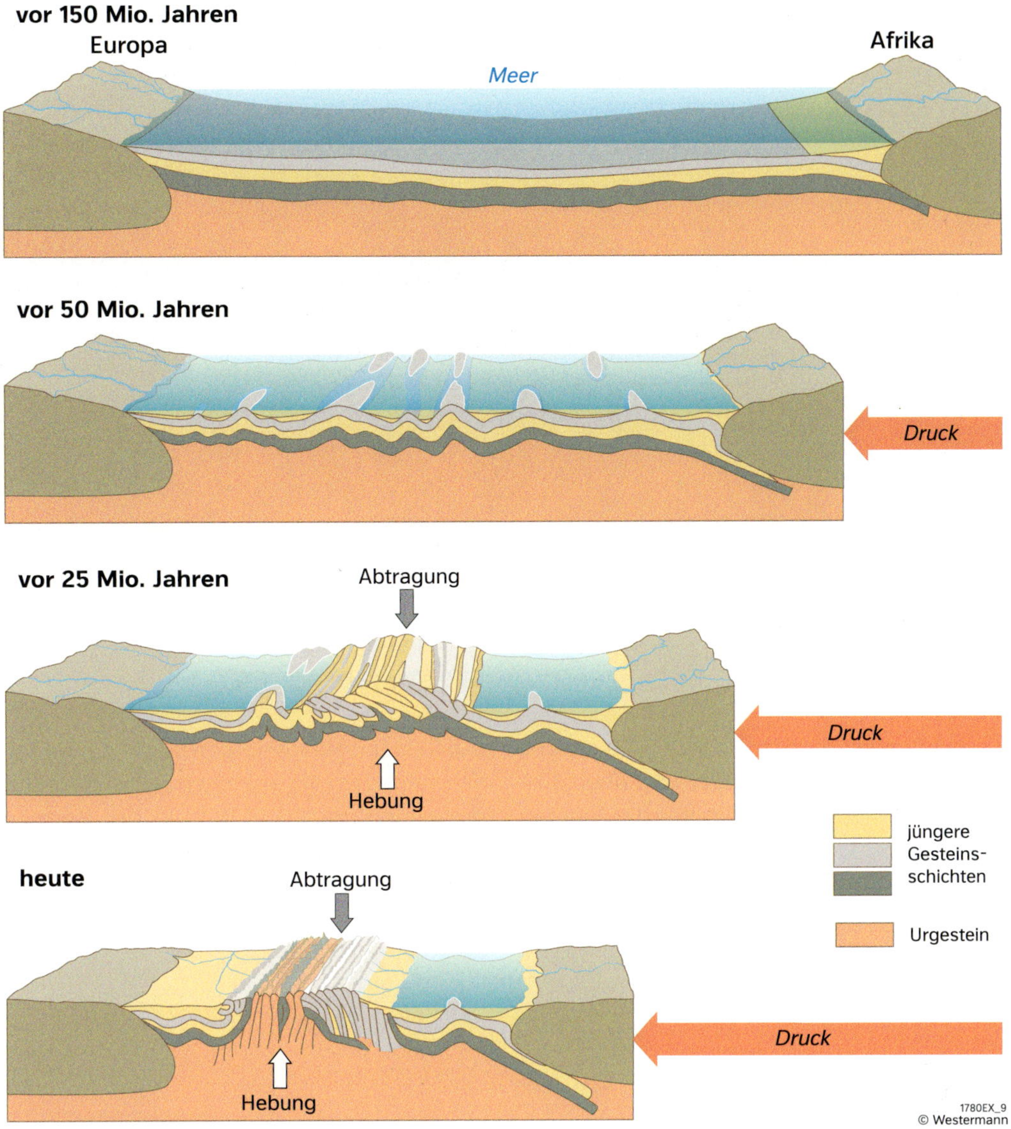

3 Raumprägung

vor 150 Mio. Jahren
Europa — Meer — Afrika

vor 50 Mio. Jahren
Druck

vor 25 Mio. Jahren
Abtragung
Hebung
Druck

jüngere Gesteinsschichten
Urgestein

heute
Abtragung
Hebung
Druck

M 4 Die Entstehung der Alpen

Material: bunte Handtücher, Muscheln und Schnecken als Fossilien

Durchführung: Stelle mit dem Material die verschiedenen Phasen der Alpenentstehung aus M4 nach.

M 5 Anleitung für das Experiment

EXTRA

M1 Lage der Schwäbischen Alb in Deutschland

M3 In der Schwäbischen Alb

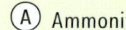 Ammonit

 Belemnit

M2 Fossilien aus dem Jura (siehe S. 177)

Die Schwäbische Alb – ein versteinertes Meer

Ein Ausflug auf die Schwäbische Alb gleicht einer Zeitreise. Sie versetzt uns über 200 Millionen Jahre bis ins Zeitalter der Saurier zurück. Mit etwas Glück kann man im „Jurassic Park Schwäbische Alb" **Fossilien** aus jener Zeit finden. Dies sind vor allem Versteinerungen von tintenfischartigen Lebewesen wie Ammoniten und Belemniten (M2).

Die Gesteinsablagerungen und Fossilien der Schwäbischen Alb stammen aus der Zeit, als die Region noch vom Wasser des warmen Jurameeres bedeckt war. Danach löste das Regen- und Grundwasser über Jahrtausende den Kalk und schuf die höhlenreichste Region Deutschlands.

AUFGABEN

1. Beschreibe die Lage und Abgrenzung der Schwäbischen Alb (M1, Atlas).
2. a) Beschreibe das Foto M3.
   b) Vergleiche M3 und M5.
3. Erkläre die vielen Fossilienfunde auf der Schwäbischen Alb (M2, M4). ↗
4. a) Benenne die Karstformen M7.
   b) Ordne die Karstformen (M7) den Elementen des Blockbildes zu (M5). Begründe deine Entscheidung.
   c) Erkläre kurz die Entstehung der Karstformen (M6, M7).
5. „Die Schwäbische Alb ist ein Gebirge mit vielen Gesichtern." Erläutere diese Aussage.

WES-101570-172

„Vor 180 Millionen Jahren befand sich die heutige Schwäbische Alb am Boden eines flachen, warmen Meeres. Wenn Lebewesen wie Muscheln, Schnecken, Korallen, Fische oder Saurier im Meer starben, sanken ihre Überreste auf den Grund. Mit der Zeit wurden sie von Sand und **Schlick** überdeckt. Durch das Gewicht der übereinanderliegenden Schichten wurden die Ablagerungen zusammengepresst. Sie verfestigten sich zum Beispiel zu Kalkstein. In diesen Kalkschichten blieben die zu Stein gewordenen Pflanzen- und Tierreste bis heute erhalten. So können wir die Überreste der vergangenen Zeit bis heute hin bestaunen."

M4 Ein Geologe berichtet.

3 Raumprägung

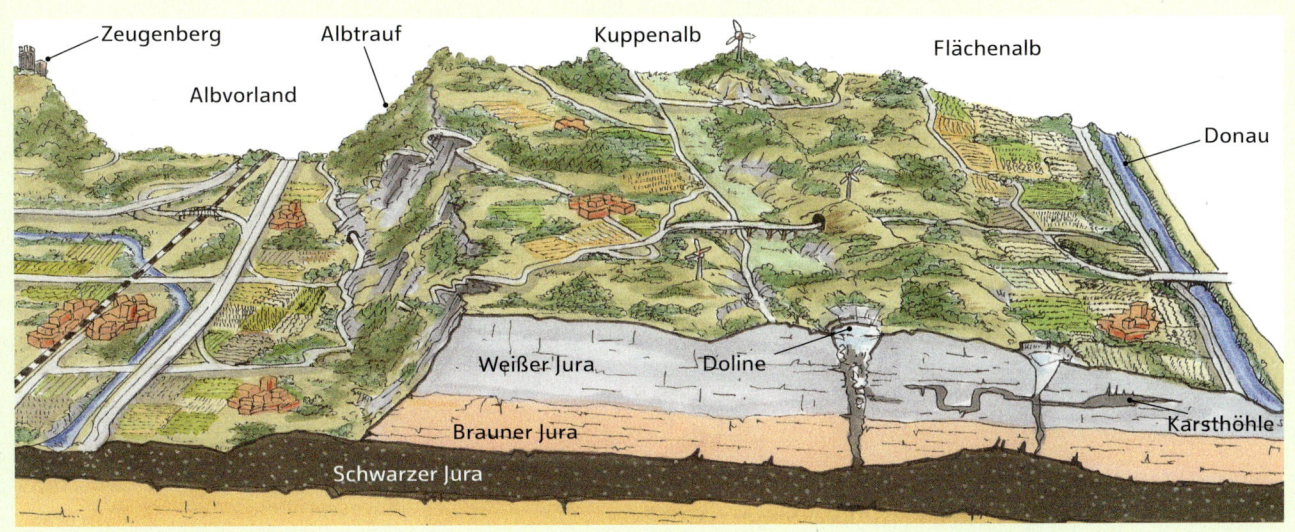

M 5 Die Schwäbische Alb

Das saure Regenwasser enthält Kohlensäure. Es versickert in den Rissen und Klüften des Kalkgesteins der Schwäbischen Alb. Dabei löst es den Kalkstein auf. In Folge entstehen mit der Zeit große Hohlräume und Karsthöhlen (M7).
Die typischen Formen eines Kalkgebirges bezeichnet man als **Karst**. Der Ursprung des Wortes geht auf ein Gebirge in Slowenien zurück, wo man diese Formen sehr stark ausgeprägt findet.
Durch Lösung entstandene trichterförmige Einsenkungen in die Karstgesteinsoberfläche nennt man **Dolinen** (M7). Auch gibt es auf der Schwäbischen Alb Flusstäler, die kein Wasser führen. Sie heißen **Trockentäler**. Die Trockentäler wurden von Schmelzwasserbächen erschaffen. Diese flossen auf der Alb in einer Zeit, die viel kälter war als heute. Die Spalten im Gestein waren während dieser Zeit zugefroren. Man nennt diese Zeit auch **Eiszeit**.
Tropft Wasser von einer Höhlendecke, so kann Kalk zurückbleiben. Tropfsteine entstehen. Man nennt sie Stalaktiten, wenn sie an der Höhlendecke entstehen, und Stalagmiten, wenn sie vom Höhlenboden aus nach oben wachsen. Es dauert Jahrtausende, bis Stalagmit und Stalagtit zu einer Tropfsteinsäule, Stalagnat genannt, zusammengewachsen sind.

M 6 Entstehung der Karstformen

M 7 Karstformen

EXTRA

M1 Lage der Sächsischen Schweiz in Deutschland

M2 Elbsandsteingebirge

Die Sächsische Schweiz – Zeugin intensiver Abtragung

INFO

Sächsische Schweiz
Die Bezeichnung Schweiz wurde früher von Menschen für besonders schöne Landschaften verwendet. Der Ursprung war die Schweiz, die damals für ihre schönen und beeindruckenden Landschaften bekannt war.

Die Sächsische Schweiz ist der deutsche Teil des Elbsandsteingebirges. Sie zählt wegen ihrer bizarren Felsen zu den schönsten Landschaften Deutschlands. Mit Höhen bis zu 562 m ü. M. entspricht die Gebirgslandschaft einem niedrigen Mittelgebirge (bis 1500 m). Die Sächsische Schweiz ist ein einzigartiges Kletterparadies. Im **Nationalpark** unterliegt aber das Klettern strengen Regeln. Es ist nur an ausgewählten, frei stehenden Klettergipfeln über 10 Meter Höhe erlaubt. Viele Kletterfelsen haben einprägsame Namen wie Affensteine, Lokomotive, Mönch oder Höllenhund.

AUFGABEN

1. Beschreibe das Bild M2.
2. Gib mit eigenen Worten die Geschichte der Barbarine wieder (M3).
3. Erkläre den Namen Sächsische Schweiz für das deutsche Elbsandsteingebirge.
4. Erläutere die Entstehung des Elbsandsteingebirges (M4, M5). ↗
5. Nenne Oberflächenformen im Elbsandsteingebirge (M4–M6). ↗
6. Beschreibe die Gefahren beim Klettern im Elbsandsteingebirge (M6).

WES-101570-174

Die Barbarine gilt als ein Wahrzeichen der Sächsischen Schweiz. Die etwa 42,7 Meter hohe **Felsnadel** wurde 1905 erstmals durch Bergsteiger bestiegen. Heute ist sie ein Naturdenkmal.
Der Name des berühmten Felsens leitet sich von einem Mädchennamen ab. Dieses Mädchen sollte der Sage nach an einem Sonntag in die Kirche gehen. Das hatte ihr die Mutter aufgetragen. Stattdessen pflückte sie aber auf dem Pfaffenstein Heidelbeeren. Als die Mutter ihre Tochter dort antraf, verwünschte sie diese im Zorn zu Stein. Barbarine verwandelte sich tatsächlich in ein versteinertes Mädchen, um fortan alle ungehorsamen Kinder zu warnen.

M3 Ein Fels erzählt seine Geschichte.

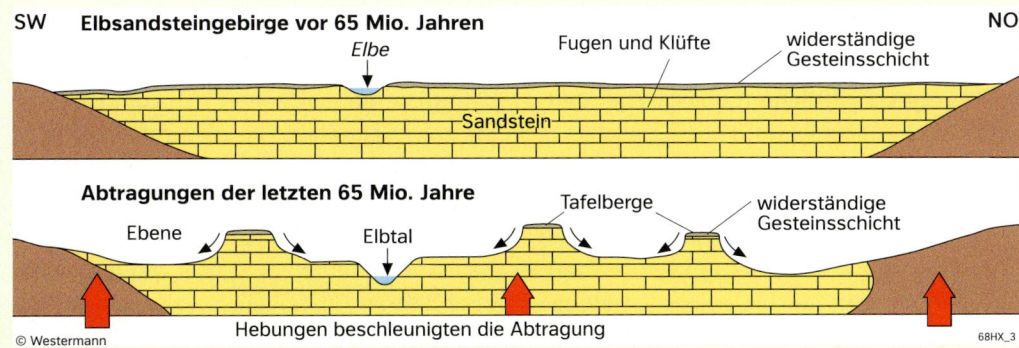

M 4 Die Entstehung des Elbsandsteingebirges

„Alle unsere Kletterfelsen bestehen aus Sandstein. Dieser lagerte sich vor etwa 100 Millionen Jahren am Rande eines großen Meeres ab. Bis zu 600 Meter mächtige Sandschichten verfestigten sich zu einem sogenannten Quadersandstein. Dieser Sandstein gleicht durch seine waagrechten Fugen und senkrechten Klüfte riesigen Backsteinen. Er bietet in seinen Hohlräumen der **Verwitterung** ideale Angriffsflächen.

Die Formen des Elbsandsteingebirges wurden durch die abtragende Kraft der Flüsse sowie des Regenwassers geschaffen. Die Elbe und ihre Nebenflüsse fraßen sich regelrecht in die Landschaft ein und räumten sie aus. Im Laufe der Jahrmillionen entstand aufgrund dieser **Abtragung** eine bizarre Ruinenlandschaft. Wir gliedern die Oberflächenformen im Sandstein in drei Stockwerke: Das sind die Ebenen und Täler, die Tafelberge (M2) wie der Lilienstein und sogenannte Felsen wie die Barbarine (M3).

Das Klettern im Elbsandsteingebirge ist ein Volkssport, aber keineswegs ungefährlich. Stellenweise ist die Gesteinsfestigkeit von einem Haltegriff zum nächsten sehr unterschiedlich. Vor allem bei wenig widerständigem Material hat die Abtragung leichtes Spiel. Die Felswände können dann so stark **absanden**, dass man kaum Halt findet. Sehr langsam, aber unaufhaltbar zerfallen unsere Felsen wieder zu Sand."

M 5 Eine Kletterspezialistin aus der Sächsischen Schweiz erzählt.

M 6 Klettern im Elbsandsteingebirge kann gefährlich sein.

EXTRA

Wir arbeiten mit der erdgeschichtlichen Zeittafel

Eine **erdgeschichtliche** (geologische) **Zeittafel** ist eine Tabelle, in der die Geschichte der Erde zeitlich gegliedert dargestellt wird. Schon vor vielen Jahrhunderten erkannten Forscher, dass sich die Erde seit ihrer Entstehung vor etwa 4,6 Milliarden Jahren ständig verändert: Gebirge entstehen und werden abgetragen, Gesteine werden zusammengepresst, zerstört und entstehen wieder neu. Kontinente reißen auseinander und prallen wieder zusammen und die Lebewesen entwickelten sich vom Einzeller bis zum Säugetier. Um diese vielen Veränderungen zeitlich geordnet und übersichtlich darzustellen, entwickelten Wissenschaftler die erdgeschichtliche Zeittafel. Jüngere Gesteine befinden sich in der Natur zumeist über älteren Gesteinen. So wurde auch die Zeittafel aufgebaut. Die älteren Zeitalter befinden sich unter den jüngeren Zeitaltern. Aber auch die Zeitalter wurden nochmals unterteilt (M2).

Fossilien sind Überreste oder Abdrücke im Gestein von Tieren aus der Erdvergangenheit. Erhalten bleiben oft nur Knochen oder Schalen (z. B. bei Muscheln).
Fossilien können helfen, das Alter eines Gesteins zu bestimmen. Findet man das gleiche Fossil in Gesteinen von verschiedenen Orten der Erde, so sind die Gesteine ungefähr gleich alt.

M1 Fossilien geben Aufschluss über das Alter der Gesteine

Mit der erdgeschichtlichen Zeittafel arbeiten

Schritt 1: Namen für das Ereignis finden
- Benenne den erdgeschichtlichen Vorgang (z. B. Entstehung Steinkohle).

Schritt 2: Zeitalter in Zeittafel zuordnen
- Ordne den erdgeschichtlichen Vorgang in das richtige Zeitalter ein.

Schritt 3: Zeitraum ablesen
- Lies den Zeitraum für das erdgeschichtliche Ereignis ab. Die genaue Benennung eines Jahres ist meist nicht möglich, da die Vorgänge oft mehrere Millionen Jahre umfassen.

Schritt 4: Ins Verhältnis setzen
- Setze den erdgeschichtlichen Vorgang ins Verhältnis zu bekannten Vorgängen (z. B. 100 Millionen Jahre vor der Entstehung der Alpen). Damit kannst du die Zeiträume besser einschätzen.

AUFGABEN

1. *Beschreibe den Aufbau der erdgeschichtlichen Zeittafel (Text, M2).*
2. *Entnimm auf einer Zeitreise durch die Erdzeitalter Informationen über die erdgeschichtliche Entwicklung Deutschlands und Europas (M2, QR-Code).*
3. *Erkläre den Begriff Fossilien (M1).*
4. *Ordne die Entstehung der Alpen zeitlich in die erdgeschichtliche Zeittafel ein (M2, siehe S. 170/171). Orientiere dich hierbei an den Arbeitsschritten (siehe oben).*

WES-101570-176

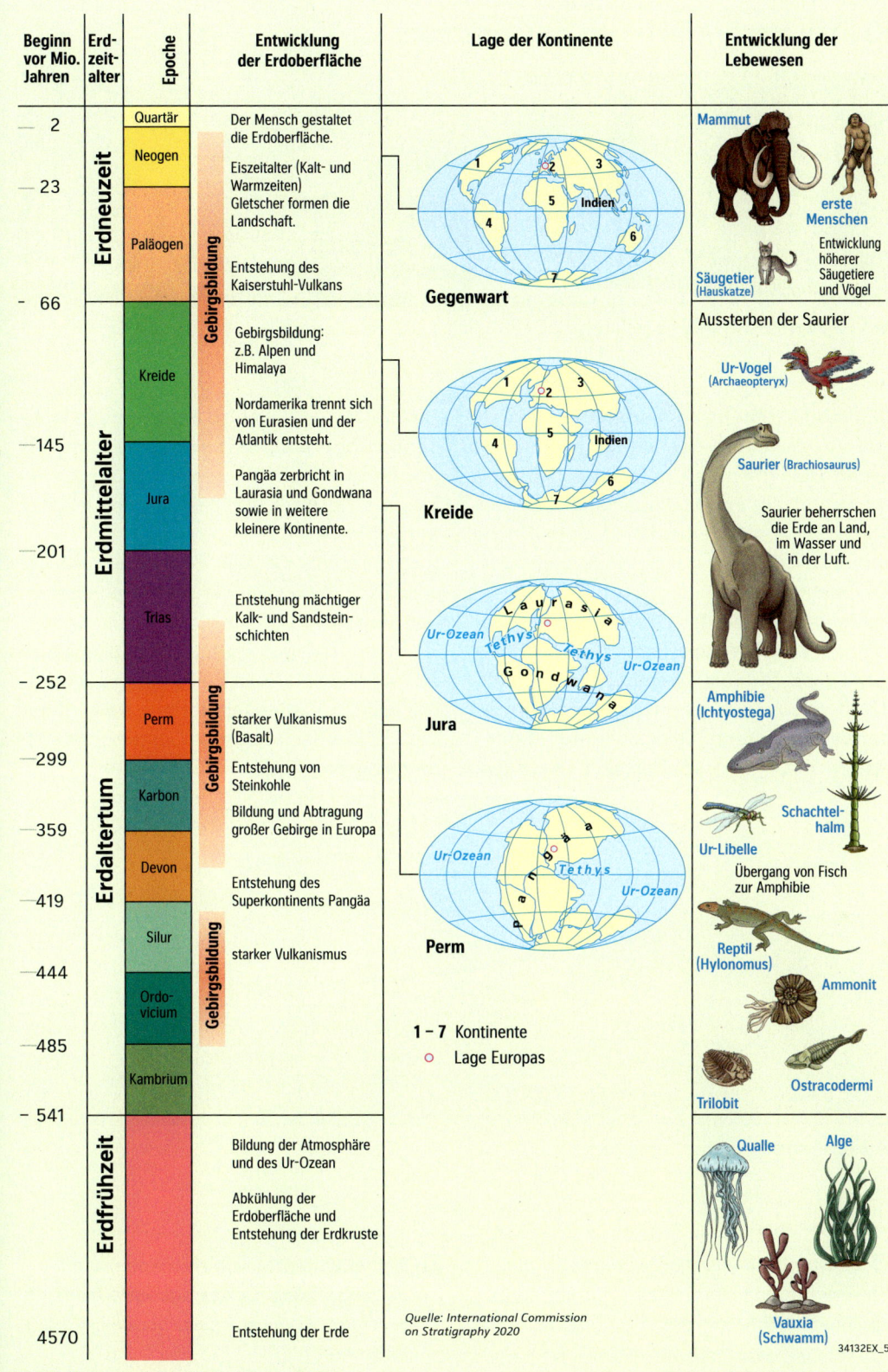

M2 Erdgeschichtliche Zeittafel

AKTIV

Kräfte verändern unser Gestein

M1 Verwitterung von Gesteinen

Gebirge bestehen aus großen Gesteinsfelsen. An der Küste der Ost- oder Nordsee liegen viele kleinere Gesteinsbrocken und am Strand gibt es unzählige Sandkörnchen. Kräfte, die von außen auf die Erdoberfläche wirken wie Sonne, Wind, Wasser und Eis, zerkleinern Steine.

Die Zerkleinerung des Gesteins bezeichnet man als **Verwitterung**. So kann es vorkommen, dass Wurzeln Gestein sprengen und damit zerkleinern, wenn sie durch Wachstum dicker werden. Oder es dringt Regenwasser in Gesteinsspalten und -risse ein.

Das bei Minusgraden zu Eis gefrorene Wasser sprengt dann Gesteinsstücke vom Fels ab. Andere Gesteine werden dadurch zerkleinert, dass sie zum Beispiel vom Wasser aufgelöst werden.

Nachdem das Gestein zerkleinert wurde, wird es zum Beispiel durch Flüsse abgetragen (**Erosion**) und abtransportiert. Später, wenn die Transportkraft nachlässt, lagert es sich an einer anderen Stelle der Erdoberfläche wieder ab (Sedimentation). So wird auf der Erdoberfläche ständig Gesteinsmaterial umgelagert (M2).

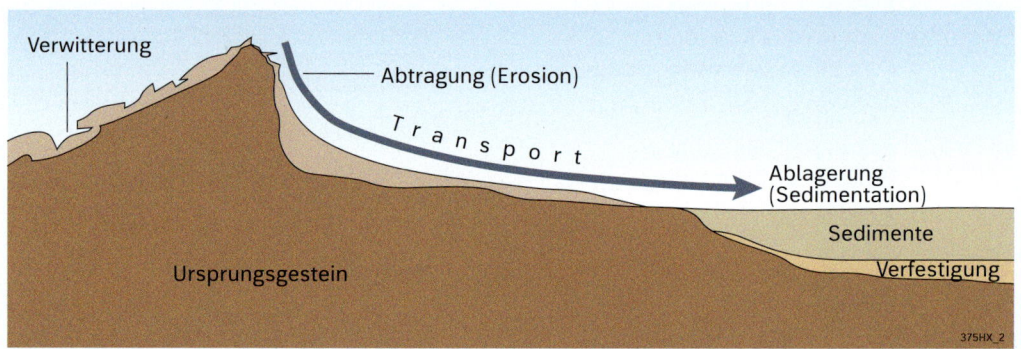

M2 Umlagerung von Gesteinen

AUFGABEN

1. Beschreibe die Vorgänge, die in M1 zur Verwitterung des Gesteins führen.
2. Nenne Kräfte, die Gesteinsmaterial abtragen und transportieren.
3. Beschreibe die Abbildung M2.
4. Die Verwitterung von Gesteinen ist die Voraussetzung für Abtragungs-, Transport- und Ablagerungsvorgänge. Erläutere (M2).

Wir experimentieren zur verändernden Kraft der Erde …

Material: Sandkasten, Sand, unterschiedlich große Steine, Föhn

Durchführung: Legt die Steine in den Sand. Mit dem Föhn könnt ihr den Wind nachahmen.
Achtet darauf, dass ihr den Föhn flach über den Sand blasen lasst. Wenn man eine Hand vor das Gerät hält, kann man die Kraft des Sandstrahlers fühlen. Bei gleicher Windrichtung ergeben sich um die Steine besondere Muster.
Tipp: Verwendet trockenen, feinen Sand.

M1 Experiment 1: Der Wind weht …

Material: Sandkasten mit hohen Wänden, Wasser, Brett

Durchführung: Errichtet auf der einen Seite des Sandkastens eine Steilwand an einer „Küste". Zwei Drittel des Behälters sollten sandfrei bleiben. In diesen Bereich gießt ihr etwas Wasser. Mithilfe des Bretts könnt ihr nun Wellen erzeugen, z. B. viele kleine Wellen oder aber hohe Sturmwellen.
Tipp: Die Steilwand sollte dreimal so hoch wie der Wasserstand sein.

M3 Experiment 2: Wasser marsch …

Material: Sandkasten, Gießkanne

Durchführung:
Formt einen großen Sandhügel und beregnet ihn mit einem Wasserschlauch oder einer Gießkanne. Unterbrecht den Regen und untersucht die entstandenen Talformen. Ihr könnt auch leichtes Nieseln und Starkniederschläge nachahmen und die unterschiedlichen Auswirkungen dokumentieren.
Tipp: Verwendet einen Streuaufsatz auf der Gießkanne.

M2 Experiment 3: Die Flut kommt …

Material: Sandkasten, Gießkanne, Moos oder Graspolster

Durchführung:
ormt einen großen Sandhügel und belegt die Hälfte mit den Moos- oder Graspolstern. Begießt nun sowohl die bedeckte als auch die unbedeckte Seite des Sandberges.
Tipp: Nutzt Moospolster mit vielen Wurzeln.

M4 Experiment 4: Die Vegetation gewinnt …

AUFGABE

1 a) Seht euch die Videos der Experimente auf Tablet oder Smartphone an (M1–M4, QR-Code). Protokolliert eure Beobachtungen.

b) Nennt Maßnahmen zum Erosionsschutz.

WES-101570-179

M1 Aus dem Leben der Gesteine

Der Gesteinskreislauf – das große Recycling

„Ein Gestein setzt sich aus **Mineralen** zusammen. Minerale sind natürliche Stoffe. Sie bilden sich zum Beispiel bei Abkühlung des Magmas. Ist ihr Inneres sehr gleichmäßig aufgebaut, bilden sie kleine Festkörper, die man **Kristalle** nennt."

M2 Eine Geologin erklärt

Steine gehören zu unserem Alltag. Oft werden sie mit Füßen getreten und kaum beachtet. Zu Unrecht, denn sie sind für das Leben auf der Erde unentbehrlich. Gesteine entstehen, formen die Erdoberfläche und verwittern. In der Regel bestehen sie aus einem natürlichen Gemenge mikroskopisch kleiner Bestandteile, den **Mineralen** (M2).

INFO

endogene Kräfte:
aus dem Erdinneren auf die äußere Schicht der Erde einwirkende Kräfte (z. B. Vulkanismus oder Erdbeben)

exogene Kräfte:
Kräfte, die von außen auf die Erde einwirken (z. B. die Tätigkeit des Windes, des fließenden Wassers oder des Eises).

M3 Das Gestein Granit und seine Minerale

AUFGABEN

1. Beschreibe die Bilder Ⓐ bis Ⓒ in M1 und stelle Vermutungen zur Entstehung der Gesteine auf.
2. Erkläre die Begriffe Gestein, Mineral und Kristall (M2, M3).
3. Erkläre die Vorgänge der Abtragung (Erosion) anhand der Bilder Ⓓ bis Ⓕ (M1, siehe auch S. 178).
4. Erläutere den Gesteinskreislauf (M4–M7). Beginne am besten im Erdinneren mit der Verfestigung und dem Aufstieg der Schmelze.

3 Raumprägung

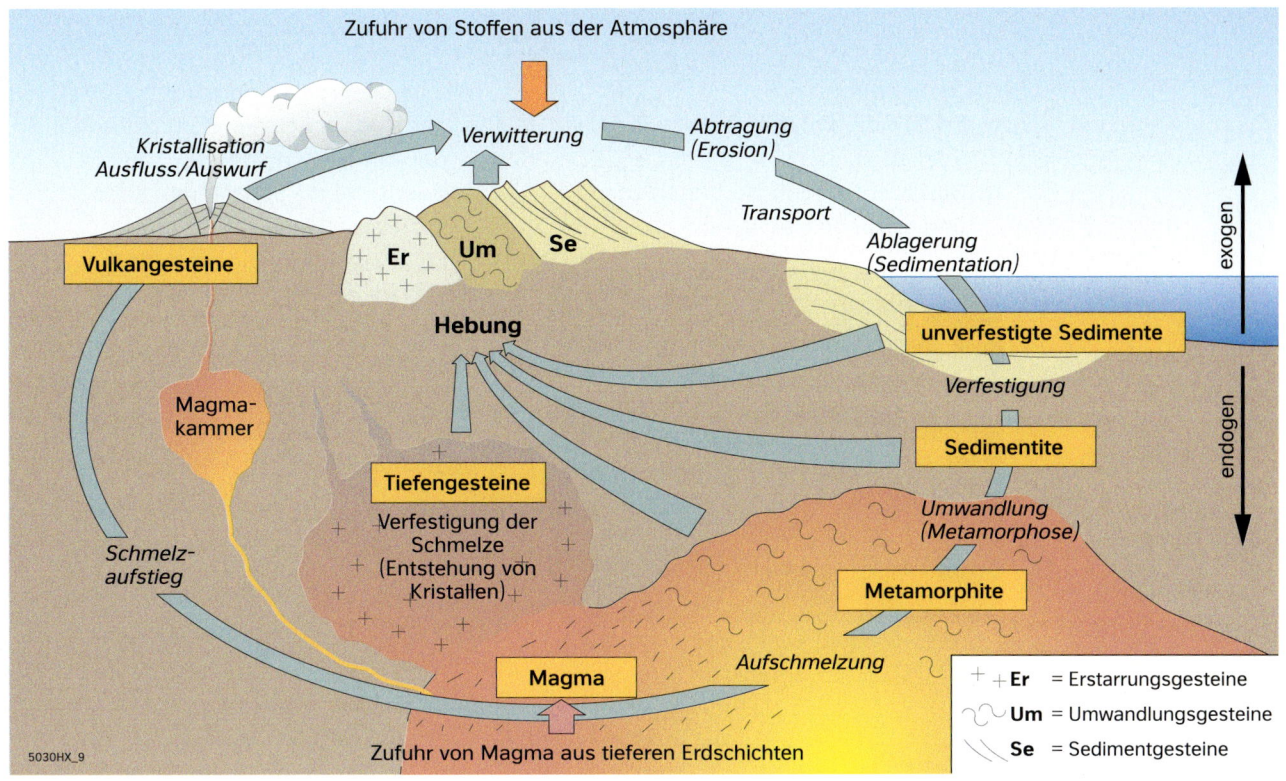

M 4 Gesteinskreislauf – Werden und Vergehen in Jahrmillionen

An der Erdoberfläche werden Gesteine unter anderem durch große Temperaturschwankungen, Regen und chemische Prozesse zerkleinert (**Verwitterung**). Wasser, Eis und Wind sorgen für die Abtragung (**Erosion**) der Gesteinsbruchstücke. Lässt die Transportkraft nach, werden sie abgelagert (**Sedimentation**).
Unter der Last weiterer Ablagerungen erhöht sich der Druck auf die unteren Schichten. So werden abgelagerte Lockergesteine nach und nach zu dichteren Sedimentgesteinen (**Sedimentite**) verfestigt. Die Sedimentgesteine können durch Hebung wieder an die Oberfläche gelangen und erneut verwittern. Der kleine Kreislauf kann sich anschließend wiederholen.

M 5 Entstehung der Ablagerungsgesteine (Sedimentite)

Wenn **Sedimentgesteine** in große Tiefen gelangen (z. B. bei Gebirgsbildungen), so erhöhen sich Druck und Temperatur. Dabei verändert sich das Gestein. Es durchläuft eine Umwandlung, eine **Metamorphose**.
Es entstehen neue Gesteine. Diese werden **Metamorphite** (Umwandlungsgesteine) genannt. Metamorphite sind zum Beispiel Marmor (entstanden aus Kalkstein), Quarzit (umgewandelt aus Sandstein) oder Schiefer (entstanden aus Tonstein). Metamorphe Gesteine bilden sich auch, wenn heißes Magma mit anderen Gesteinen in Kontakt kommt. Metamorphite sind nicht geschichtet. Sie besitzen jedoch oft eine **Bänderung**, das heißt eine erkennbare bänderartige Anordnung ihrer Minerale.

M 6 Entstehung der Umwandlungsgesteine (Metamorphite)

Beim Überschreiten der Schmelztemperatur wird festes Gestein zähflüssig. Diese Gesteinsschmelze, das Magma, hat mindestens eine Temperatur von 700 °C. Oft passiert dies tief in der Erde. Anschließend steigt das Magma in Richtung Erdoberfläche.
Wenn es dort auskühlt, entstehen Erstarrungsgesteine (**Magmatite**). Erstarrt das Magma langsam innerhalb der Erdkruste, bilden sich **Tiefengesteine** mit großen Mineralen.
Erreicht dagegen das Magma die Erdoberfläche, entstehen zum Beispiel an Vulkanen die **Vulkangesteine**. Sie kühlen schnell ab und haben deshalb nur wenig Zeit, um Minerale zu bilden. Sie besitzen darum nur kleine Minerale.

M 7 Entstehung der Erstarrungsgesteine (Magmatite)

ALLES KLAR?

Die Erde bebt.
a) Erkläre die Entstehung von Erd- und Seebeben.
b) Beschreibe mögliche Folgen von Erd- und Seebeben.

WES-101570-183

Wie ist die Erde aufgebaut.
a) Zeichne die Schalen der Erde anhand der Tabelle in dein Heft.
b) Beschrifte die Schalen mit ihren korrekten Namen.
c) Ergänze weitere Eigenschaften.
d) Erkläre den Begriff Schalenbau.

Schale	Mächtigkeit in km
Schale 1	bis max. 70
Schale 2a	70 – 660
Schale 2b	661 – 2900
Schale 3a	2901 – 4980
Schale 3b	4981 – 6370

Die Erde ist in Bewegung
a) Nenne die drei Bewegungsrichtungen, die an Plattengrenzen auftreten können.
b) Ordne die Grenzen Ⓐ bis Ⓔ in der Karte jeweils einer Bewegungsrichtung zu.
c) Begründe Alfred Wegeners Theorie der Kontinentalverschiebung.
d) Beurteile die Eignung eines Raumes (Ⓐ bis Ⓔ) für die Siedlungs- und Wirtschaftsnutzung auf der Grundlage des Ausmaßes von Naturgefahren.
Ⓐ Kalifornien, Ⓑ Chile, Ⓒ Island, Ⓓ Sizilien (Italien), Ⓔ Nepal

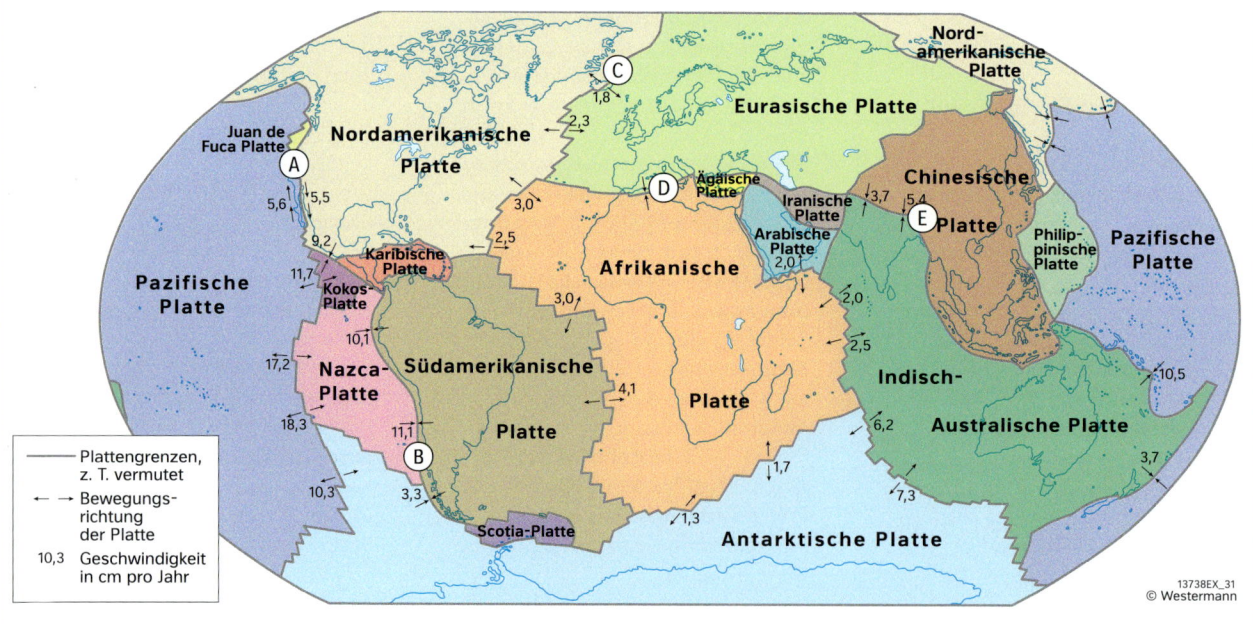

3 Raumprägung

Der Gesteinskreislauf – Setze die richtigen Begriffe ein.

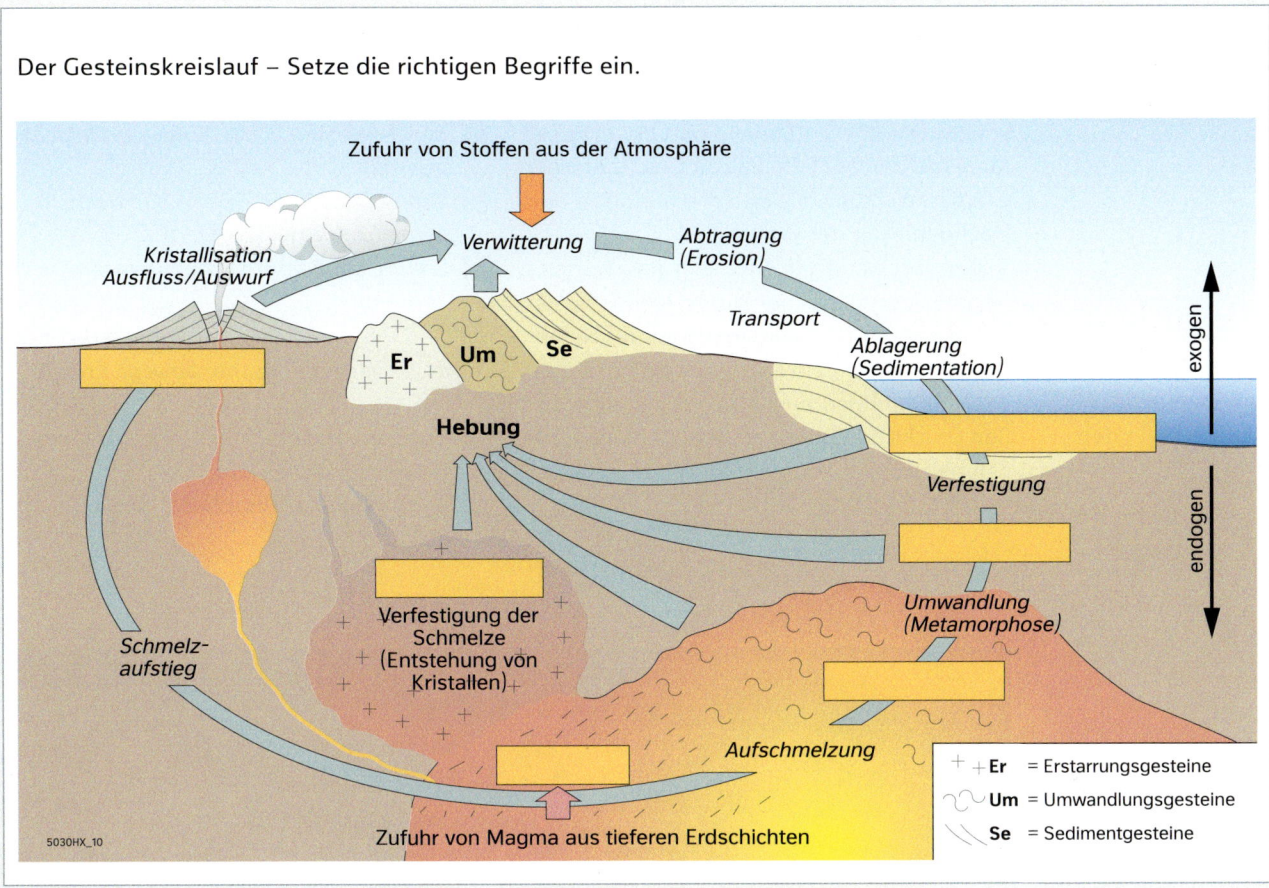

Prüfe dich selbst!

Du kannst…		Ja/Nein
… Schicht- und Schildvulkane charakterisieren.	S. 152	?
… die Eifel als Vulkanregion chrakterisieren.	S. 154	?
… den Aufbau des Erdinneren charakterisieren.	S. 156	?
… Aussagen der Kontinentaldrift/Plattentektonik sowie Prozesse an Plattengrenzen beschreiben.	S. 158	?
… den Zusammenhang von Erdbebenwellen und dem Schalenbau der Erde erläutern.	S. 160	?
… die Oberrheinregion als Erdbebenzone beschreiben und erklären.	S. 162	?
… einen Sachtext auswerten.	S. 164	?
… Schutzmaßnahmen für Vulkanausbrüche und Erdbeben erläutern.	S. 168	?
… Ursachen und Folgen von Tsunamis darstellen.	S. 167	?
… die Alpenentstehung beschreiben.	S. 170	?
… die Landschaften der Schwäbischen Alb und Sächsischen Schweiz charakterisieren.	S. 172–175	?
… mit der erdgeschichtlichen Zeittafel arbeiten	S. 176	?
… Verwitterung und Erosion beschreiben.	S. 178	?
… den Gesteinskreislauf erläutern.	S. 180	?

In der Welt des Eises

München
Wien
Innsbruck
Bern
Tschierva-gletscher
Verona
Alpen
5759HX_1

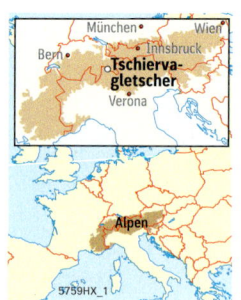

M 1 Die Lage des Tschierva-Gletschers in den Alpen

Als **Gletscher** werden Eismassen bezeichnet, die aus Schnee hervorgegangen sind. Sie können nur dort entstehen, wo über mehrere Jahre mehr Schnee fällt als abtaut. Gletscher existieren daher in den Polarregionen und Hochgebirgen der Erde.
Schon bei geringer Neigung des Hanges beginnt der Gletscher durch sein Gewicht mit geringer Geschwindigkeit ins Tal zu fließen. Dies geschieht so langsam, dass man es nicht beobachten kann. Wegen des großen Drucks bildet sich an der Gletschersohle Schmelzwasser, auf dem die Masse talwärts rutscht.

AUFGABEN

1 *Beschreibe die Entstehung von Gletschereis (M2).*

2 *Ordne die Ziffern ① bis ⑪ den Buchstaben a bis k zu (M3, M5).*

3 *Erkläre die Begriffe Nährgebiet und Zehrgebiet.*

4 *An Gletscherspalten kann man erkennen, dass sich ein Gletscher bewegt. Erkläre dies.*

5 *Zeichne ein einfaches Schnittbild eines Gletschers und beschrifte es.*

6 *Nenne weitere Gletscher in den Alpen (Atlas, Internet).*

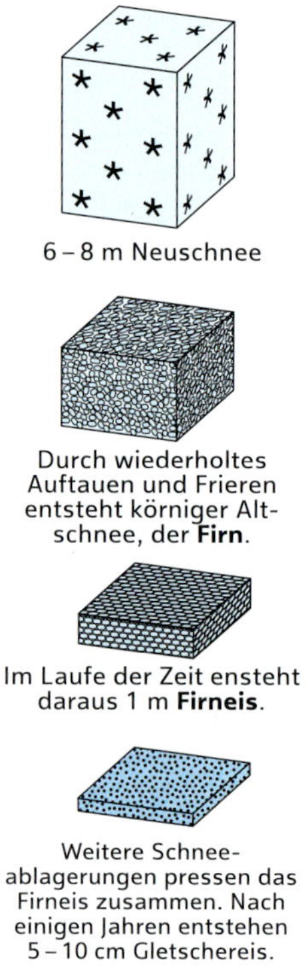

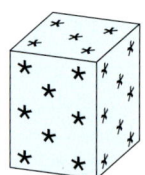

6 – 8 m Neuschnee
Durch wiederholtes Auftauen und Frieren entsteht körniger Altschnee, der **Firn**.
Im Laufe der Zeit ensteht daraus 1 m **Firneis**.
Weitere Schneeablagerungen pressen das Firneis zusammen. Nach einigen Jahren entstehen 5 – 10 cm Gletschereis.

M 2 Entstehung von Gletschereis

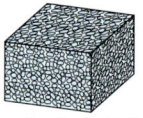

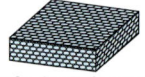

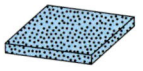

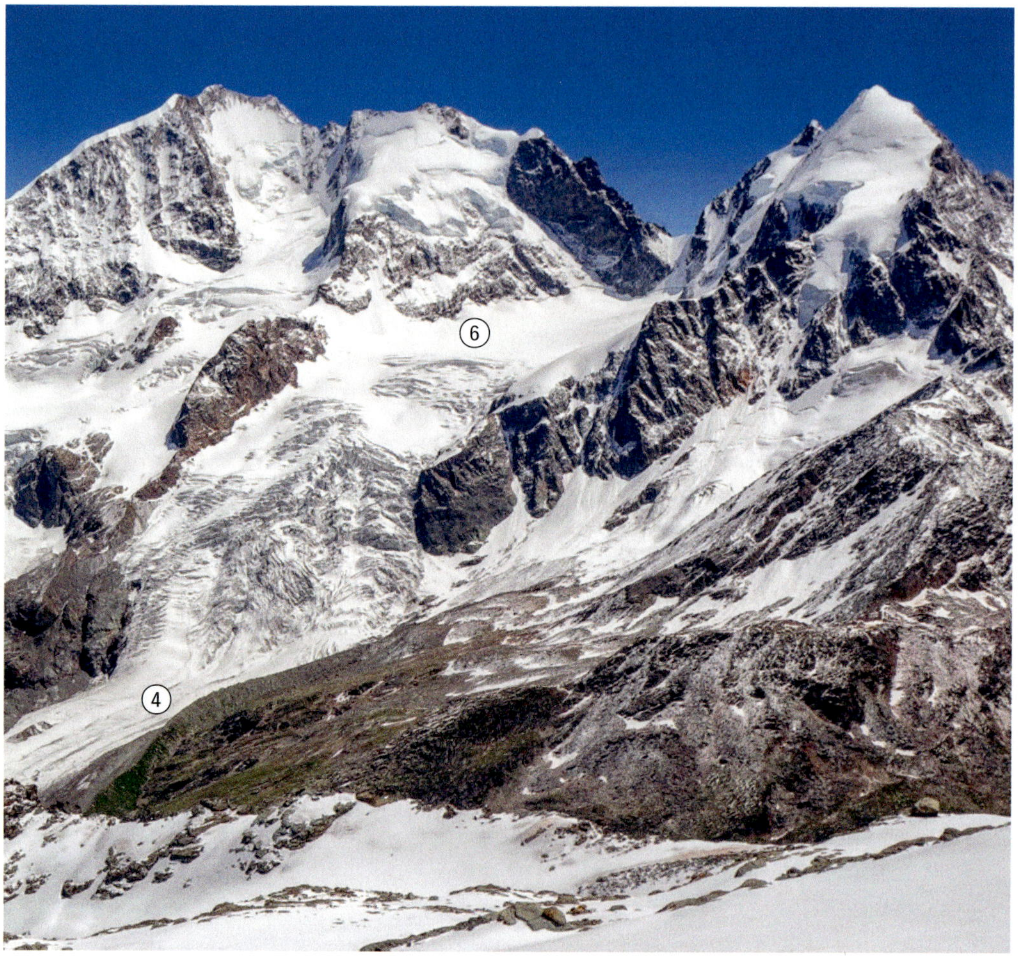

⑥
④

M 3 Tschierva-Gletscher (Bernina-Gruppe)

3 Raumprägung

„Nachdem unser Bergführer die Ausrüstung gründlich kontrolliert hat, führt er uns über zerbrochene Gesteine unterschiedlichster Größe, die am Fuße des Gletschers liegen. Auch an den Seiten des Gletschers sieht man riesige, lang gezogene Schuttwälle. Diese nennt man **Moränen**.

Über glatt geschliffene Felsen erreichen wir die **Gletscherzunge**. Die Felsen wurden in vielen Wintermonaten vom Gletscher bearbeitet. Jetzt, in der sommerlichen Hitze, liegen sie frei. Am **Gletschertor** Ⓐ tritt Schmelzwasser als tosender Bach aus. Es ist natürlich eiskalt!

Am Rand des Gletschers ragen riesige Eisblöcke auf. Sie sind verkeilt, tiefe Spalten sind erkennbar Ⓑ! Der untere Bereich des Gletschers wird als **Zehrgebiet** bezeichnet. Im Sommer tauen hier große Teile des Gletschers ab. Es ist wärmer als im Gipfelbereich. Einige Menschen sagen, der Gletscher ziehe sich im Sommer aus den tiefer gelegenen Bereichen zurück. Das ist nicht korrekt: Er schmilzt zurück.

Im oberen Bereich des Gletschers bleiben die Schneemassen das ganze Jahr über liegen. Es ist das Ursprungsgebiet des Gletschers, das **Nährgebiet**. Es ist dort sehr kalt. In diesem Bereich fällt mehr Schnee als abschmilzt.

Bevor wir auf den Gletscher steigen, müssen wir uns anseilen und Steigeisen (mit Stahlzacken) anlegen. Die Gletscheroberfläche ist nicht einheitlich. Überall sieht man tiefe Gletscherspalten. Manche sind 40 Meter tief. Besonders gefährlich wird es, wenn Neuschnee gefallen ist und die Spalten bedeckt. Im Hochgebirge kann das auch im Sommer passieren.

Die Spalten entstehen, wenn das Eis über Unebenheiten am Boden hinweggleitet und darüber zerbricht. Überall kann man Gletscherspalten sehen: am Rand, in der Mitte und an der Gletscherzunge. Gut, dass wir als Seilschaft aneinandergebunden sind Ⓒ.

Am oberen Ende des Gletschers erkennt man im Schatten des Berggipfels eine große, mit Eis gefüllte Mulde, das **Kar**."

M 4 Bericht über eine Gletscherwanderung

M 6 Am Gletscher

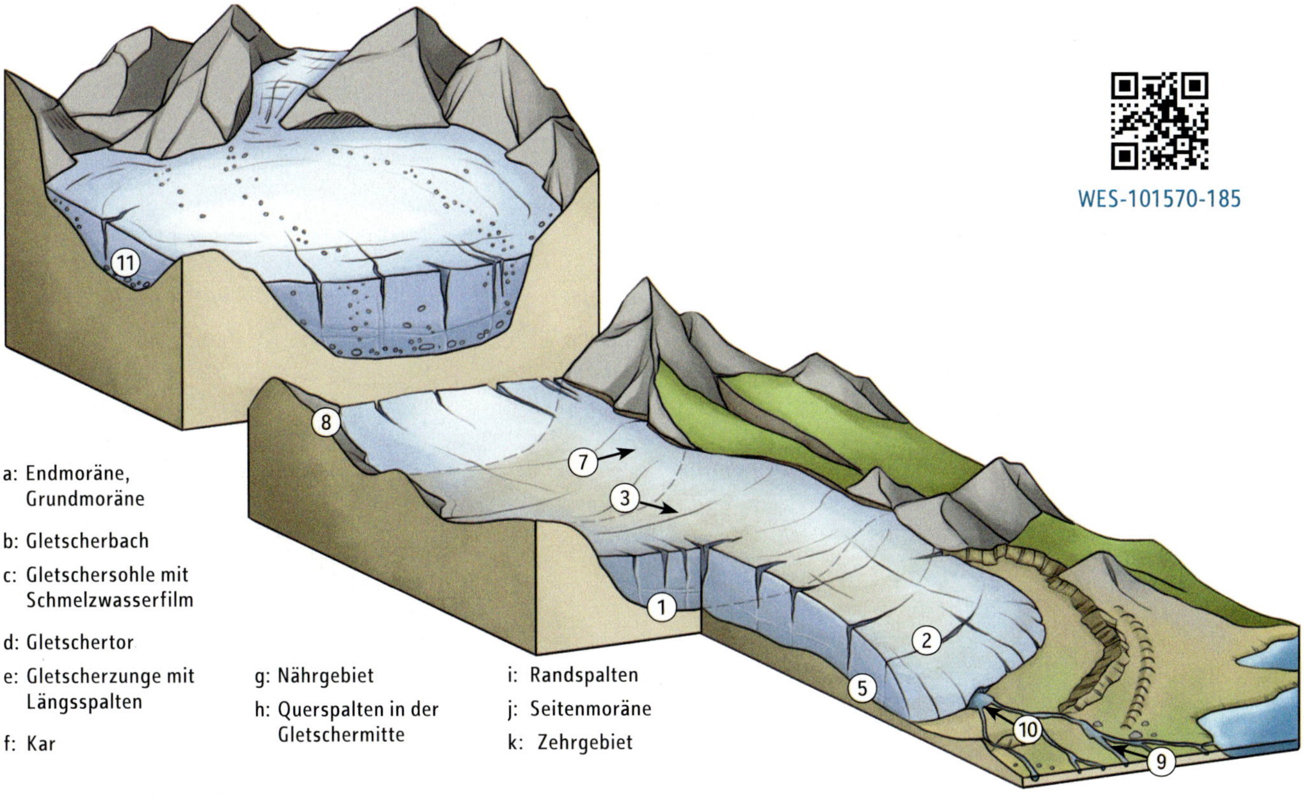

WES-101570-185

a: Endmoräne, Grundmoräne
b: Gletscherbach
c: Gletschersohle mit Schmelzwasserfilm
d: Gletschertor
e: Gletscherzunge mit Längsspalten
f: Kar
g: Nährgebiet
h: Querspalten in der Gletschermitte
i: Randspalten
j: Seitenmoräne
k: Zehrgebiet

M 5 Modell eines Gletschers

185

M1 Lage der Mecklenburgischen Seenplatte in Deutschland

M2 Röbel am Müritzsee

Spuren der Eiszeit – die Mecklenburgische Seenplatte

Nicht immer waren die Temperaturen in Europa so wie heute. In den **Eiszeiten** – das sind über lange Zeit andauernde, kalte Zeiträume – lagen die Temperaturen auf der Erde um 8 °C niedriger als heute. Im Winter fiel der meiste Niederschlag als Schnee.
In Nordeuropa taute der Schnee auch im Sommer nicht ab. Die Schneedecke wuchs mit der Zeit und verfestigte sich zu Gletschereis. Mindestens dreimal schoben sich in den letzten 500 000 Jahren mächtige Gletscher von Skandinavien nach Süden.

M3 Findling in Röbel am Müritzsee

AUFGABEN

1. Erkläre den Begriff Findling (M3, M4).
2. Beschreibe die Lage der maximalen Eisbedeckungen der letzten Eiszeiten (M7, M8).
3. Beschreibe für die in M5 genannten Bestandteile der glazialen Serie jeweils die Oberflächenform und die heutige Landnutzung (M5). ↗
4. Ordne die Fotos Ⓐ–Ⓓ (M8) den Landschaften in M5 zu. Begründe.
5. Erkläre, weshalb man die Mecklenburgische Seenplatte auch als Geschenk der Eiszeit verstehen kann.

WES-101570-186

Staunend steht die Klasse 5c vor dem riesigen Gesteinsbrocken.

Lisa fragt: „Wie kam dieser gewaltige Koloss hierher?"
Der Lehrer erklärt: „Immer wieder fanden die Menschen einzelne, große Felsblöcke hier in der Landschaft. Deshalb nannten sie diese **Findlinge**. Sie glaubten, dass Riesen sie durch die Luft geschleudert hätten. Doch die geologische Untersuchungen brachten erstaunliche Erkenntnisse. Die riesigen Blöcke mussten aus Skandinavien stammen. Denn nur dort gibt es die gleichen Gesteine. Gewaltige Eismassen, das Inlandeis, hatten die Gesteinsbrocken nach Deutschland transportiert und hier abgelagert."

M4 Ein geologisches Rätsel

3 Raumprägung

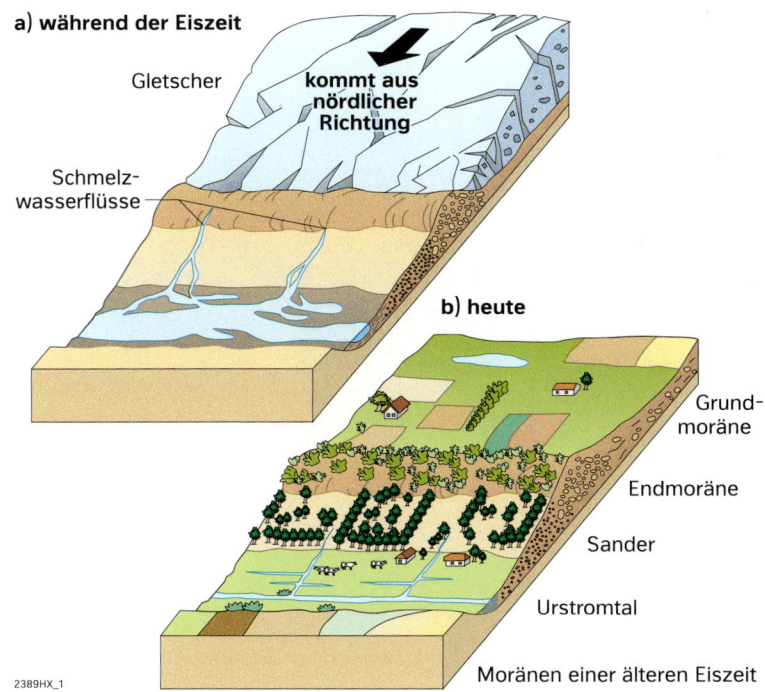

a) während der Eiszeit
Gletscher
kommt aus nördlicher Richtung
Schmelzwasserflüsse

b) heute
Grundmoräne
Endmoräne
Sander
Urstromtal
Moränen einer älteren Eiszeit

M 5 Entstehung der glazialen Serie

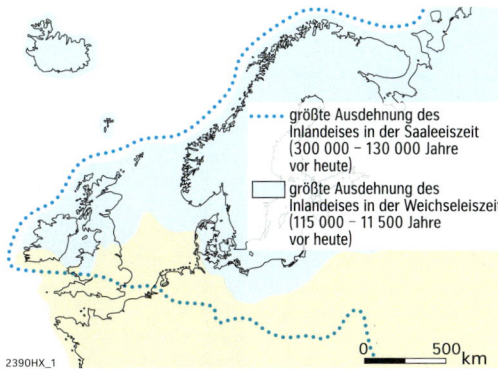

größte Ausdehnung des Inlandeises in der Saaleeiszeit (300 000 – 130 000 Jahre vor heute)

größte Ausdehnung des Inlandeises in der Weichseleiszeit (115 000 – 11 500 Jahre vor heute)

M 8 Eiszeiten im nördlichen Europa

A

B

C

D

„Die nordischen Eismassen hobelten auf ihrem Weg nach Süden über die Landschaft hinweg. Dabei nahmen sie Gesteinsbrocken auf. Sie transportierten sie im Eis mit sich. Die Gesteine an der Unterseite des Eises wurden zerrieben. Einen Teil des Gesteins lagerte das Inlandeis vor dem Eis ab. Nachdem das Eis geschmolzen war, blieb das Material als Moräne liegen. Es bedeckt den Untergrund bis zu 200 Meter.

Der jüngste Eisvorstoß ging vor etwa 11 500 Jahren zu Ende. Er hinterließ in Deutschland die **Jungmoränenlandschaft**. Sie weist eine typische Abfolge von Oberflächenformen auf. Diese wird **glaziale Serie** genannt (M4). Zu ihr gehört die **Grundmoräne**. Heute ist die Grundmoräne eine wellige Landschaft mit fruchtbaren Böden und Seen. Die **Endmoräne** zeigt die Lage des Eisrandes. Heute sind die Hügel aus Gesteinsschutt meist bewaldet. Die aus dem Eis kommenden Schmelzwasserflüsse lagerten südlich der Endmoränen die **Sander** aus Sand und Kies ab. Anschließend vereinigten sich die Flüsse in großen Abflussrinnen, den **Urstromtälern**."

M 6 Ein Wissenschaftler berichtet

Im Zeitabschnitt von 500 000 bis 11 500 Jahre vor heute wechselten sich Kalt- und Warmzeiten ab. Die Eiszeiten (Kaltzeiten) wurden nach Flüssen benannt (Elster-, Saale- und Weichseleiszeit). Die Elstereiszeit ist die älteste, die Weichseleiszeit die jüngste Kaltzeit. Die Eisschilde der Eiszeiten waren bis zu drei Kilometer mächtig. Da viel Wasser zu Eis wurde, lag der Meeresspiegel etwa 120 Meter tiefer als heute.

M 7 Das Eiszeitalter (aus einem Lexikon)

M 9 Die glaziale Serie in Fotos

EXTRA

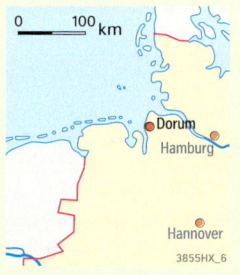

M1 Die Lage Dorums

M4 Hafen von Dorum bei Hochwasser

M5 Hafen von Dorum bei Niedrigwasser

M2 Nordseekrabben

Die Gezeiten – Ebbe und Flut

Amelie besucht heute Hinnerk Jensen, der als Krabbenfischer in Dorum an der Nordsee arbeitet. Herr Jensen kann aber nicht jederzeit mit seinem Kutter auslaufen, denn zu bestimmten Zeiten ist der Wasserstand zu niedrig. Der Hafen ist daher zweimal am Tag nicht befahrbar.

Während der Ebbe zieht sich das Meer zurück. Der Meeresboden fällt trocken. Zu sehen ist dann das **Watt**, ein Gemisch aus feinstem Sand und organischen Ablagerungen (Tier- und Pflanzenreste). Es erstreckt sich mit einer Breite von bis zu 20 Kilometern in die Nordsee hinein. Fischer Jensen muss sich deshalb an jedem Tag informieren, wann die **Gezeiten** einsetzen.

AUFGABEN

1. Erkläre die Begriffe Tidenhub, Ebbe, Flut, Hochwasser und Niedrigwasser (M3, M7).
2. Dorum hat einen tideabhängigen Hafen. Erläutere diese Aussage (M3–M5).
3. Erstelle einen Tidenkalender für Dorum in dieser Woche (M9, Internet).
4. Beurteile die Aussage der Rettungsschwimmerin: „Das Baden bei Ebbe ist gefährlich. Daher solltest du nur bei Flut ins Wasser gehen" (M10).
5. Beschreibe mit eigenen Worten die Entstehung von Ebbe und Flut (M6, M8). ↗

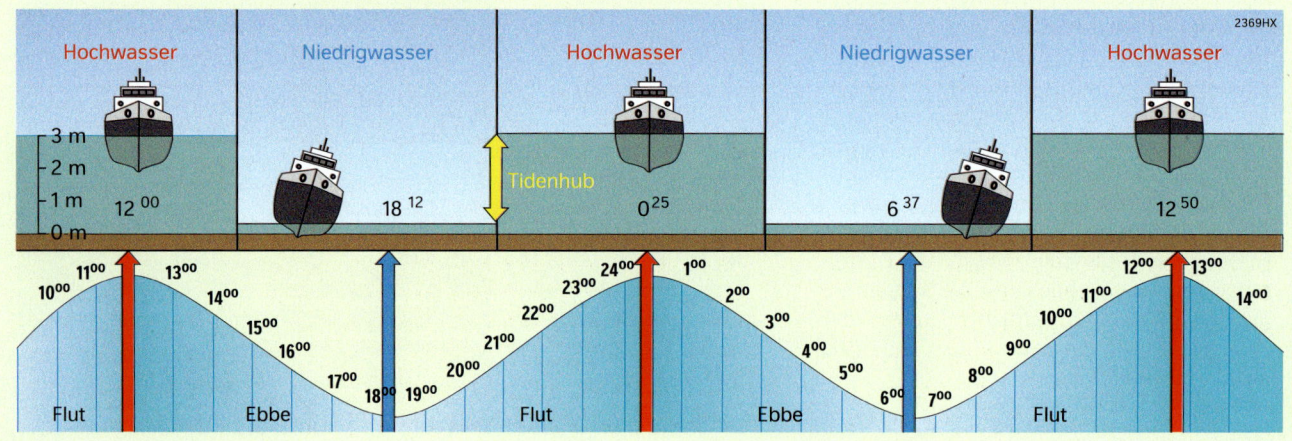

M3 Der Gezeitenwechsel

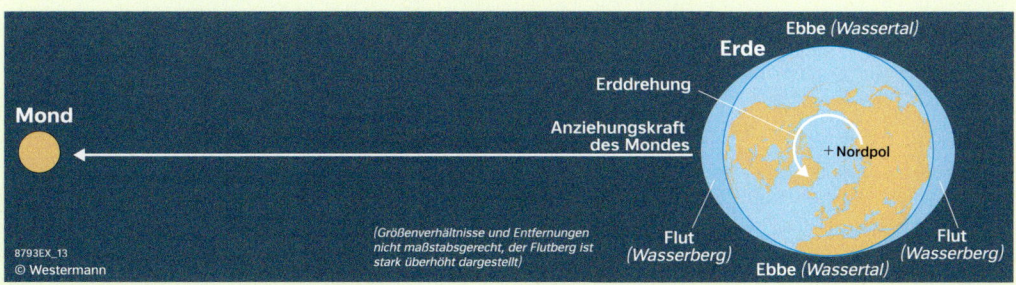

M6 Entstehung von Ebbe und Flut

„Der Meeresspiegel ist nicht immer gleich hoch. Im Laufe von etwa 12 Stunden und 25 Minuten hebt und senkt er sich einmal. Während der **Ebbe** sinkt der Meeresspiegel auf seinen niedrigsten Stand (**Niedrigwasser**: NW). Anschließend steigt das Wasser wieder bis zu seinem höchsten Stand (**Hochwasser**: HW). Den Anstieg des Wassers bezeichnet man als **Flut**, das Absinken als Ebbe. Das Wechselspiel zwischen Ebbe und Flut sind die Gezeiten. Sie werden auch als Tide bezeichnet. Der Unterschied zwischen HW und NW, der **Tidenhub**, kann bis zu drei Meter betragen.
Mit jeder Flut gelangen Sand und feine Schwebstoffe, der Schlick, ins Watt. Dort lagern sie sich bei Ebbe ab und bilden neuen Meeresboden."

M7 Fischer Jensen berichtet

Datum	Uhrzeiten Hochwasser (HW) und Niedrigwasser (NW)			
	HW	NW	HW	NW
1.7.2022	3:41	9:44	15:46	22:10
2.7.2022	4:16	10:17	16:18	22:44
3.7.2022	4:50	10:48	16:49	23:17
4.7.2022	5:25	11:21	17:23	23:53
5.7.2022	6:05	12:00	18:03	–
6.7.2022	0:33	6:48	12:43	18:47
7.7.2022	1:13	7:31	13:25	19:33

Zeiten für Bremerhaven, Alter Leuchtturm

M9 Tide bei Dorum im Anfang Juli 2022

„Einst glaubte man, ein riesiges Ungeheuer, das im Meer wohnt, verursache durch Ein- und Ausatmen das Fallen und Steigen des Meeresspiegels. Heute weiß man, dass vor allem der Mond dafür verantwortlich ist Die Anziehungskraft des Mondes hebt das Ozeanwasser zu einem Flutberg an. Steht der Mond über der Mitte des Ozeans, zieht der Flutberg das Wasser von den Küsten fort. Dann herrscht Ebbe.
Auf seiner scheinbaren Wanderung um die Erde zieht der Mond den Flutberg als Gezeitenwelle mit sich. Beim Auftreffen des Flutberges an den Küsten herrscht Flut.
Es gibt noch eine zweite Gezeitenwelle: Diese befindet sich auf der dem Mond abgewandten Seite der Erde."

M8 Ein Wissenschaftler erklärt

„Wer in der Nordsee baden will, muss sich vorher informieren, ob dies möglich ist. Sind die Wellen zu hoch, hisse ich eine rote Fahne. Dann herrscht Badeverbot.
Außerdem muss man bei Ebbe besonders vorsichtig sein, denn das ablaufende Wasser entwickelt einen starken Sog, der einen Schwimmer weit vom Strand aufs Meer hinausziehen kann. Besonders gefährlich sind die **Priele**. Das sind die Rinnen, in denen das Wasser auf- und abläuft."

M10 Eine Rettungsschwimmerin informiert

WES-101570-189

M1 Eine Warft/Wurt im Profil

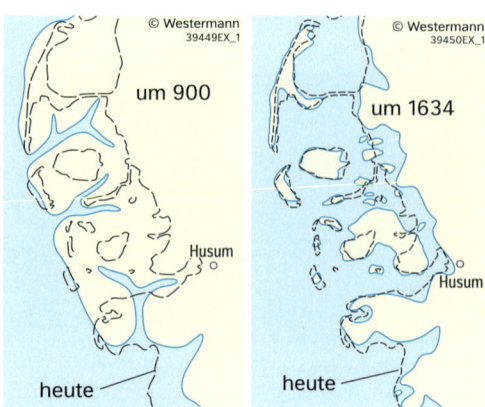

M3 Veränderung der Küstenlinie von Nordfriesland

Küstenschutz und Neulandgewinnung

Schon seit etwa 3000 Jahren schützen sich die Menschen an der Nordseeküste vor den **Sturmfluten**. Zunächst schütteten sie Erdhügel auf, die **Warften** oder **Wurten** heißen. Darauf bauten sie ihre Häuser und Scheunen. Bald boten die Warften nicht mehr genügend Schutz. So entstanden die ersten **Deiche** als Verbindung zwischen den Warften. Im Laufe der Jahrhunderte wurden die Deiche immer breiter und höher.

Inzwischen sind weite Teile des Küstenraumes eingedeicht und schützen die Bewohner vor den Fluten. **Sieltore** schützen das Hinterland vor eindringenden Wassermassen.

AUFGABEN

1 Beschreibe den Aufbau einer Warft (M1).
2 Beschreibe die Veränderung der nordfriesischen Küstenlinie (M3).
3 Vergleiche die drei verschiedenen Deichprofile (M2).
4 a) Beschreibe die Neulandgewinnung an der Nordseeküste (M4, M6). ↗
b) Ordne die Fotos (M8) den Schritten zu.
5 Erläutere die Funktion der Sieltore (M7).
6 Begründe, dass Neulandgewinnung Küstenschutz ist (M5).

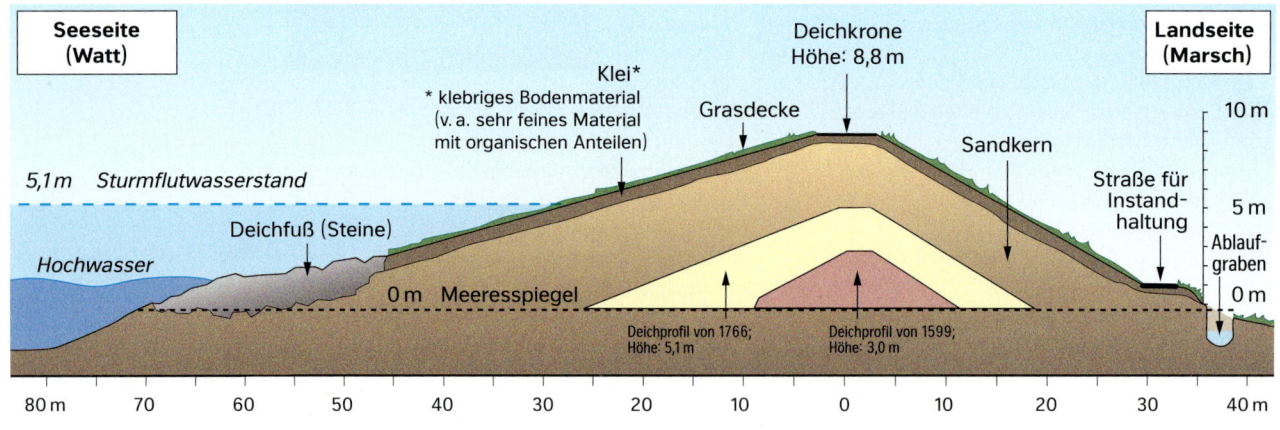

M2 Modernes Deichprofil (im Vergleich mit älteren Deichprofilen)

3 Raumprägung

"Deiche schützen die Bewohner nicht nur vor den Fluten, sondern sie ermöglichen es, neues Land aus dem Meer zu gewinnen. Wir Deichbauer nutzen dabei einen natürlichen Vorgang. Jede Flut bringt große Mengen feinster Ton- und Schlammteilchen (Schlick) mit sich. Sie lagern sich bei ruhigem Wasser vor der Küste ab. Diesen Vorgang beschleunigen wir durch die Anlage von **Lahnungen** (M6).

Auf dem neuen Land siedelt sich Gras an. Dies dient als Weideland für Schafe. Im Herbst und Winter wird es jedoch regelmäßig von salzigem Meerwasser überflutet. Deswegen heißen die Grasflächen **Salzwiesen**. Bis dieses Neuland wiederum eingedeicht werden kann, vergehen Jahrzehnte. Die eingedeichten Gebiete heißen **Polder** oder **Koog**.

Beim Deichbau müssen wir darauf achten, dass wir in regelmäßigen Abständen Sieltore einbauen. Durch sie soll das Wasser aus dem Hinterland, der **Marsch**, zur Nordsee abfließen. Das Tor öffnet sich automatisch bei Ebbe und verschließt sich bei Flut.

Heute spielt die Neulandgewinnung kaum eine Rolle. Wir müssen uns um die Instandhaltung und Erhöhung der Deiche kümmern, die nach wie vor die Küste schützen."

M4 Ein Deichbauarbeiter erklärt

1. Pfahlreihen mit Flechtwerk aus Reisig (Lahnungen) werden ins Meer gebaut. Sie beruhigen die Wellen, sodass sich der wertvolle Schlick absetzen kann. Der neue Meeresboden wächst so um wenige Zentimeter pro Jahr in die Höhe.

2. Wenn der Boden um 50 cm angewachsen ist, werden Entwässerungsgräben (Grüppen) ausgehoben. In ihnen sammelt sich neuer Schlick.

3. Auf dem neuen Boden zwischen den Gräben siedelt sich der Queller an. Im Gegensatz zu den meisten anderen Pflanzen verträgt er das Salzwasser bei Überflutungen. Außerdem hält er den Schlick fest, sodass sich der Boden stabilisiert.

M6 Erste Schritte zur Landgewinnung

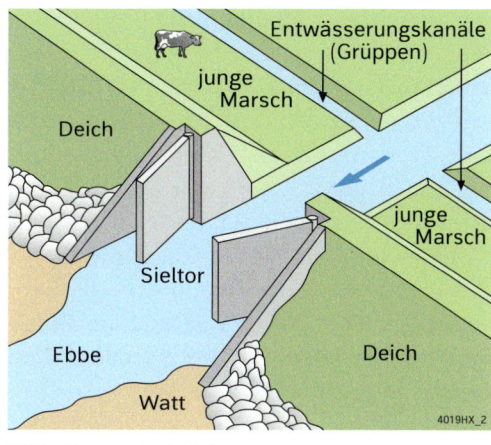

M7 Sieltor bei Ebbe

M8 Landgewinnung an der Nordsee

M5 Blockbild der Nordseeküste

M1 Rettung mit dem Boot

1362:	Grote Mandränke (2. Marcellusflut) – Dollarteinbruch, schwerste Sturmflut aller Zeiten, über 100 000 Tote
1634:	Zweite Grote Mandränke
1717:	Weihnachtsflut – Hungersnöte in den Folgejahren, über 11 000 Tote
1953:	Februarflut – 1. große Sturmflut des 20. Jahrhunderts, 1836 Tote
1962:	Februarflut – 2. große Sturmflut des 20. Jahrhunderts, 340 Tote
1976:	Januarflut – höchste Sturmflut der Geschichte, keine Toten
1990:	Serien schwerer Fluten innerhalb von drei Tagen, Tote (Anzahl unbekannt)
2013:	Orkan „Xaver" – starke Dünenabbrüche in Ostfriesland

M2 Große Sturmfluten

Sturmfluten an der Nordsee

Eine **Sturmflut** droht immer dann, wenn hoch auflaufendes Wasser der Flut und schwerer Sturm in Richtung der Küste zusammentreffen. Wegen des Sturmes kann das Wasser auch bei Ebbe nicht abfließen, sodass es sich vor der Küste staut. Durch den Klimawandel ist die Nordseeküste zunehmend bedroht.

AUFGABEN

1. Beschreibe die Situation der Familienmitglieder in der Nacht der Sturmflut 1962 (M1, M3).
2. Erkläre die Entstehung von Sturmfluten an der Nordsee (M4).
3. a) Beschreibe die Entwicklung der Opferzahlen (M2).
   b) Erkläre diese Entwicklung.
4. Nenne weitere Gebiete, die sturmflutgefährdet sind (M4, M5, Atlas).
5. Der Klimawandel betrifft auch die Nordseeküste (M6). Erläutere, vor welchen Herausforderungen die Küstenbewohner stehen.

In der Nacht kommt die Flut

„Meine Eltern wurden von einem starken Brausen geweckt. Als meine Mutter aus dem Fenster sah, war das ganze Land überschwemmt. Das Wasser reichte bis zum Fenster. Jetzt war uns klar, dass es einen Deichbruch gegeben hatte.

Wir mussten sofort fliehen, aber wir konnten die Tür nicht öffnen. Denn das Wasser stand im Flur schon einen Meter hoch – der Druck des Wassers war viel zu stark. Wir konnten nur noch durch das Fenster entkommen. Als mein Vater die Scheibe zerbrach, stürzte uns eine riesige Flutwelle entgegen. Urplötzlich war alles eiskalt und pitschenass.

Über einen alten Birnbaum vor dem Haus kletterten wir auf das glitschige Dach. Dort wurde der Sturm immer stärker, wir wurden fast weggeblasen. Die Kälte ging uns durch Mark und Bein, und ich spürte meine Beine und Finger nicht mehr.

Fünf Stunden saßen wir dort, aber es kam mir vor, als seien es Tage gewesen. Ein Hubschrauber der Bundeswehr hat uns dann im Morgengrauen gerettet."

M3 Eine Schülerin berichtet 1962

M4 Die Sturmflut von 1976

M5 Sturmflut auf Norderney

Wissenschaftler schlagen Alarm: Durch den **Klimawandel** soll der Meeresspiegel bis zum Jahr 2100 um 29 cm bis 59 cm ansteigen. Auch die Niederschlagsmengen werden den Klimaforschern zufolge im Winter zunehmen. Sturmfluten werden häufiger und mit höheren Wellen auftreten. Für Küstenbewohner bedeutet dies eine erhöhte Gefahr, wenn nicht Gegenmaßnahmen ergriffen werden. Die Bundesländer Niedersachsen und Bremen haben 2020 die Schutzdeiche der Nordsee neu vermessen und einen Plan zum Hochwasserschutz vorgelegt. Dieser sieht Deicherhöhungen, den Bau von Zufahrtswegen und das Abflachen von Böschungen an tideabhängigen Flüssen und Ufern vor. Die vorgesehenen Kosten liegen für Niedersachsen bei 625 Mio. Euro und für Bremen bei 13 Mio. Euro, die der Bund zu 70 % und das jeweilige Land zu 30 % übernimmt.

M6 Zeitungsartikel (21.01.2021)

WES-101570-193

Küstenformen an der deutschen Nord- und Ostsee

Durch die unaufhörlichen Bewegungen des Meeres, die durch die Gezeiten und Winde aus wechselnden Richtungen hervorgerufen werden, verändert sich die Küste ständig. Sie ist daher keine Linie, wie sie die Karten in den Atlanten aussehen lassen.
Im Laufe der Jahrhunderte haben sich an Nord- und Ostsee vollkommen unterschiedliche Küstenformen gebildet.

AUFGABEN

1. Beschreibe die Fotos Ⓐ bis Ⓕ.
2. Ordne die Fotos Ⓐ–Ⓕ den Küstenformen an der Nord- und der Ostsee zu (M1–M3).
3. Erkläre die Entstehung des Kliffs in M3 Ⓑ.
4. Nenne Häfen an der Fördenküste.
5. Begründe die besondere Eignung der Fördenküste für die Schifffahrt.

Die Ostsee ist mit der Nordsee über eine Meerenge verbunden. Dadurch ist der Salzgehalt in der Ostsee deutlich niedriger als in der Nordsee. Auch wird durch die Meerenge die Gezeitenwelle stark gebremst, wodurch der Tidenhub in der Ostsee nur wenige Zentimeter beträgt.

M2 Unterschiede zwischen Nord- und Ostsee

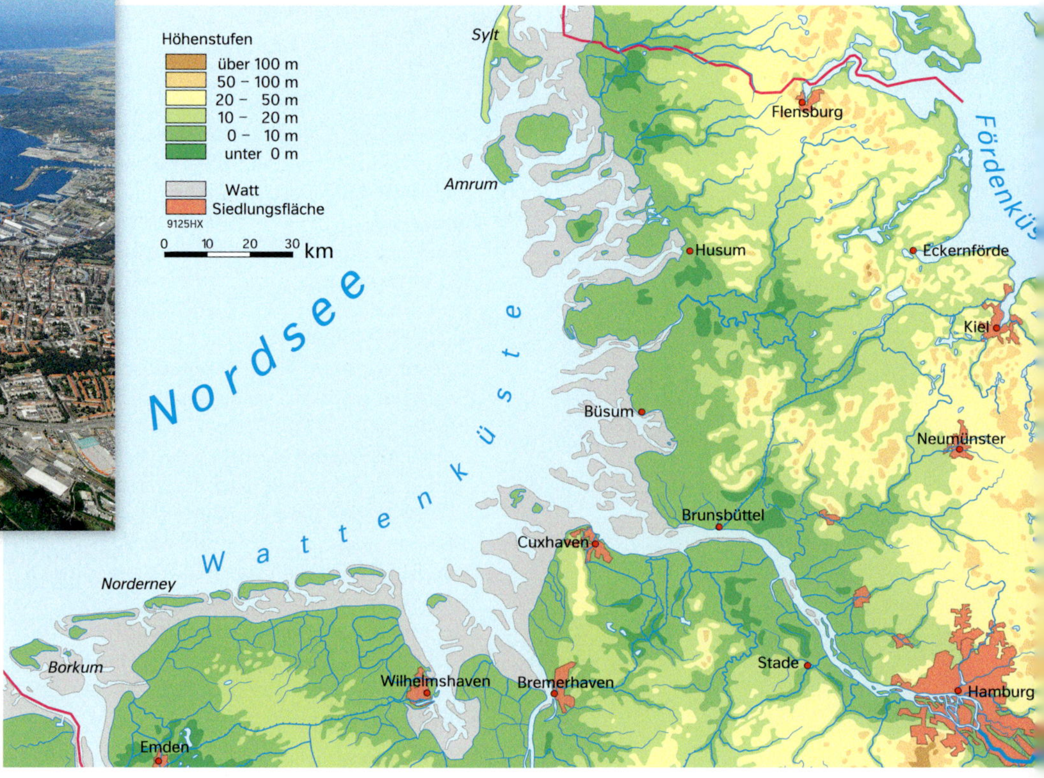

M1 Die Küsten der Nord- und Ostsee

3 Raumprägung

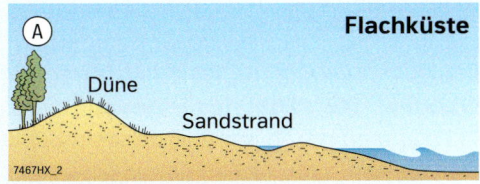

Flachküste
Düne — Sandstrand

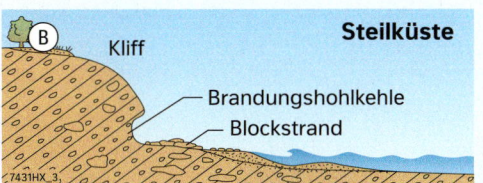

Steilküste
Kliff — Brandungshohlkehle — Blockstrand

Die mecklenburgische Ostseeküste von der Insel Poel bis zum Darß ist in weiten Teilen geprägt durch eine **Flachküste** (A). Durch die **Brandung** wird ständig Meeresboden abgetragen und fortgespült. Die Meeresströmung und der Wind transportierten dieses Material weiter. Es wird schließlich weiter östlich wieder abgelagert. So entwickelte sich aus der ursprünglichen **Buchtenküste** eine **Ausgleichsküste** (M1).
Als **Bodden** werden vom offenen Meer durch Landzungen abgetrennte Küstengewässer bezeichnet. Diese sind nach der Eiszeit durch den ansteigenden Meeresspiegel entstanden.

Steilküsten (B) bilden sich, wenn Wellen auf ein hohes Ufer prallen. Die Brandung höhlt den Steilhang (**Kliff**) aus, bis das überhängende Gestein herausbricht.
Von Norddänemark bis Kiel erstrecken sich die schlauchartig langgestreckte **Förden**. Noch vor 15 000 Jahren bedeckten riesige Eismassen Nordeuropa. Vorstoßende Gletscher gruben sich in den Untergrund. Nach Abschmelzen des Eises füllten sich diese tiefen Täler mit Meerwasser.
Auch an der Buchtenküste (M1) drangen Gletscherzungen vor. Hier allerdings haben sie sich mehr in die Breite ausgedehnt.

M 3 Küstenformen

Flüsse – von der Quelle zur Mündung

M1 Rheinquelle

M2 Weindorf Boppard am Rhein

M3 Duisburg am Rhein

Ein Fluss wird in Flussabschnitte eingeteilt: **Oberlauf**, **Mittellauf** und **Unterlauf**.
Flüsse, die im Gebirge entspringen, haben im Oberlauf eine hohe Fließgeschwindigkeit. Der Grund dafür ist ein hohes Gefälle. In diesem Flussabschnitt ist das Tal als **Klamm** oder **Kerbtal** ausgebildet (M8). Der Fluss frisst sich wie eine Säge in die Tiefe (**Tiefenerosion**). Dies erfolgt durch die Steine im Flussbett. Das Flusswasser reißt sie mit. Dabei schleifen die Steine sich und den Untergrund ab.
Im Mittellauf verringert sich das Gefälle. Deshalb schneidet sich der Fluss nicht mehr so tief ein. Dafür trägt er die Ufer stärker ab (**Seitenerosion**). Das Gestein vom Ufer stürzt in das Flussbett und wird abtransportiert. Auf diese Weise entsteht ein **Sohlental**. Die Haupttätigkeit des Flusses im Mittellauf ist aber der Transport von Material. Da hier das Gefälle immer geringer wird, beginnt der Fluss in Schlingen zu fließen. Diese Flusswindungen heißen **Mäander**.
Im Unterlauf überwiegt die Ablagerung (**Sedimentation**), bis der Fluss ins Meer mündet. Hier kommen **Muldentäler** vor.

AUFGABEN

1. Ordne die Fotos (M1 – M3) den Flussabschnitten (M4) und Talformen zu (M8).
2. Nenne Merkmale der verschiedenen Flussabschnitte (M4).
3. Erkläre kurz die Entstehung der unterschiedlichen Talformen (M4, M8).
4. Der Rhein bietet vor allem Wassersportlern vielfältige Möglichkeiten.
   a) Ordne die Wassersportarten (M5 – M7) den unterschiedlichen Flussabschnitten (M4) zu.
   b) Erläutere die unterschiedlichen Anforderungen (M4, M8) zur Ausübung der Sportarten.
   c) „Das Schwimmen im Oberlauf kann tödlich enden!" Nimm Stellung zu der Aussage (Internet).

3 Raumprägung

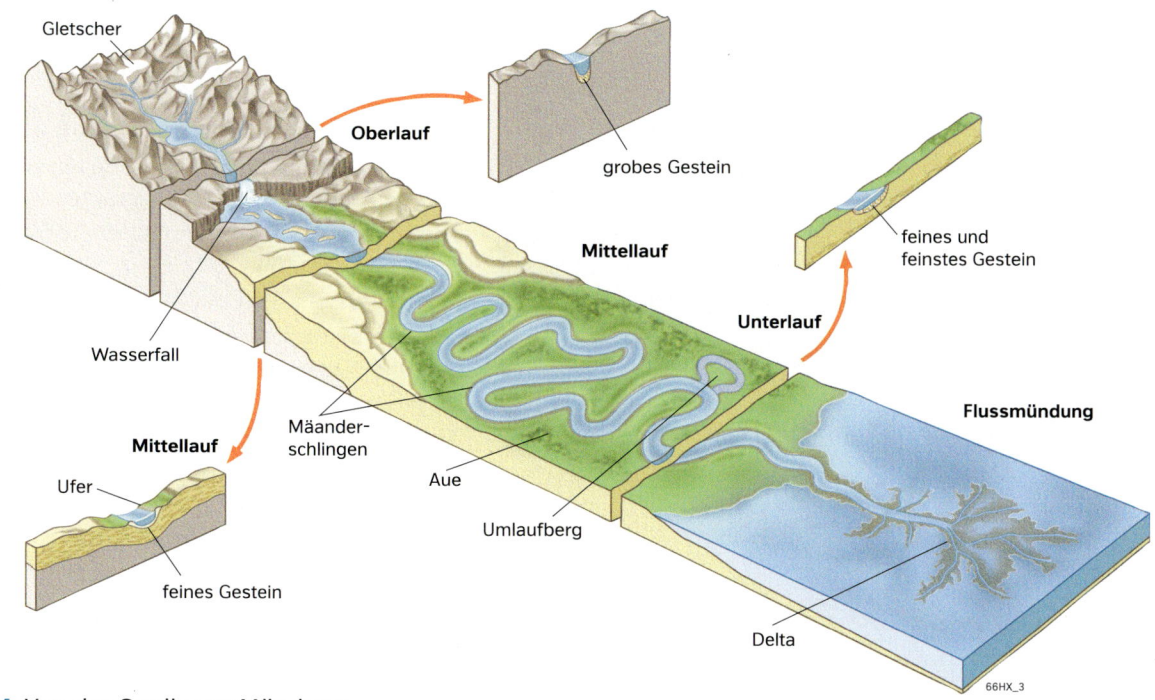

M4 Von der Quelle zur Mündung

M5 River Rafting im Rhein

M7 Jetski fahren auf dem Rhein

M6 Wakeboarden auf dem Rhein

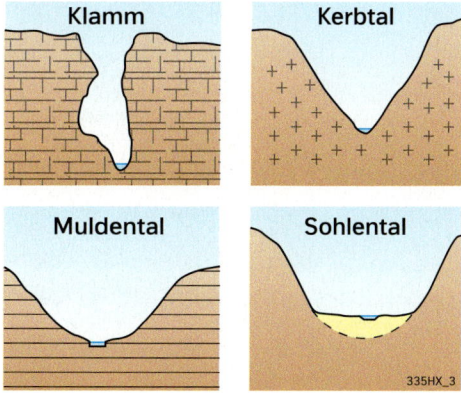

M8 Talformen

WES-101570-197

Hochwasser – wenn Flussufer ertrinken

M1 Ein Boot des Technischen Hilfswerkes in Grimma (Sachsen, 2013)

INFO

Der Begriff Hochwasser beschreibt einen u. a. durch Regenfälle oder die Schneeschmelze erhöhten Wasserspiegel von Gewässern.

INFO

Mit dem Begriff Einzugsgebiet wird das Gebiet bezeichnet, aus dem ein Gewässer seine gesamten Zuflüsse erhält.

Hochwasser (M2) treten an den meisten Flüssen regelmäßig auf. Solange ein Hochwasser nicht vom Menschen genutzte Bereiche überflutet, ist es zumeist unproblematisch.

Früher überfluteten die Flüsse regelmäßig die angrenzenden **Auewälder**. Die Pflanzen und Tiere, die dort lebten, waren daran angepasst.

Seit dem Mittelalter hat aber der Mensch große Waldflächen abgeholzt und für die Landwirtschaft genutzt oder bebaut. Deshalb kann nur noch weniger Wasser zurückgehalten werden. Es fließt dadurch oberirdisch ab und verstärkt das Hochwasser.

Hochwasser entsteht, wenn viel Niederschlag fällt. Dieser kann vom Boden nicht aufgenommen und gespeichert werden. Dies passiert z. B., wenn der Boden durch vorherige Niederschläge schon voll mit Wasser ist. Auch die Schneeschmelze im Frühjahr kann Hochwasser auslösen.
Der Mensch verstärkt z. B. durch den Bau von Straßen das Problem. Das Wasser kann nicht im Boden versickern. Besonders problematisch wird es, wenn mehrere Flüsse Hochwasser haben. Wenn sie zusammenfließen, verstärkt sich das Hochwasser.

M2 Aus einem Geographielexikon

AUFGABEN

1. *Erkläre den Begriff Hochwasser (M2).*
2. *Erstelle eine Skizze vom Einzugsgebiet der Weser und ihrer Nebenflüsse (Atlas).*
3. *Beschreibe die Auswirkungen von Hochwasserereignissen (M1–M3, M5).*
4. *Fasse Möglichkeiten des Hochwasserschutzes zusammen (M4, M6, M7).*
5. *Erstelle eine Mindmap zum Thema Hochwasser an Flüssen.*

M3 Die Elbe am 6. Juni 2013 im Raum Lutherstadt Wittenberg

Maßnahmen zum Hochwasserschutz sind aufwendig und teuer. Um eine Überflutung von bebauten Flächen zu verhindern, werden zum Beispiel Deiche gebaut. Auch deutlich teurere mobile Schutzwände (M7) kommen zum Einsatz. Sie stören das Landschaftsbild nicht so stark, können aber trotzdem im Hochwasserfall schnell verschlossen werden.

Ergänzt werden die Maßnahmen durch den Bau von Wasserrückhaltebecken. Die Becken sind künstlich angelegt und sollen Wasser zwischenspeichern. Sie tragen aber aufgrund der enormen Wassermassen während eines Hochwassers nur einen sehr kleinen Teil zum Hochwasserschutz bei.

Die Erfahrungen aus den letzten großen Hochwassern zeigen, dass es wichtig ist, den Flüssen Raum zu geben. Deshalb werden an vielen Stellen Deiche zurückverlegt. Eine Überflutung von landwirtschaftlich genutzten Flächen wird dabei in Kauf genommen, um Ortschaften und Bewohner vor Überflutungen zu schützen.

Bei starkem Hochwasser sorgt die Feuerwehr, zusammen mit dem **Technischen Hilfswerk** (THW), für die Sicherung und Verstärkung der Deiche, zum Beispiel mit Sandsäcken (M6).

Sie sichern auch die Strom- und Trinkwasserversorgung der Haushalte und Betriebe.

M4 Der Hochwasserschutz

M6 Verstärkung der Deiche

M7 Hochwasserschutzwand

M5 Elbehochwasser im Raum Lutherstadt Wittenberg am 7. Juni 2013

M1 Der Okerstausee im Harz

Der Harz – ein Wasserspeicher

WES-101570-200

Der Harz gehört zu den Räumen mit den höchsten Niederschlägen in Deutschland. Doch diese sind in dem Gebirge ungleich verteilt. Während in einigen Regionen hohe Niederschläge für ein großes Wasserangebot sorgen, herrscht in anderen Regionen Wassermangel. So fallen im Westharz pro Jahr rund 1700 Liter Niederschlag auf einer Fläche von einem Quadratmeter. Diese ist mindestens doppelt so viel wie im Ostharz.

AUFGABEN

1. Beschreibe die Ausmaße der Okertalsperre (M1, M5).
2. Nenne die Aufgaben der Talsperren im niedersächsischen Harz (M2, M4, M5).
3. Ordne den Zahlen (M3) die Texte ⓐ–ⓓ in M6 zu.
4. Bestimme die Entfernung von fünf Städten, die Wasser aus dem Harz erhalten, zur nächsten Talsperre (M2, Atlas).
5. Erkläre die Lage der Talsperren (M2–M4, M6, Atlas).
6. „Mit einer Erweiterung der Wasserspeicherkapazität hätten wir gleich zwei Fliegen mit einer Klappe geschlagen." Nimm Stellung zu dieser Aussage (M5).

M2 **Talsperren** und Fernwasserleitungen im Harz

3 Raumprägung

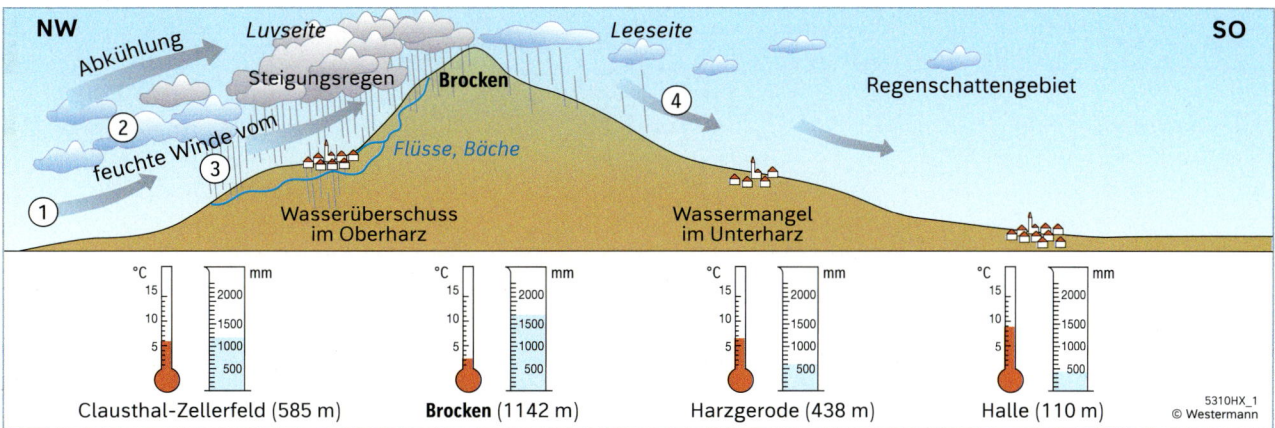

M 3 Die Entstehung und Verteilung der Niederschläge im Harz

Name	Fertigstellung	maximale Staumenge in Mio. m³ (m³ ≙ 1000 l)	Aufgaben
Söse-Talsperre	1931	25,6	H, S, T
Oder-Talsperre	1934	30,6	H, S, E
Ecker-Talsperre	1942	13,3	H, S, T
Oker-Talsperre	1956	46,9	H, S, E
Innerste-Talsperre	1966	19,3	H, S, E
Grane-Talsperre	1969	46,4	H, S, T

H = Hochwasserschutz,
S = Stromerzeugung,
T = Trinkwasserversorgung,
E = Erholung (Angeln und alle Wassersportarten außer Motorboot fahren)

M 4 Talsperren im niedersächsischen Harz

ⓐ Wenn warme und feuchte Luftmassen auf ein Gebirge zuwehen, so müssen sie an deren Hängen aufsteigen.
ⓑ Dabei kühlt sich die Luft immer weiter ab. Das unsichtbare Wasser kondensiert, wird flüssig und es bilden sich zunächst Wassertropfen, später Wolken.
ⓒ Wenn die Luft weiter aufsteigt, werden die Wassertropfen größer und schwerer. Es beginnt zu regnen. Dieser Regen an der dem Wind zugewandten Seite (**Luv**) eines Berges wird Steigungsregen genannt.
ⓓ Die Gebiete im Windschatten (**Lee**) sind regenärmer. Hier sinkt die Luft ab und erwärmt sich. Sie kann wieder Wasserdampf aufnehmen. Die Wolken lösen sich auf.

M 6 Wie Steigungsregen entsteht

„Im Sommer war die Oker lediglich ein plätscherndes Flüsschen, aber im Winter und Frühjahr konnte sie sich seit jeher in einen reißenden Strom verwandeln. Dann sorgte die Schneeschmelze früher für erhebliche Wassermassen, die in die umliegenden Orte gespült wurden und verheerende Überschwemmungen in Wolfenbüttel und Braunschweig verursachten", berichtet ein Zeitzeuge. Seit dem 24. März 1956 gehört dies der Geschichte an, hoffte man jedenfalls bis in die jüngere Vergangenheit. Seitdem sorgt eine 75 Meter hohe Betonmauer für einen regelbaren Abfluss des Okerwassers aus dem entstandenen Okerstausee, der bis zu 65 Meter tief ist und 47 Millionen Kubikmeter Wasser speichern kann. Das Oberharzer Dorf Schulenberg versank damals sprichwörtlich in den Fluten des Stausees und 300 Menschen mussten sich eine neue Heimat suchen. Danach entstand ein regelrechter Bauboom und mehr als 50 solcher Stauseen entstanden. Das darin gespeicherte Wasser hat seither zwei weitere Funktionen: es dient einerseits als Trinkwasserreservoir für viele Menschen in ganz Norddeutschland. Andererseits lassen sich mit dem aus den Stauseen abfließendem Wasser Turbinen betreiben, die elektrischen Strom erzeugen und zu einer ökologischen Energieversorgung beitragen. Doch spätestens seit 2017 Starkregenfälle für ein Hochwasser in Goslar gesorgt haben, denken Wissenschaftler über die Erweiterung bereits bestehender oder sogar den Bau weiterer Talsperren nach. Sie haben festgestellt, dass bedingt durch klimatische Veränderungen einerseits die Sommer trockener werden. Aber auch Starkregen haben in der jüngeren Vergangenheit zugenommen. „Mit einer Erweiterung der Wasserspeicherkapazität hätten wir gleich zwei Fliegen mit einer Klappe geschlagen!", berichtet ein Wissenschaftler.

M 5 Forscher für neue Talsperren im Harz

Versickerung

Wolkenbildung

Grundwasser

Oberflächen-
abfluss

Kondensation

Niederschlag

Verdunstung

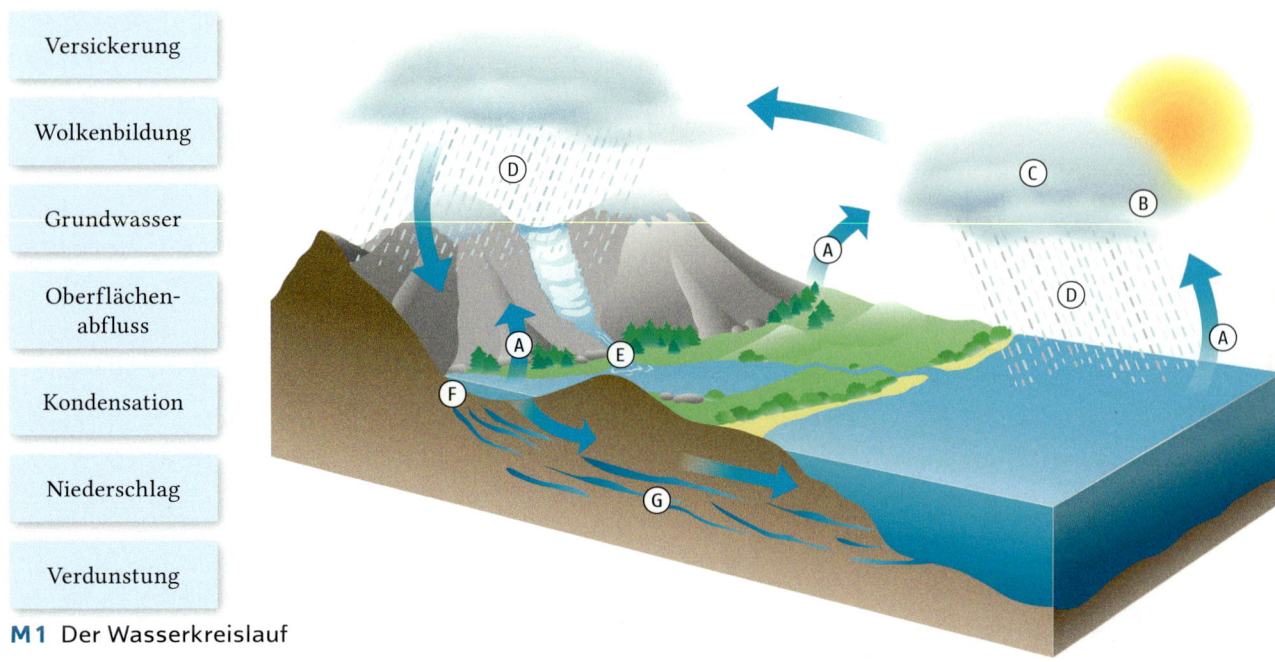

M1 Der Wasserkreislauf

Der Wasserkreislauf

Die Wettervorhersage „bewölkt mit Schauern" oder „ergiebiger Regen" erfreut nicht alle Menschen. Und doch brauchen wir den Regen so sehr zum Leben, wie kaum etwas anderes. Bleibt er aus, trocknen Bäche und Seen aus. Die Pflanzen verdorren und Wälder sind deutlich anfälliger für Waldbrände – so wie zum Beispiel im extrem warmen und trockenen Sommer 2018.

AUFGABEN

1. *Vervollständige den Wasserkreislauf in M1. Ordne die Begriffe den Buchstaben Ⓐ–Ⓖ zu.*
2. *Beschreibe den Wasserkreislauf (M1) aus der Sicht eines Wassertropfens. Berücksichtige die verschiedenen Aggregatzustände (M2, M4–M9).* ↗
3. *„Wir trinken dasselbe Wasser wie die Dinosaurier." Nimm Stellung zu der Aussage (M3).*

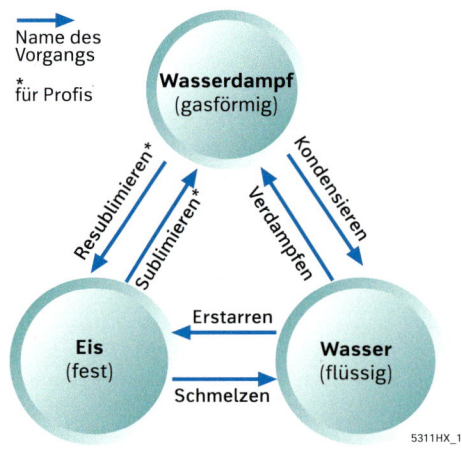

M2 Übergänge zwischen den Aggregatzuständen von Wasser

M3 Wasser - älter als die Dinosaurier

202

3 Raumprägung

M4 Am frühen Morgen kondensiert der Wasserdampf am Boden zu Tröpfchen (Tau).

M7 Wassertröpfchen verdunsten zu Wasserdampf

M5 Wasserdampf kondensiert in der Kälte großer Höhen zu Wasser und Eis.

M8 Kleine Eiskristalle sind hier zu Schneeflocken geworden und fallen herab.

Wasser kann in drei **Aggregatzuständen** vorkommen (M3): Eis (fest), Wasser (flüssig) und Wasserdampf (gasförmig). Als Wasserdampf ist Wasser unsichtbar. Die Umwandlung von Wasserdampf in Wassertröpfchen wird **Kondensation** genannt. Aus dem Kühlturm (Foto) strömt Dampf, der kleine Wassertröpfchen enthält. Er ist deshalb sichtbar. Je wärmer Luft ist, desto mehr Wasserdampf kann sie enthalten (M9).

M6 Bausteine zum Wasserkreislauf

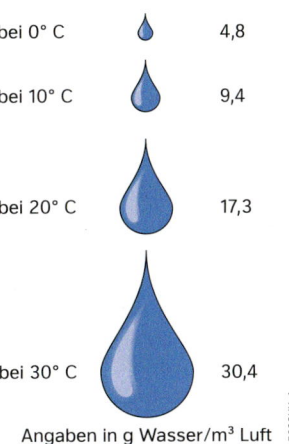

bei 0° C — 4,8
bei 10° C — 9,4
bei 20° C — 17,3
bei 30° C — 30,4

Angaben in g Wasser/m³ Luft

M9 So viel unsichtbaren Wasserdampf kann Luft enthalten

ALLES KLAR?

Wähle eine Aufgabe aus:
a) Ordne den Zahlen die jeweils richtigen Begriffe zu:

Nährgebiet – Schneegrenze – Gletscherbach – Gletschertor – Gletscherzunge – Zehrgebiet

b) Beschreibe den Aufbau eines Gletschers

Löse das Silbenrätsel: Thema Nordsee
a) Wenn das Meer am weitesten entfernt ist
b) Pfahlreihen mit Flechtwerk aus Reisig
c) schreckliches Ereignis im Jahr 1962
d) bedroht Küstenregionen in den nächsten Jahren immer stärker
e) Küstenform bei Kiel

an – de – flut – för – gel – gen – lah – mee – nied – nun – res – rig – ser – spie – stieg – sturm – was

Der Wasserkreislauf – Beschrifte die Abbildung Ⓐ – Ⓖ.

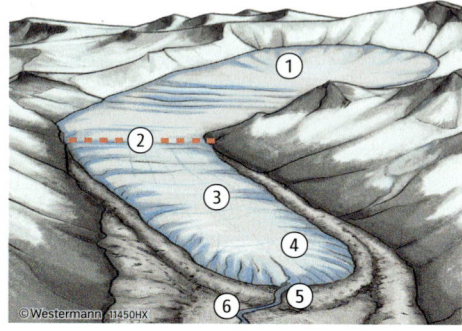

3 Raumprägung

Elbhochwasser in Lauenburg (2013)

Sturmflut an der Nordsee

Wähle eine Aufgabe aus:
a) Erstelle einen Nachrichtentext zu den Themen auf den Fotos
b) Wähle ein Foto und recherchiere Fakten zu dem Thema (Internet). Entwickle ein Wandplakat
c) Erarbeite einen Kurzvortrag zu einem der Fotos

Von der Quelle zur Mündung – Finde sieben Begriffe.

K	M	D	W	T	S	C	M	G	X	B	Q	W	E	G
D	X	U	W	N	U	S	U	Q	J	K	O	S	Z	F
N	E	R	B	Q	J	E	L	W	L	M	M	V	N	R
U	T	G	T	A	P	O	D	Y	R	V	W	K	J	M
H	G	I	M	S	L	T	E	K	J	K	K	M	S	M
T	S	K	Ä	I	T	E	N	B	L	L	E	O	K	P
A	O	I	A	Z	J	N	T	K	B	A	R	G	G	M
K	H	I	N	P	B	E	A	K	J	M	B	T	L	R
Y	L	E	D	R	X	R	L	P	H	M	T	E	G	X
G	E	P	E	D	N	O	H	B	C	K	A	X	W	T
E	N	I	R	S	W	S	P	P	T	F	L	P	V	B
G	T	Q	F	R	S	I	I	M	L	F	Q	D	V	M
Z	A	U	H	E	H	O	W	I	B	V	I	D	H	J
W	L	T	D	G	X	N	O	B	E	R	L	A	U	F
J	V	H	B	E	K	Y	V	X	T	J	H	O	E	H

WES-101570-205

Prüfe dich selbst!

Du kannst…		Ja/Nein
… Teile eines Gletschers nennen und beschreiben.	S. 184	?
… die Abfolge der glazialen Serie beschreiben.	S. 186	?
… die Entstehung der Gezeiten erklären.	S. 188	?
… die Schritte der Neulandgewinnung mit entsprechenden Fachbegriffen erklären.	S. 190	?
… die Entstehung von Sturmfluten beschreiben.	S. 192	?
… verschiedene Küstenformen der Nord- und Ostsee beschreiben.	S. 194	?
… die Flussabschnitte benennen.	S. 196	?
… verschiedene Talformen beschreiben.	S. 197	?
… die Ursachen von Hochwasser erläutern.	S. 198	?
… die Niederschlagsverteilung im Harz beschreiben	S. 200	?
… den Wasserkreislauf erläutern.	S. 202	?

Starthilfen

Seite 18, Aufgabe 1
Die Ergebnisse aus Aufgabe 1a kannst du in einer Tabelle zusammenfassen. Für die Ergebnisse aus Aufgabe 1b ergänzt du die Tabelle um eine dritte Spalte.

Kartenart	Merkmale	Beispiele in Lehrbuch und Atlas
...	...	...

Seite 37, Aufgabe 4

Landschaft	Erhebung	Bodenbeschaffenheit	bedeutende Städte	...
Norddeutsches Tiefland	Nicht über 200 m ü. M.	Im Süden äußerst fruchtbar	Hannover, Köln, Leipzig	...
Mittelgebirge	...	...	...	...

Seite 42, Aufgabe 4

Staatengruppe	Staat	Hauptstadt
...	...	...

Seite 54, Aufgabe 2
Du kannst folgende Satzbausteine nutzen:
Lüneburg liegt auf dem ‚Kalkberg' aus Gips, der von ... umgeben ist.
Salz war im Mittelalter wichtig, weil ...
Salz war eine wichtige Handelsware. Deshalb trat Lüneburg ...

Seite 58, Aufgabe 4a
Bestimme für die Verortung der Bilder die jeweiligen Planquadrate in M5.

Seite 86, Aufgabe 2

Landwirtschaftlicher Bereich	Landwirtschaftliches Erzeugnis	Produkte (Beispiele)
Ackerbau	Weizen	Brot, Kuchen
...	...	...

Seite 92, Aufgabe 1

Merkmal	1950	heute
...	...	...

Seite 94, Aufgabe 3
Es ist sinnvoll, zur Lösung der Aufgabe eine Tabelle anzufertigen.

Seite 97, Aufgabe 5
Du kannst deinen Bericht beispielsweise so beginnen: Wenn die Zuckerrübe geerntet wir, erfolgt gleich auf dem Feld eine erste Sortierung. Die Rübenblätter werden von der Rübe getrennt ...

Seite 118, Aufgabe 5
HafenCity ist das größte innerstädtische Statdentwicklungsprojekt Europas. Auf der Webseite des Projekts kannst du viele Dinge über die HafenCity erfahren. Wichtig ist, dass hier ein gänzlich neuer Stadtteil von Hamburg entstanden ist.

Seite 140, Aufgabe 1
Wortbausteine für das Rollenspiel: Rückgang der traditionellen Almwirtschaft, neue Straßen und Parkplätze, Ausbau des Freizeitangebotes, Abholzung der Wälder für Lifte und Wanderwege, Lawinengefahr, Angebot von Arbeitsplätzen in Hotels und Freizeiteinrichtungen, Naturschutzprogramme, Erschließung unberührter Gebiete für den Sommer- / Wintertourismus

Seite 146, Aufgabe 2

Land	Tätigkeit der Firma	Anzahl
Deutschland	Computer, auf dem die Internetrecherche erfolgt	1
...	...	...

Seite 156, Aufgabe 2

Erdschale	Aufbau	Merkmal
Erdkruste	– kontinentale und ozeanische Kruste – 5–70 km dick	– Temperatur steigt auf 700 °C – fest
Erdmantel	...	...

Seite 166, Aufgabe 4
Du kannst folgende Satzanfänge nutzen:
Unter dem Meer ...
Durch den ruckartigen Stoß wird ...
Es entsteht eine riesige ..., die sich in alle Richtungen ...
An der Küste wird die Welle ...
Das Ufer und Teile des Landesinnern werden ...

Seite 170, Aufgabe 3
Du kannst deine Beschreibung beispielsweise so beginnen: Vor 150 Millionen Jahren erstreckte sich zwischen Europa und Asien ein Meer. Im Meer wurden Sedimente abgelagert (z.B. aus Flüssen oder Muschelschalen). Vor 50 Millionen Jahren ...

Starthilfen

Seite 172, Aufgabe 3
Du kannst deine Erklärung beispielsweise so beginnen: Fossilien sind versteinerte Überreste von vorzeitlichen Tieren und Pflanzen, die in Sedimenten (Ablagerungsgesteinen) eingebettet sind. Nach der Ablagerung der Fossilien und Sedimente ...

Seite 174, Aufgabe 4
Du kannst folgenden Satzanfang benutzen: Vor etwa 100 Millionen Jahren lagerten sich ...

Seite 174, Aufgabe 5
Oberflächenformen: Tafelberge, ...

Seite 186, Aufgabe 3
Eine Tabelle kann dir beim Bearbeiten der Aufgabe helfen.

Seite 188, Aufgabe 5
Verwende für die Antwort folgende Begriffe: Anziehungskraft, Mond, Meerwasser, Wasserberg, Fliehkraft, zweiter Wasserberg, 24 Stunden, Drehung der Erde, zweimal Ebbe und zweimal Flut

Seite 190, Aufgabe 4a
Verwende für die Antwort folgende Begriffe: Schlick, Lahnungen, Grüppen, Queller, Salzwiesen, Deich, Sieltor, Polder/Koog.

Seite 200, Aufgabe 4
Mithilfe der Maßstabsleiste in M2 und einem Lineal oder Geodreieck kannst du die Entfernungen der einzelnen Städte zu den Talsperren bestimmen.
Es ist auch möglich, für die Bestimmung der Entfernungen einen Faden zu nutzen. Lege ihn auf das Material (M2) und ermittle die Länge zwischen einer Stadt und einer Talsperre. Hierfür nutze die Maßstabsleiste.

Stadt	Talsperre	Entfernung
Hildesheim	...	...
Celle	...	...
...	...	...

Seite 202, Aufgabe 2
Du kannst folgenden Satzanfang benutzen: Aus dem Meer verdunsten Wassertropfen und werden zu ...

Geo-Lexikon

Absanden (S. 175)
Entstehung von Sand durch Verwitterungsprozesse an Sandstein.

Aggregatzustand (S. 203)
Die Zustandsform eines Materials, z. B. fest, flüssig oder gasförmig.

Albtrauf (S. 173)
Steilanstieg der Schwäbischen Alb von Nordwesten her, bis auf etwa 400 m. Seit Millionen Jahren bildet sich der Albtrauf durch Verwitterung des Gesteins jährlich um mehrere Millimeter nach Südosten zurück.

Alm (S. 143)
Bergweide im Hochgebirge, auf die im Sommer das Vieh getrieben wird. Die dort wachsenden kräftigen Kräuter stellen ein wertvolles Futter dar.

Alpen (S. 36, 170)
Eine der vier Großlandschaften Deutschlands und längstes sowie höchstes Hochgebirge Europas.

Alpenvorland (S. 36)
Eine der vier Großlandschaften Deutschlands. Das Alpenvorland ist relativ flach und dehnt sich von den Alpen bis zur Donau aus.

Äquator (S. 46)
Gedachte Linie um die Erde. Er ist der längste Breitenkreis, der die Erde in zwei Hälften teilt: die Nord- und die Südhalbkugel. Der Äquator hat eine Länge von über 40 000 km.

Atlas (S. 22)
Sammlung von verschiedenen thematischen und physischen Karten.

Auewald (S. 198)
Ein Wald entlang von Bächen oder Flüssen, in dem es regelmäßig zu Überschwemmungen kommt.

Ausgleichsküste (S. 195)
Buchtenarme, geradlinige Küste, die durch parallel zur Küste stattfindende Sandverlagerung entsteht.

Auspendler (S. 60)
Menschen, die nicht in ihrem Wohnort arbeiten, sondern mit einem Verkehrsmittel zu ihrem Arbeitsort fahren müssen.

Automobilindustrie (S. 110, 116)
Industriezweig, in dem Autos hergestellt werden. Zur Automobilindustrie gehören auch die Zulieferbetriebe von Autoteilen.

Bänderung (S. 181)
Dünne Einregelung der Minerale (Schlieren).

Bannwald (S. 145)
Wald an einem steilen Gebirgshang. Er schützt vor Lawinen und verhindert Bodenabtragung.

Bevölkerungsdichte (S. 106)
Durchschnittliche Zahl der Einwohner eines Gebietes pro Flächeneinheit, meistens pro Quadratkilometer (Abkürzung: Einw./km^2).

Bodden (S. 195)
Flache Buchten mit unregelmäßigem Grundriss. Bodden sind vom Meer überflutete Senken der Grundmoräne.

Bodenhaltung (S. 104)
Form der Geflügelhaltung, bei der die Tiere etwas Platz zum Scharren haben. Artgerechter ist die Freilandhaltung.

Börde (S. 30, 96)
Mit Löss bedeckte Landschaft, in der die fruchtbarsten Böden Deutschlands zu finden sind, z. B. Magdeburger Börde. Börde kommt von niederdeutsch: (ge)bören = gebühren, zuteil werden.

Brandung (S. 195)
Wenn Wellen auf die Küste treffen, können sie auslaufen oder sich überschlagen. Beides nennt man Brandung.

Braunkohle (S. 108)
Nicht unendlich vorhandener Rohstoff, der unter hohem Druck und hoher Temperatur entstanden ist. Die abgestorbenen Pflanzen ehemaliger Sumpfwälder wurden in Millionen von Jahren zusammengepresst. Die Braunkohle ist in Deutschland jünger als die Steinkohle und liegt meist näher an der Erdoberfläche, weshalb sie oft im Tagebau gefördert wird. Braunkohle wird hauptsächlich zur Stromgewinnung genutzt. Die dabei entstehenden Gase sind aber schädlich für unser Klima.

Braunkohletagebau (S. 108)
Gebiet, in dem Braunkohle an der Erdoberfläche abgebaut wird. Durch das Abpumpen des Grundwassers kann es zu Schäden an Häusern und Straßen kommen. Der Braunkohletagebau verschlingt große Flächen. Deshalb müssen manchmal sogar ganze Orte umgesiedelt werden.

Breitenkreis (S. 26)
Gedachte Linie, die parallel zum Äquator oder als Äquator um die Erde verläuft. Zusammen mit den Längenkreisen bilden Breitenkreise das Gradnetz der Erde.

Buchtenküste (S. 195)
Durch Gletscher gebildete Küstenform an der Ostsee, ähnlich den Förden, nur breiter.

Bundesland (S. 32, 38)
Teilstaat der Bundesrepublik Deutschland. Es gibt in Deutschland insgesamt 16 Bundesländer.

Geo-Lexikon

Bundespräsident/ Bundespräsidentin (S. 72)
Das Staatsoberhaupt der Bundesrepublik Deutschland. Der Bundespräsidenten werden von der Bundesversammlung auf fünf Jahre gewählt. Er oder sie vertritt die Bundesrepublik Deutschland in anderen Staaten und kontrolliert neue Gesetze, z. B. ob sie mit der Verfassung Deutschlands übereinstimmen.

Bundesregierung (S. 72)
Besteht aus Bundeskanzler/ Bundeskanzlerin und den Bundesministern und wird auch als Bundeskabinett bezeichnet. Die Bundesregierung kann dem Bundestag neue Gesetze vorschlagen.

Bundestag (S. 88)
Volksvertretung (Parlament) der Bundesrepublik Deutschland. Hier werden Gesetze beschlossen.

Chemiewerk (S. 108)
Betrieb mit technischer Anlage, in der Rohstoffe durch chemische Reaktionen industriell aufbereitet werden

Container (S. 118)
Behälter für die Beförderung von Gütern. Container können auf Zügen, Lkws, Flugzeugen und Schiffen transportiert werden. Container gibt es in zwei Größen: ca. 6 m lang und ca. 12 m lang.

Deich (S. 190)
Künstlich aufgeschütteter Damm an einer Küste oder einem Flussufer. Er soll das dahinterliegende Land vor Überschwemmungen schützen.

Diagramm (S. 65)
Grafische Darstellung von Daten oder Informationen, um Zusammenhänge und Entwicklungen besser erkennen und vergleichen zu können.

Es gibt verschiedene Formen von Diagrammen, z. B. Kreis-, Kurven- oder Säulendiagramme.

Dienstleistung (S. 84 M5)
Wirtschaftsbereich (tertiärer Sektor), der nicht durch die Produktion von Gütern, sondern durch persönliche Leistungen geprägt ist. Dazu gehören z. B. Handel, Banken, Verwaltung.

Dienstleistungszentrum (S. 122)
Ort an dem sich eine große Anzahl an Dienstleistern angesiedelt haben. Dies erzeugt kurze Wege für die Nutzerinnen und Nutzer. Die Ansiedlung wird oft strukturell und auch finanziell begünstigt.

Direktverkauf (S. 104)
Verkauf von landwirtschaftlichen Produkten direkt beim Hersteller. Durch den Wegfall von Zwischenhändlern wie Supermärkten erhält der Hersteller den ganzen Gewinn.

Doline (S. 173)
Trichterförmige Vertiefung im Karst mit einem Durchmesser von wenigen Metern bis zu mehreren Kilometern.

Ebbe (S. 189)
Phase der Gezeiten, bei der das Wasser abfließt. Gegenteil: Flut.

Einpendler (S. 60)
Menschen, die nicht in ihrem Wohnort arbeiten, sondern mit einem Verkehrsmittel zu ihrem Arbeitsort fahren müssen. Sie pendeln z. B. aus dem Umland in die Stadt.

Einwohnerzahl (S. 107)
Zahl der in einem Raum (z. B. Stadt, Land, Gemeinde) wohnenden Bevölkerung.

Eiszeit (S. 173, 186)
Zeitabschnitt in der Erdgeschichte, in der auf der Erde viel niedrigere Temperaturen herrschten als heute. Damals bedeckten mächtige Eismassen große Teile der Erde. Die letzte Eiszeit endete vor etwa 10000 Jahren.

Endmoräne (S. 187)
Teil der glazialen Serie. Am Gletscherende, wo viel Eis schmilzt, lagert sich Gesteinsmaterial ab, das der Gletscher mitgebracht oder zum Teil zusammengeschoben hat.

Endogene Kräfte (S. 180)
Kräfte, die aus dem Erdinneren wirken. Endogene Kräfte sind zum Beispiel Erdbeben, Vulkanismus und Gebirgsbildung. Gegensatz: exogene Kräfte.

Entlastungsstadt (S. 78)
Stadt, die gebaut wurde, um eine stark wachsende Stadt zu entlasten. Sie unterstützt die Stadt durch zusätzlichen Wohnraum und eigene Infrastruktur.

Epizentrum (S. 161)
Senkrecht über dem Hypozentrum liegender Punkt an der Erdoberfläche. Hier finden die stärksten Erschütterungen und Zerstörungen bei einem Erdbeben statt.

Erdbeben (S. 160)
Durch Bewegung von Erdplatten (rund 90 % aller Beben), Vulkanismus (7 %) oder Einsturz von Hohlräumen (3 %) hervorgerufene Erschütterungen der Erdkruste und des Erdmantels

Erdgeschichtliche Zeittafel (S. 176)
Tabelle, in der die Erdgeschichte zeitlich gegliedert dargestellt ist.

Erdkern (S. 157)
Innerster Teil des Erdkörpers. Der Erdkern reicht von etwa 2900 km Tiefe bis zum Erdmittelpunkt in 6371 km Tiefe. Man unterscheidet zwischen einem äußeren flüssigen und einem inneren festen Kern.

Erdkruste (S. 157)
Äußere verfestigte Schale der Erde, die etwa 5 bis 70 km mächtig sein kann. Man unterscheidet zwei Arten von Erdkruste: die 5 bis 10 km mächtige ozeanische Erdkruste und die 25 bis 70 km dicke kontinentale Erdkruste.

Erdmantel (S. 157)
Zwischen Erdkruste und Erdkern gelegene, mächtige Schale des Erdkörpers. Es wird zwischen einem oberen und einem unteren Erdmantel unterschieden. Die Grenze liegt bei etwa 700 km.

Erosion (S. 145, 178)
Abtragung von Verwitterungsmaterial (z. B. Sand) durch Wasser oder Wind.

Erz, Eisenerz (S. 110)
Ein natürlich vorkommendes, metallhaltiges Gestein. Das Eisenerz wird z. B. als Rohstoff zur Eisenherstellung verwendet.

Europäische Union (S. 44)
Zusammenschluss von zurzeit 27 europäischen Staaten (nach dem Brexit), durch den eine möglichst enge wirtschaftliche und politische Zusammenarbeit erreicht werden soll.

Exogene Kräfte (S. 180)
Kräfte, die von außen auf die Erde einwirken. Zu den exogenen Kräften zählen die Arbeit von Wasser, Eis und Wind. Sie arbeiten letztlich auf eine Einebnung der Erdoberfläche hin. Gegensatz: endogene Kräfte.

Faustskizze (S. 34)
Siehe Kartenskizze

Felsnadel (S. 174)
Fels, der alleine steht. Seine Form ist hoch und spitz.

Findling (S. 186)
Gesteinsblock, der von Gletschern der Eiszeit verfrachtet wurde. Die Findlinge Norddeutschlands stammen aus Skandinavien, diejenigen des Alpenvorlandes aus den Alpen.

Firn (S. 184)
Gepresster Schnee, der sich nach vielen Jahren zu Firneis und schließlich zu Gletschereis umwandelt.

Firneis (S. 184)
Gepresster Firn, der sich nach vielen Jahren zu Gletschereis umwandelt. Firneis entsteht vor allem durch den Druck der darüberlagernden Eis- und Schneemassen. Dadurch wird die Luft aus dem Firn hinausgepresst.

Flachküste (S. 195)
Sandiger, flacher Küstenabschnitt. Die Küstenlinie wird im Bereich der Flachküste häufig durch die Brandung und Meeresströmungen verändert (Ausgleichsküste).

Flachs (S. 55)
Faserpflanze, die früher vor allem zur Herstellung von Stoffen verwendet wurde

Flüssigladung (S. 118)
Alle flüssigen Stoffe, die in Tanks transportiert werden, z. B. Erdöl oder Wasser.

Flut (S. 189)
Teil der Gezeiten. Das Wasser steigt während dieser Zeit allmählich an.
Gegenteil: Ebbe.

Förde (S. 195)
Lang gestreckte Meeresbucht, die durch Gletscher in der Eiszeit geformt und nach der Eiszeit überschwemmt wurde.

Forstwirtschaft (S. 84 M5)
Teil des Wirtschaftsbereiches Landwirtschaft (primärer Sektor), auch Waldwirtschaft genannt. Dabei wird Holz geschlagen und weiterverarbeitet. Gerodete Flächen werden meist wieder aufgeforstet.

Fossil (S. 172, 176)
Überrest oder Abdruck eines vorzeitlichen Tieres oder einer Pflanze, die unter besonderen Ablagerungsbedingungen abgelagert und heute meist in ein Sediment bzw. einen Sedimentit eingebettet sind.

Fruchtwechsel (S. 96)
Regelmäßiger Wechsel beim Anbau verschiedener Feldfrüchte auf einem Feld, um die Fruchtbarkeit des Bodens zu erhalten.

Funktionen einer Stadt (S. 58)
Aufgaben, die eine Stadt für ihre Bewohner erfüllt. In Städten befinden sich z. B. Ämter, große Geschäfte oder Krankenhäuser, die auch für Menschen aus dem ländlichen Raum wichtig sind.

Geest (S. 30)
Landschaft mit einer leicht gewellten Oberfläche. Sie ist typisch für Norddeutschland. Die Geest ist ein Raum mit sandigen und deshalb weniger fruchtbaren Böden aus Materialien einer älteren Eiszeit.

Generalisierung (S. 14)
Auf einer Karte werden Einzelheiten zu einer Farbe oder Signatur zusammengefasst. Unwichtiges wird weggelassen.

Geo-Lexikon

Geocache (S. 29)
„Schatz", der beim Geocaching gefunden werden kann. Oft muss man Rätsel lösen, um die Koordinaten zum „Schatz" zu erhalten. Um dann die Koordinaten finden zu können, benötigt man ein GPS-Gerät.

Geologe (S. 156)
Forscher, der sich mit der Zusammensetzung und der Entstehung von Gesteinen beschäftigt.

Geologische Schwächezone (S. 162)
Macht sich oft durch Erdbeben und Vulkane bemerkbar. Typische Schwächezonen sind z. B. die Ränder der Kontinentplatten oder Grabenbrüche.

Gezeiten (S. 188)
Auch Tide genannt. Wechsel von Ebbe und Flut. Die Gezeiten werden unter anderem durch die Anziehungskraft des Mondes beeinflusst.

Glaziale Serie (S. 187)
Begriff für die typische Abfolge der von eiszeitlichen Gletschern und Schmelzwässern geschaffenen Landschaftsformen: Grundmoräne, Endmoräne, Sander, Urstromtal.

Gletscher (S. 184)
Bis zu mehrere Hundert Meter dicke Eismasse, die durch ihr Eigengewicht langsam talwärts fließt. Sie entsteht, wenn über einen großen Zeitraum mehr Schnee fällt, als wegschmelzen kann. Jeder Gletscher hat ein Nährgebiet und ein Zehrgebiet.

Gletschertor (S. 185)
Es befindet sich an der Gletscherzunge. Hier fließt das Wasser aus dem Gletscher.

Gletscherzunge (S. 185)
Der vorderste und älteste Teil eines Gletschers. Vor der Gletscherzunge entsteht die Endmoräne.

GPS-Empfangsgerät (S. 28)
Das Global Positioning System (GPS) ist ein satellitengestütztes Navigationssystem. Es werden Satelliten angepeilt. Dadurch ist eine genaue Positionsbestimmung an jedem Ort der Welt möglich.

Grabenbruch (S. 162)
Lang gezogene Senke auf Kontinenten an geologischen Schwächezonen. Er wird auch kontinentaler Grabenbruch genannt.

Gradnetz (S. 26)
Netz aus gedachten Längen- und Breitenkreisen, das die Erde überzieht. Mithilfe des Gradnetzes lässt sich ein bestimmter Punkt auf der Karte oder auf dem Globus schnell finden.

Greifergut (S. 118)
Fracht, die mit einem Greifer bewegt wird. Dazu zählen z. B. Schrottteile, Kohle oder Baumstämme.

Großlandschaft (S. 36)
Zusammenhängende, charakteristische Großregionen nach natürlichen Gesichtspunkten, wie Relief und Klima. Deutschland ist z. B. in Großlandschaften unterteilt. Von Norden nach Süden sind das: Norddeutsches Tiefland, Mittelgebirge, Alpenvorland und Alpen (Hochgebirge).

Grundmoräne (S. 187)
Moräne, die an der eiszeitlichen Gletschersohle entstand und erst sichtbar wurde, als der Gletscher geschmolzen war. Teil der glazialen Serie

Güterverkehr (S. 64)
Im Gegensatz zum Personenverkehr werden im Güterverkehr nur Waren und Rohstoffe transportiert.

Hansebund (S. 54)
Zusammenschluss von Städten im Nord- und Ostseeraum, deren Kaufleute im Mittelalter Handel trieben

Hauptstadt (S. 72)
Stadt, in der die Regierung bzw. das Parlament eines Staates oder Bundeslandes ihren Sitz hat.

Himmelsrichtung (S. 12)
Die Himmelsrichtungen helfen bei der Orientierung auf der Erde. Es gibt vier Haupthimmelsrichtungen: Norden, Osten, Süden, Westen. Sie lassen sich z. B. mithilfe eines Kompasses oder anhand von Sternbildern bestimmen.

Hochgebirge (S. 40)
Gebirge mit schroffen Formen und Höhen über 1500 m ü. M., wie z. B. die Alpen.

Hochwasser (S. 189, 198)
Wasserstand, der über dem normalen Wasserstand liegt. Im Zusammenhang mit den Gezeiten steht der Begriff Hochwasser für den Zeitpunkt, zu dem die Flut den höchsten Stand erreicht hat und die Ebbe wieder einsetzt. Gegenteil: Niedrigwasser.

Höhenlinie (S. 14)
Gedachte Linie, die auf einer Karte Punkte gleicher Höhe verbindet.

Hypozentrum (S. 161)
Auch Erdbebenherd genannt. Entstehungsort eines Erdbebens in der Tiefe. Senkrecht darüber an der Erdoberfläche liegt das Epizentrum.

Individualverkehr (S. 64)
Jede Fortbewegung, bei der ein Einzelner ein ihm persönlich zur Verfügung stehendes Verkehrsmittel wie Auto oder Fahrrad nutzt (also keine öffentlichen Verkehrsmittel wie Bus oder Bahn).

Industrie (S. 84 M5)
Wirtschaftsbereich (sekundärer Sektor), in dem in einer Fabrik Produkte hergestellt werden. Ein wichtiges Merkmal ist der Einsatz von Maschinen und die Aufteilung der Produktion in viele Produktionsschritte. Die anderen Wirtschaftsbereiche sind Landwirtschaft und Dienstleistungen.

Infrastruktur (S. 124)
Alle Einrichtungen und Verkehrswege, die notwendig sind, um die Bedürfnisse der Menschen zu befriedigen (z. B. Wasser- und Stromanschluss, Müllabfuhr, Krankenhäuser, Verkehrsanbindung).

Innenstadt (S. 60)
Zentraler Bereich einer Stadt, der durch Kaufhäuser und Fachgeschäfte, Dienstleistungsbetriebe wie Banken, Fachärzte und Behörden sowie kulturelle Einrichtungen geprägt ist.

Intensivtierhaltung (S. 92)
Form der Tierhaltung, bei der viele Tiere auf engstem Raum in kurzer Zeit gemästet und anschließend geschlachtet werden. Die Tiere verbringen in der Regel ihr ganzes Leben im Stall. Zudem werden bei der Haltung oft viele Medikamente eingesetzt und es entstehen große Mengen an Gülle.

Jungmoränenlandschaft (S. 187)
Landschaft, die u.a. aus Moränen der letzten Eiszeit aufgebaut ist.

Just-in-Time (S. 114)
Produktionssystem, bei der Teile erst zur Montage angeliefert werden, wenn sie gebraucht werden. Das soll Lagerflächen und Überproduktion einsparen.

Kalkstein (S. 170)
Gestein, das vor Millionen von Jahren noch Meeresboden war, auf dem sich die Schalen toter Muscheln, Schnecken und andere Meeresbewohner abgelagert und verfestigt haben.

Kar (S. 185)
Ursprungsgebiet eines Gletschers, meist eine Felswanne unterhalb eines Berghangs. Diese füllt sich mit Schnee, bis sie „überläuft". Das Kar ist mit dem Nährgebiet eines Gletschers identisch.

Karst (S. 173)
Gebiet, in dem aufgrund wasserlöslicher Gesteine (z. B. Kalk oder Gips) Karstformen vorkommen. Karstformen sind zum Beispiel Höhlen, unterirdische Flüsse und Dolinen.

Kartenskizze (S. 34)
Vereinfachte Darstellung eines Raumes.

Kerbtal (S. 196)
Durch Erosion entstandene Talform, die oft in Mittel- und Hochgebirgen auftritt. Wegen seiner Form wird es auch als V-Tal bezeichnet.

Klamm (S. 196)
tiefes und enges Tal, durch das oft ein Gebirgsfluss fließt

Kliff (S. 195)
steiler Küstenabschnitt, der durch die Brandung des Meeres geformt wird

Kompass (S. 13)
Gerät zur Bestimmung von Himmelsrichtungen. Er besteht aus einer Windrose und einer Magnetnadel. Der markierte Teil der Nadel zeigt immer nach Norden.

Kondensation (S. 203)
Übergang des Wasserdampfes von gasförmig zu flüssig. Dadurch können sich in der Atmosphäre Wolken bilden.

Kontinent (S. 16, 46)
Auch Erdteil genannt. Bezeichnung für die großen Festlandsmassen. Es gibt sieben Kontinente, z. B. Europa, Asien und Nordamerika.

Kontinentalverschiebung (S. 158)
Theorie von Alfred Wegener. Er ging davon aus, dass die Kontinente früher „zusammenhingen" und sich erst langsam an ihre heutige Position verschoben.

Konventionelle Landwirtschaft (S. 86, 92)
Form der Landwirtschaft, bei der auch (synthetische) Düngemittel und chemische Pflanzenschutzmittel eingesetzt werden.

Koog (S. 191)
Polder

Kristall (S. 180)
Chemisch gleichmäßiger Körper, dessen kleinste Bausteine (Atome) eine feste Struktur besitzen, d.h. eine innere Ordnung im Kristallgitter aufweisen.

Küste (S. 30, 194)
Schmaler Grenzbereich zwischen Festland und Meer. Es werden z. B. Steilküste und Flachküste unterschieden.

Lagebeziehung (S. 54)
Hier: die Gründe, die für die Entstehung einer Siedlung an einem bestimmten Ort entscheidend sind, wie zum Beispiel die Lage an einer Straße, an einem Fluss oder in der Nähe von Rohstoffen.

Lahnung (S. 191)
Schmaler Damm an der Wattenküste aus Reisiggeflecht. Dadurch werden die Wellen beruhigt und Sediment (Schlick) kann sich absetzen. Lahnungen dienen der Landgewinnung im Meer.

Landwirtschaft (S. 84 M5, 86)
Wirtschaftsbereich (primärer Sektor), der den Ackerbau, den Anbau von Früchten, die Forstwirtschaft und die Tierzucht umfasst. Auch der Bergbau wird zum primären Sektor gezählt. Weitere Wirtschaftsbereiche sind Industrie und Dienstleistung.

Längenkreis (S. 26)
Genauer: Längenhalbkreis; auch Meridian genannt. Gedachte Linie, die von einem Pol zum anderen Pol läuft. Man unterteilt die Erdkugel in 360 Längenhalbkreise, die von 0° bis 180° in westlicher bzw. in östlicher Richtung gezählt werden. Zusammen mit den Breitenkreisen bilden sie das Gradnetz der Erde.

Lava (S. 152)
Das an der Erdoberfläche austretende Magma.

Lavabombe (S. 155)
Bei einem Vulkanausbruch herausgeschleuderter Lavabrocken.

Lavastrom (S. 155)
Geschmolzenes Gestein, das an der Erdoberfläche hangabwärts fließt. Dabei hat die Lava eine Temperatur zwischen 800°C und 1200°C. Wenn die Lava erstarrt, spricht man immer noch von einem Lavastrom.

Lawine (S. 145)
Große Masse von Eis oder Schnee, die von Bergen ins Tal gleitet oder stürzt.

Lawinenverbauung (S. 145)
Schutzbauten, die Lawinen abschwächen, stoppen oder umlenken sollen. Dazu gehören Schutzzäune, Galerien (Dächer über Verkehrswegen) und Bannwälder.

Lee (S. 201)
Die dem Wind abgewandte Seite.

Legende (S. 14)
Teil einer Karte, in der alle Symbole, Zeichen und Farben erklärt werden

Lithosphäre (S. 157, 158)
Durch festes Gestein geprägter Teil der Erde. Die Lithosphäre umfasst die Erdkruste und den obersten Erdmantel.

Luv (S.201)
Die dem Wind zugewandte Seite.

Mäander (S. 196)
Fluss- oder Talschlingen in „Schlangenlinien", die vor allem im Unterlauf eines Flusses auftreten, wenn der Fluss langsamer fließt.

Maar (S. 155)
Kreisförmiger Talkessel mit wenigen Hundert Meter Durchmesser, der von einem Wall umgeben ist. Maare sind durch eine Explosion entstandene Trichter. Später füllten sie sich oft mit Wasser. Maare finden sich zum Beispiel in der Eifel.

Magma (S. 152)
Flüssige, gashaltige Gesteinsschmelze in den tieferen Bereichen der Erdkruste mit Temperaturen um 1000°C. Sobald Magma an der Erdoberfläche austritt, nennt man es Lava.

Magmatit (S. 181)
Gestein, das entsteht, wenn Magma erstarrt. Man unterscheidet Vulkangesteine (Magmatite) und Tiefengesteine (Plutonite).

Marsch (S. 30, 191)
ebene Küstenlandschaft, die aus Meeresablagerungen besteht und eingedeicht ist

Massentourismus (S. 142, 144)
Form des organisierten Reisens, die es vielen Menschen gleichzeitig ermöglicht, Urlaub zu machen. Typisch sind preisgünstige Reisen, die Konzentration auf wenige Urlaubsorte und die Anpassung der Einheimischen an die Gewohnheiten der Touristen.

Maßstab (S. 16)
Gibt an, wie viel mal kleiner eine Strecke auf der Karte ist als in der Natur. Beispiel 1:100000: 1 cm in der Karte = 100000 cm (= 1 km) in der Natur.

Maßstabszahl (S. 16)
Zahl, die angibt, wie stark verkleinert Dinge in einer Karte dargestellt sind. Beispiel: Maßstabszahl 100000, der Maßstab lautet dann 1:100000.

Meridian (S. 27)
Ein Längenhalbkreis im Gradnetz der Erde (Längenkreis).

Metamorphit (S. 181)
Gestein, das durch Umwandlung und Umformung eines anderen Gesteines entstanden ist. Dabei wird das Ausgangsgestein hohen Druck- und / oder Temperaturbedingungen ausgesetzt, aber nicht aufgeschmolzen.

Metamorphose (S. 181)
Prozess der Umwandlung von Gesteinen zu einem Metamorphit

Meteorit (S. 49)
Gesteinsbrocken aus unserem Sonnensystem, der auf der Erde eingeschlagen ist.

Metropole (S. 70)
Großstadt, die der politische, gesellschaftliche und wirtschaftliche Mittelpunkt eines Landes oder einer Region ist.

Mineral (S. 180)
Grundbausteine des Gesteins, chemisch und physikalisch einheitliche Stoffe.

Mittelgebirge (S. 30, 36, 40)
Eine der Großlandschaften Deutschlands. Es sind in der Regel Gebirge aus sehr alten Gesteinen, die bis 1500 m hoch sind. Die Oberflächenformen sind meist abgerundet. Mittelgebirge sind häufig bewaldet.

Mittellauf (S. 196)
Der mittlere Abschnitt eines Flusses.

Mittelozeanischer Rücken (S. 159)
Lang gestreckter Gebirgszug in Ozeanen, an dem Kontinentplatten auseinanderdriften und neuer Ozeanboden entsteht.

Mond (S. 25, 48)
Kleinerer Himmelskörper, der einen Planeten umkreist.

Moräne (S. 185)
Von Gletschern mitgeführter und abgelagerter Gesteinsschutt. Moränen entstehen am Grund der Gletscher und an ihren Rändern. Man unterscheidet daher nach der Lage Grundmoränen, Seitenmoränen und Endmoränen.

Muldental (S. 196)
meist ein breites Tal mit flachen Hängen im Mittel- oder Unterlauf eines Flusses

Mure (S. 145)
Schnell fließender, aus Schlamm und Steinen bestehender Erdrutsch. Eine Mure wird von heftigen Regenfällen oder der Schneeschmelze ausgelöst.

Nachhaltigkeit (S. 94)
Nachhaltig bedeutet, etwas zum Wohl der nächsten Generation zu bewahren. In der Forstwirtschaft bedeutet Nachhaltigkeit, dass man nicht mehr Bäume fällt, als gleichzeitig nachwachsen können, damit auch die nächste Generation wieder einen Wald hat.

Nährgebiet (S. 185)
Bereich, in dem ein Gletscher wächst; Gegenteil: Zehrgebiet.

Nationalpark (S. 174)
Landschaft, die besonders geschützt wird und vom Menschen nur wenig beeinflusst werden darf.

Niedrigwasser (S. 189)
Der Zeitpunkt, an dem die Ebbe am weitesten fortgeschritten ist und der Meeresspiegel damit am niedrigsten ist. Anschließend setzt die Flut wieder ein.

Nordhalbkugel (S. 46)
Teil der Erde, der nördlich des Äquators liegt.

Nordpol (S. 27)
Nördlichster Punkt der Erde. Von hier aus führen alle Wege nach Süden.

Nullmeridian (S. 27)
Der Meridian (Längenhalbkreis), der durch die Sternwarte von Greenwich (London) verläuft. Von ihm aus zählt man 180 Meridiane nach Westen und 180 nach Osten.

Oberlauf (S. 196)
Der obere Abschnitt eines Flusses.

ökologische Landwirtschaft (S. 86, 94)
Im Gegensatz zur konventionellen Landwirtschaft werden in der ökologischen Landwirtschaft ausschließlich natürliche Düngemittel (z. B. Kompost oder Mist) und nur wenige bzw. keine Pflanzenschutzmittel verwendet. Bei der Tierhaltung achten die Landwirte auf eine artgerechte Tierhaltung.

Öko-Siegel (S. 94)
Güte- und Prüfzeichen, mit denen Produkte aus ökologischer Landwirtschaft gekennzeichnet werden

ÖPNV (S. 64)
Abkürzung für Öffentlicher Personennahverkehr (z. B. Bus, Bahn). Der ÖPNV beinhaltet alle Verkehrsmittel, die von jedem benutzt werden dürfen, der im Besitz einer gültigen Fahrkarte ist. Nahverkehr bedeutet, dass diese Dienstleistung für meist kurze Fahrten zur Verfügung steht.

Ozean (S. 46)
Durch die Lage der Kontinente wird die Wassermasse der Erde in drei Ozeane geteilt (Pazifischer, Atlantischer und Indischer Ozean). Zusammen machen sie etwa drei Viertel der Erdoberfläche aus.

Personenverkehr (S. 64)
Beinhaltet alle Verkehrsmittel, die zur Beförderung von Menschen geeignet sind. Unterschieden wird zwischen individuellen Verkehrsmitteln (Individualverkehr) und öffentlichen Verkehrsmitteln (ÖPNV).

physische Karte (S. 18)
Karte, welche die Höhen durch Farben deutlich macht. Eine physische Karte enthält meist Gebirge, Gewässer, Städte und Grenzen.

Geo-Lexikon

Planet (S. 25, 48)
Großer, kugelförmiger Himmelskörper, der sich auf einer festen Kreisbahn um eine Sonne bewegt und von ihr beschienen wird. In unserem Sonnensystem gibt es acht Planeten. Einer davon ist die Erde.

Polder (S. 191)
Auch Koog genannt. Fläche an der Küste oder am Ufer eines Flusses, die von einem Deich umgeben ist. Polder dienen als Überschwemmungsschutz. Bei Hochwasser lässt man die Polder mit Wasser volllaufen. Das Wasser kann dort versickern.

Priel (S. 189)
Wasserläufe, die das Watt durchziehen. Sie füllen sich bei Flut zuerst und sehr schnell mit Wasser und können Wattwanderern den Rückweg abschneiden.

Profil (S. 20)
Gezeichneter Querschnitt durch eine Landschaft. Mit einem Profil lässt sich zum Beispiel darstellen, wie steil ein Gelände ist.

Raum (S. 18)
Grundelement geographischer Betrachtungen.

Richterskala (S. 161)
Eine Einteilung zur Einordnung der Stärke von Erdbeben. Sie errechnet sich unter anderem aus dem stärksten Ausschlag in einem Seismogramm und der Entfernung zum Hypozentrum.

Rohstoff (S. 54, 84)
Unverarbeitetes Material aus der Natur. Durch die Weiterverarbeitung werden die Rohstoffe nutzbar gemacht. Rohstoffe, die in der Erde liegen und abgebaut werden, nennt man Bodenschätze (z. B. Erze, Kohle, Steine).

Salzwiese (S. 191)
Vor einem Deich liegendes Land, das immer wieder vom Meer überspült wird

Sander (S. 187)
Teil der glazialen Serie. Durch das Schmelzwasser der Gletscher wurden weite, ebene Flächen aus Sand aufgeschüttet. Diese Ebenen, wie zum Beispiel die Lüneburger Heide, nennt man Sander.

Satellitenbild (S. 74)
Von einem Satelliten (künstlicher Raumflugkörper) aufgenommenes Bild der Erdoberfläche. Satellitenbilder liefern zum Beispiel wichtige Informationen für die Wettervorhersage.

Sauggut (S. 118)
Fracht eines Schiffes, das mit einem riesigen Sauger abgesaugt wird, z. B. Sand oder Getreide.

Säulendiagramm (S. 81)
Diagramm, das sich insbesondere zur Darstellung von Rangfolgen oder Größenvergleichen verwenden lässt. Es besteht aus mehreren gleich breiten Säulen, die nebeneinander angeordnet sind. Die Säulenhöhe entspricht dem Zahlenwert.

Schaufelradbagger (S. 108)
Maschinen, die bis zu hundert Meter hoch sind und zum Abbau von Rohstoffen z. B. im Braunkohletagebau verwendet werden.

Schichtvulkan (S. 152)
Steiler, kegelförmiger Vulkan. Er besteht aus sich abwechselnden Asche- und Lavaschichten.

Schildvulkan (S. 152)
Flacher, schildförmiger Vulkan. Er entsteht durch das gleichmäßige und weitflächige Abfließen dünnflüssiger Lavaströme.

Schlackenkegel (S. 155)
Vulkan mit steilen Hängen. Dieser Vulkantyp hat sich aus erstarrten Lavafetzen aufgetürmt.

Schlick (S. 172)
Am Boden von Gewässern (besonders im Wattenmeer) abgelagerter feinkörniger, glitschiger und an organischen Stoffen reicher Schlamm.

Sedimentation (S. 181, 196)
Ablagerung von Lockermaterial (Verwitterungsprodukten) auf der Erdoberfläche. Wichtige Sedimentationsräume sind Täler, Gebirgsränder und Meere.

Sedimentit (S. 181)
Durch Verwitterung werden Gesteine zerkleinert (z. B. zu Sand und Ton). Dieses Material wird v. a. durch Wasser, Wind und Eis abgetragen, transportiert und als Sediment z. B. im Meer abgelagert. Durch den Druck der oberen Sedimentschichten verfestigt sich das tiefer gelegene Material zu Sedimentgestein, dem Sedimetit. Sedimentgesteine sind z. B. Sandstein und Kalkstein.

seismische Welle (S. 156)
Auch Erdbebenwelle genannt. Seismische Wellen entstehen vor allem bei der Bewegung von Erdplatten.

Seismograph (S. 161)
Gerät, mit dem Bodenerschütterungen (Erdbeben) gemessen werden können.

Seitenerosion (S. 196)
Abtragung (Erosion) von Material an der Seite von z. B. Flüssen

Sieltor (S. 190)
Öffnung im Deich, durch die das Wasser aus dem Hinterland bei Ebbe abfließen kann. Bei Flut schließt sich das Tor durch den Wasserdruck selbstständig.

Signatur (S. 14)
Zeichen in einer Karte, um zum Beispiel Städte, Flüsse oder Kirchen darzustellen. Signaturen können Flächen, Punkte oder bestimmte Symbole sein.

Smartphone (S. 29)
Mobiltelefon mit großem Bildschirm und zusätzlichen Funktionen wie GPS und Internetverbindung.

Sohlental (S. 196)
Talform mit einem breiten Talboden. Kommt oft im Mittellauf eines Fließgewässers vor. Hier verringert sich das Gefälle. Der Fluss schneidet sich deshalb nicht mehr so stark in die Tiefe. Dafür nagt er an den Ufern und untergräbt sie (Seitenerosion). Das Material stürzt in das Flussbett und wird abtransportiert.

Sonderkultur (S. 86, 98)
Nutzpflanze, die mit hohem Aufwand an Arbeitskraft und Geld meist auf kleinen Flächen angebaut wird, wie z. B. Spargel, Wein oder Erdbeeren.

Sonnensystem (S. 48)
Umfasst alle Himmelskörper, die sich um eine Sonne bewegen. Unser Sonnensystem besteht aus unserer Sonne, den acht Planeten sowie deren Monden.

Stadtrecht (S. 55)
Ist das Recht einer Siedlung, den Titel Stadt zu tragen. Mit diesem Titel sind Rechte und Pflichten verbunden. Das Stadtrecht war wirtschaftlich und politisch vor allem im Mittelalter von Bedeutung.

Stadtviertel (S. 58)
Teil einer Stadt mit einer Hauptfunktion, wie zum Beispiel Wohnen (Wohnviertel), Bildung (z. B. Uniertel), Arbeiten (Industrieviertel) oder Einkaufen (Geschäftsviertel).

Statistik (S. 69)
Methode, mit der Informationen in Form von Zahlen gesammelt und geordnet werden.

Steilküste (S. 187)
Küstenform, die durch einen steilen Anstieg des Landes aus dem Meer gekennzeichnet ist. Gegenteil: Flachküste.

Stoßquelle (S. 155)
Rhythmisch sprudelnde Wasserfontäne.

Sturmflut (S. 190, 192)
Ungewöhnlich hohes Ansteigen der Flut an der Küste aufgrund eines Sturms mit hohen Windgeschwindigkeiten.

Subduktionszone (S. 159)
Raum, in dem eine Kontinentplatte unter eine andere abtaucht. In diesem Bereich gibt es häufig Erdbeben und viele Vulkane. Auch Faltengebirge sind häufig vorhanden.

Südhalbkugel (S. 46)
Erdteil, der sich südlich des Äquators befindet.

Südpol (S. 27)
Südlichster Punkt der Erde. Von hier aus führen alle Wege nach Norden.

Talsperre (S. 200)
Anlage an Gewässern (vor allem Flüssen), die aus einem Staudamm, dem dahinter aufgestauten See und meistens einem Kraftwerk besteht.

Technisches Hilfswerk (S. 199)
Organisation der Bundesrepublik Deutschland, die bei Katastrophen wie Hochwasser an Flüssen den Menschen hilft.

thematische Karte (S. 18)
Dieser Kartentyp behandelt immer ein spezielles Thema. Nahezu alles, was räumlich verbreitet ist, lässt sich so darstellen. So gibt es z. B. thematische Wirtschaftskarten.

Tidenhub (S. 189)
Höhenunterschied des Meeresspiegels zwischen Ebbe und Flut.

Tiefenerosion (S. 196)
Abtragung (Erosion) von Material in die Tiefe (z. B. in Flüssen).

Tiefengestein (S. 181)
Magmatit, der durch Erstarren von Magma in der Erdkruste gebildet wurde. Das Tiefengestein weist im Gegensatz zum Vulkangestein große Kristalle auf. Das liegt daran, dass das Gestein sehr langsam abkühlte.

Tiefland (S. 36, 40)
Bezeichnung für eine Landschaft mit Höhen unter 200 m über dem Meeresspiegel.

Tiefseerinne (S. 159)
Zone im Ozean mit einer Wassertiefe bis etwa 11 km. Tiefseerinnen befinden sich an Subduktionszonen.

topographische Karte (S. 18)
Karte, die neben der Geländeform auch Verkehrswege wie Straßen und Eisenbahnlinien sowie Siedlungen, Gewässer und die Bodenbedeckung anzeigt. Die unterschiedlichen Höhenlagen werden durch Höhenlinien verdeutlicht.

Tourismus (S. 134)
Reisen im In- und Ausland, um Urlaub zu machen oder aus beruflichen Gründen. Dabei muss mindestens einmal übernachtet werden. Der Tourismus kann verschiedene Formen haben, wie z. B. Massentourismus.

Geo-Lexikon

Transformstörung (S. 158)
Hier gleiten zwei Kontinentplatten seitlich aneinander vorbei. Dabei verhaken sie sich und es entstehen Spannungen, die schließlich in Erdbeben abgebaut werden.

Trockental (S. 173)
Trockentäler gibt es in der Schwäbischen Alb. Diese entstanden im Kalkstein durch Flüsse, die heute oft unterirdisch fließen.

Tsunami (S. 166)
Von einem Epizentrum ausgehende Meereswelle. Sie baut sich im Flachwasser der Küsten zu einem hohen Wasserberg auf. Die Welle hat große Zerstörungskraft. Ein Tsunami wird meist, aber nicht immer, durch ein heftiges Erdbeben ausgelöst.

Umland (S. 60)
Unscharf abgegrenzter Raum um eine Stadt. Das Umland ist durch viele Verflechtungen (z. B. Einkaufen) mit der Stadt verbunden.

Unterlauf (S. 196)
Der unterste/letzte Abschnitt eines Flusses.

Urlaub (S. 130)
Zeitraum, in dem gesunde (aber kranke können auch Urlaub haben) Menschen ihrem Arbeitsplatz zur Erholung mit Erlaubnis fernbleiben.

Urstromtal (S. 187)
Teil der glazialen Serie. Es handelt sich um breite und flache Täler vor den Gletschern der Eiszeit. In ihnen sammelten sich die gewaltigen Schmelzwassermengen der Gletscher. Noch heute fließen in den breiten Tälern Flüsse, wie z. B. die Elbe.

Verdichtungsraum (S. 106, 124)
Wir auch als Ballungsraum bezeichnet. Gebiet, in dem viele Menschen wohnen. Hier liegen Wohnhäuser, Industrie- und Dienstleistungsbetriebe, aber auch Verkehrswege dicht beieinander.

Veredelung (S. 104)
Hier: Weiterverwertung pflanzlicher Produkte. Mais ist z. B. das pflanzliche Produkt. Wenn dieser an Kühe verfüttert wird und diese dann geschlachtet werden, ist Fleisch das veredelte Produkt.

Verkehrsknotenpunkt (S. 126)
Kreuzungspunkt wichtiger Straßen, Schienen-, Wasserwege oder Flugrouten. Z. B. Internationaler Flughafen (Fraport, Berlin BER), Hafen (Hamburger Hafen).

Verkehrszentrum (S. 72)
Ort, an dem mehrere wichtige Verkehrswege aufeinandertreffen

Verwaltungseinheit (S. 38)
Gebiete, die von einer Stelle (z. B. Stadt) aus verwaltet werden (z. B. Land, Bundesland, Stadt)

Verwitterung (S. 175, 178)
Umwandlung oder Zerstörung von Gesteinen durch äußere Einflüsse wie Temperatur, Wind und Wasser

Vollerwerbsbetrieb (S. 104)
landwirtschaftlicher Betrieb, bei dem der Bauer oder die Bäuerin ausschließlich auf dem Hof arbeitet und keinen zweiten Beruf ausübt

Vulkan (S. 152, 154)
meist ein Berg, an dem Lava oder vulkanisches Material aus dem Erdinneren an die Erdoberfläche tritt oder füher getreten ist

Vulkangestein (S. 181)
Magmatit, der durch vulkanische Tätigkeit entstanden ist. Dabei erstarrt das Magma nahe der Erdoberfläche. Vulkangesteine weisen im Gegensatz zu Tiefengesteinen kleine Kristalle auf, da die Kristallisation sehr rasch ablief.

Warft/Wurt (S. 190)
Künstlich aufgeschüttete Erdhügel, auf denen teilweise Häuser an den Küsten im Meer stehen. Sie sollen u. a. die Häuser vor Überflutung schützen.

Watt (S. 30, 138, 188)
Meeresboden aus Sand und Schlick, der während der Gezeiten trockenfällt und wieder überspült wird.

Werksverbund (S. 116)
Herstellungsprozess, bei dem verschiedene Firmen an der Herstellung eines Produktes arbeiten.

Windrose (S. 12)
Bestandteil eines Kompasses. In einer Windrose sind die Himmelsrichtungen mit ihren Abkürzungen eingetragen.

Wirtschaftsraum (S. 106)
Raum, in dem es besonders viele Unternehmen aus dem Industrie- und Dienstleistungsbereich gibt

Wirtschaftssektor (S. 84)
Auch Wirtschaftsbereich genannt. Darunter versteht man die Aufteilung der gesamten Wirtschaft in die Bereiche Landwirtschaft (primärer Sektor), Industrie (sekundärer Sektor) und Dienstleistung (tertiärer Sektor).

Zehrgebiet (S. 185)
Unterer Teil des Gletschers, in dem dieser abschmilzt.

Zulieferbetrieb (S. 109, 114)
Betrieb, der bestimmte Einzelteile und Zubehör (z.B. für Autos) herstellt und an ein Werk liefert. Das Montagewerk baut dann das fertige Endprodukt (also z.B. das Auto) zusammen

Niedersachsen – physische Karte

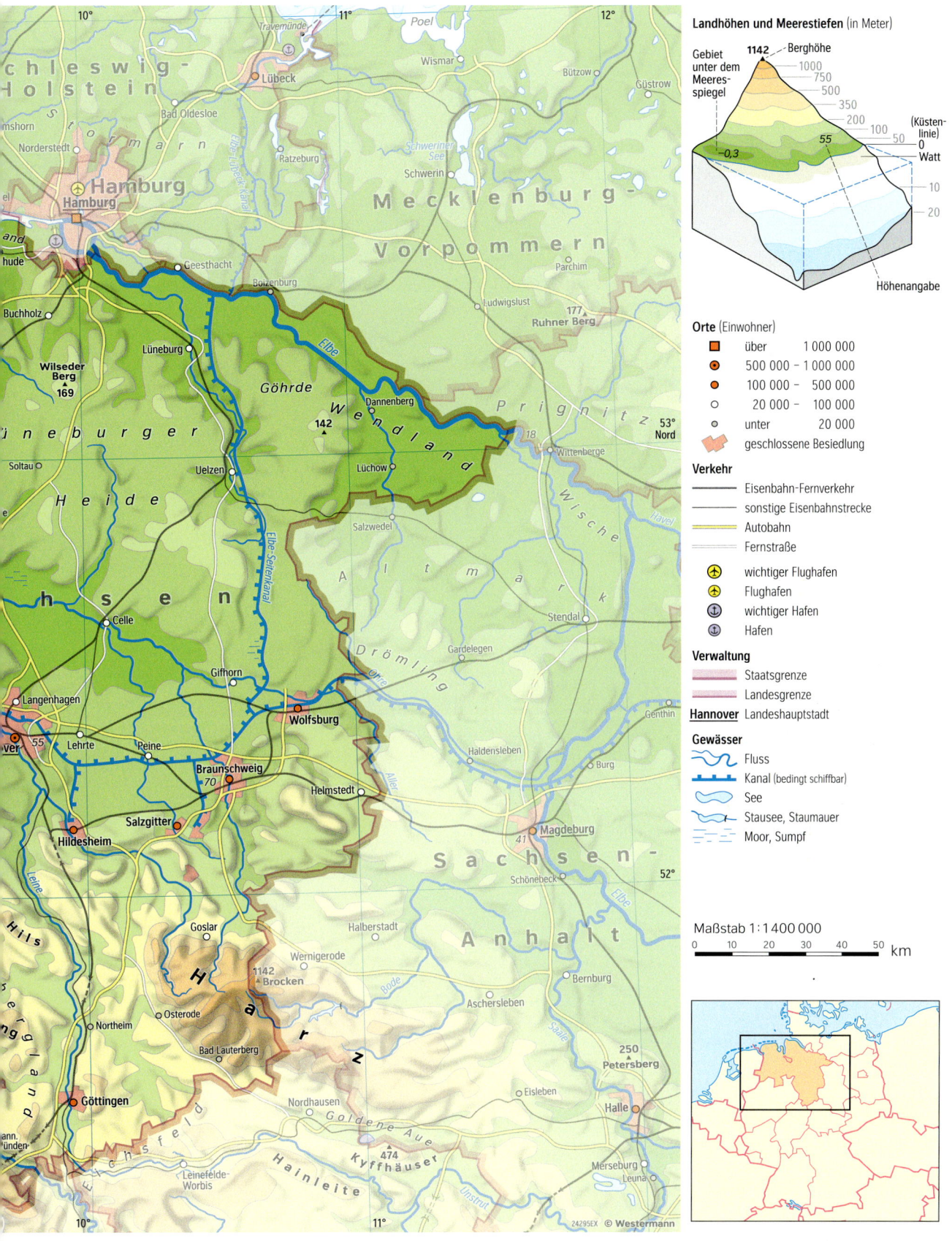

Niedersachsen – physische Karte

Deutschland – physische Karte

Bildquellenverzeichnis

|123RF.com, Hong Kong: 167.1; copit 186.1, 195.3; Stanev, Nickolay 159.1; Vaiyaboon, Wacharachat 173.2. |ADFC Braunschweig, Braunschweig: Joermann, Gerhard 67.1. |AkA-Handeloh e.V., Handeloh: 49.3. |akg-images GmbH, Berlin: arkivi 148.1. |Akkermann, Matthias, Neustadt am Rübenberge: 17.1, 17.2, 17.3, 17.4, 62.1. |Alamy Stock Photo, Abingdon/Oxfordshire: Arco Images GmbH 191.3; Barylski, Szymon 164.1; Bocek, Eva 184.2; Buriak, Iurii 15.1; Heinz, Frank 33.1; Khrobostov, Andrey 3.3, 53.1; Kuttig - Travel 3.2, 52.1; Nadalin, Franco 88.1; Top-Pics TBK 185.2; World History Archive 47.2. |Alamy Stock Photo (RMB), Abingdon/Oxfordshire: Blossey, Hans 36.1; HERRAEZ, DAVID 25.2; Image Source - Hola 178.1; imageBROKER 122.1, 173.4, 194.3; Kuttig - Travel 36.4; MA8 133.2; Moller, Sibylle A. 133.4; NASA Photo 46.2; Neukirchen, Florian 154.3; Onkel66 93.2; Quist, Niels 148.2; sandy young 90.2; Schleif, Alex 133.6. |Astrofoto, Sörth: 48.1, 50.1, 51.2; ESA 46.1; Numazawa 49.2. |Berghahn, Matthias, Bielefeld: 45.1, 45.2, 45.3, 45.4, 45.5. |bildarchiv-hamburg.com, Ludwigslust: 119.3. |Blinde Kuh e.V. / www.blinde-kuh.de, Hamburg: 147.1, |BS|ENERGY / Braunschweiger Versorgungs-AG & Co. KG, Braunschweig: 67.2. |Bundesministerium für Ernährung und Landwirtschaft (BMEL), Bonn: 94.3. |c:geo: c:geo team / c:geo - Geocaching für Android 29.1. |Common Wadden Sea Secretariat, Wilhelmshaven: 139.4. |Dietz, Joachim, Böllenborn: 226.1, 226.2. |dreamstime.com, Brentwood: Photographieundmehr 172.2. |euroluftbild.de, Berlin: Okertalsperre, Okerstausee, Harz, Luftbild 200.1. |Feltgen, Markus, Braunschweig: 59.4. |fotolia.com, New York: Arochau 83.1; ArTo 72.2; artpost 77.2; by-studio 95.1; countrypixel 92.1; emuck 98.3; eyeami 99.1; fotozick 110.1; ingusk 40.1; ingwio 186.2; jonasginter 110.3; kameraauge 77.1; Kydroon 180.4; Langer, Markus 103.2; Leonid Tit 203.4; lofik 128.4; Mainka, Markus 42.3; monropic 203.2; moonrun 44.1; Pat on stock 40.2; reinhard sester 162.1; Schlierner 125.1; Schubbel, Carola 188.3; Sergey 40.4; Wilkens, Michael 128.5. |Franzsee Initiative e.V., Neustadt am Rübenberge: 63.4. |Fraport AG, Frankfurt/Main: 128.3. |Getty Images, München: 2020 Bloomberg Finance LP 115.1. |Google Earth: 74.2, 74.3, 74.4, 74.5, 74.6, 74.7, 74.8, 74.9, 75.1, 75.2, 75.3. |Google Maps: 63.2. |Güttler, Peter - Freier Redaktions-Dienst, Berlin: 37.1, 37.2, 193.1. |Güttler, Peter - Freier Redaktions-Dienst (GEO), Berlin: 51.1, 78.2, 124.1, 134.2, 139.3, 163.2, 184.1, 195.5, 200.2. |Haasenhof GbR, Neustadt/Mandelsloh: 63.3. |Hägele, Michael, Münsingen: aus: Praxis Geographie 5/2008, Seite 34 173.3. |Imago, Berlin: blickwinkel 95.3; Döring, Olaf 98.2; Eibner 154.2; imageBROKER/Martin Siepmann via 36.3; Ohde, Christian 87.4; Wagner, Martin 83.3; Zeitz, Stefan 76.1. |Interfoto, München: Bäck, Christian 136.2. |iStockphoto.com, Calgary: AarStudio 43.1; ae-photos 31.1; ailanlee 138.2; alessandro0770 81.3; Alexandrite 136.1; alexey_boldin 25.3; amriphoto 130.3; andrewashtree 205.2; Annimei 81.1; AscentXmedia 185.3; Azulillo 80.2; BasieB 123.2; benlankamp 187.3; bibi57 98.5; Brueggemann, Bernd 196.3; bukethun 76.3; canaran 121.2; Digital Vision 18.1; dolgachov 68.1; Dynamoland 130.2; Eivaisla 87.2; Eureka_89 28.2; eyewave 188.2; FangXiaNuo 141.1; fotografixx 96.1; fotoVoyager 127.1; funky-data 73.1; gbh007 130.1; geogif 30.1, 36.2; hepatus 182.1; Highwaystarz-Photography 29.2; hsvrs 176.1; J-Elgaard 42.4; jacoblund 145.3; jaroon 42.2; Juanmonino 64.2; Karagyozova, Stanislava 155.2; Karagyozova, Stanislava/sumos 155.1; Kemter 124.2; kilhan 145.2; KoA383 170.1; Küverling, Heiko 66.3; Lantzendorffer, Olivier 120.1; LorenzoT81 28.1; Luhrenberg, Michael 39.3; Maica 66.2; MarcPo 152.1; marlenka 40.6; Masnovo, Alberto 143.2; maxphotography 180.6; MichaelUtech 134.1; Minerva Studio 92.2; Nackel, Ilari 58.1; Nikada 72.3; ODrachenko 144.2; PierreOlivierClementMantion 25.5; pixinoo 86.3; Portra 191.2; querbeet 64.1, 83.2; ra-photos 29.3; RelaxFoto.de 30.4; ricul 76.2; Rohulya, Olha 187.6; rusm 174.1; Sack, Juergen 137.2; saiko3p 78.1, 106.1; sakai000 168.2; SolStock 3.1, 8.1; southerlycourse 143.1; sumos 155.3; tirc83 29.4; TomasSereda 140.1; typo-graphics 187.4; umdash9 197.3; van der Haven, Meindert 203.3; vbanh 175.1; venemama 66.1; venturecx 87.3; viktorkunz 137.1; vora 145.1; wakila 144.1; Wavebreakmedia 42.1, 93.3; Zolotov, Vladislav 81.2. |Jägersküpper, Dr. Klaus H., Essen: 226.3. |Karto-Grafik Heidolph, Dachau: 12.1, 12.2, 13.2, 17.5, 22.1, 24.1, 24.2, 25.1, 27.3, 41.1, 50.2, 58.2, 90.4, 93.1, 93.5, 94.4, 96.7, 104.1, 109.1, 111.2, 128.1, 128.2, 139.2, 153.2, 163.1, 163.3, 167.2, 169.1, 178.4, 181.1, 183.1, 187.1, 187.2, 188.4, 190.1, 191.4, 191.5, 195.1, 195.2, 197.5, 201.1, 202.3, 203.5; Heidolph, Kottgeisering 184.3. |Koba, Yuko, Weimar: 168.1. |Krischmann, Jochen, Schorndorf: 172.1. |Lohmann, Alexander Maria, Obergurgl: 142.1, 142.2. |mauritius images GmbH, Mittenwald: age 125.2. |Memenga, Ina, Aurich: 65.1, 68.2. |Meyer + Borcherding - Ingenieurbüro für Bauwesen, Nienburg: mit freundlicher Genehmigung des Gymnasiums Stolzenau 11.1, 11.2, 11.3. |Mithoff, Stephanie, Ahorn: 27.1, 27.2, 28.3, 28.4, 28.5, 28.6, 28.7, 28.8, 72.1, 82.1, 177.1, 185.4. |Müller, Stefan, Hameln: 34.1, 34.2, 35.1, 35.2, 179.1, 179.2, 179.3, 179.4. |NASA, Washington: Ames/JPL-Caltech 49.1. |NASA - Earth Observatory: by Jesse Allen, using U.S. Geological Survey data/ Landsat-8 image courtesy of the U.S. Geological Survey 198.2, 199.3. |Niedersächsische Spargelstraße e.V./Geschäftsstelle der Stadt Burgdorf, Burgdorf: 99.2. |NLWKN Niedersächsischer Landesbetrieb für Wasserwirtschaft, Küsten- und Naturschutz, Norden: Lippe 193.2. |Oeder, Anja, Forst: 14.1. |OKAPIA KG - Michael Grzimek & Co., Frankfurt/M.: imagebroker/Kreder, Katja 178.3. |PantherMedia GmbH (panthermedia.net), München: MoWe 32.1. |photohaus.de, Hamburg: Bernd Nasner 119.4. |Picture-Alliance GmbH, Frankfurt a.M.: Aranka Szabo 199.1; dpa-Zentralbild/Jan Woitas 198.1; dpa-Zentralbild/Pleul, Patrick 199.2; dpa-Zentralbild/Willnow, Sebastian 108.1; dpa/Aflo / Mainichi Newspaper 166.1; dpa/Axel Heimken 205.1; dpa/dpaweb/Grubitzsch, Waltraud 109.2; dpa/epa Sawaguchi 169.2; dpa/Heidtmann, Lothar 192.1; dpa/Hollemann, Holger 98.1; dpa/Jensen, Rainer 139.1; dpa/Roessler, Boris 5.2, 151.1; dpa/Rumpenhorst, Frank 125.3; dpa/Seeger, Patrick 61.1; dpa/Taga, Morio 166.2; dpa/von Jutrczenka, Bernd 39.4; dpa/Weißbrod, Bernd 122.2; dpa/Woitas, Jan 108.3; DPP/media/Homrich, Newman 26.1; imageBROKER/Michalke, Norbert 73.2; imageBROKER/Werth, Andreas 178.2; MP/Leemage 158.1; REUTERS/Rietschel, Matthias 113.2; SZ Photo / Schicke, Jens 39.2; Wildlife 189.1; ZB/euroluftbild.de/Grahn, Robert 118.1; ZB/Knauth, Lutz 108.2; ZUMAPRESS.com/Kamibayashi, Kevan 153.1. |Schmidt, Marianne, Teningen: 101.1, 102.2, 103.1, 152.2, 162.2, 162.3. |Schobel, Ingrid, Hannover: 197.1. |Schönauer-Kornek, Sabine, Wolfenbüttel: 60.1, 138.1, 173.1. |Schwarzstein, Yaroslav, Hannover: 20.1, 54.2, 55.1, 92.3, 96.3, 107.3, 107.4, 107.5, 107.6, 144.3, 161.1, 161.2, 161.3, 202.2. |Science Photo Library, München: NOAA NGDC/NASA EARTH OBSERVATORY 107.2; SPL/Edmaier, Bernhard 159.3; Van Ravenswaay, Detlev 25.4. |Shutterstock.com, New York: Alex-505 172.3; AliveGK 185.1; Cetin, Mehmet 40.5; Dimitrov, Strahil 197.2; Durante, Annalisa e Marina 202.1, 204.2; Gertson, Matt 107.1; Gorodenkoff 84.3, 84.4; Havelaar, Anton 90.3; jazzmxx 77.3; junrong 110.4; Kletr 203.1; Kotikov, Alexey 40.3; Kulikov, Vadim 113.1; Labouyrie, Jerome 80.1; Liu, Jiaye 59.3; myschka79 59.2; Pecold 196.2; ricok Titel; Rohde, Gabriele 188.1; Schulz, Olaf 119.1; Stroujko, Boris 74.1; Venema, Marc 59.1; VGstockstudio 93.4; Vixit 47.1. |stock.adobe.com, Dublin: 2tun 197.4; amadeustx 180.5; Anatolii 96.5; Andreas P 20.2; areporter 56.3; Aufwind-Luftbilder 194.1; aufwind-luftbilder 194.2; auremar 95.2; Berlin85 73.3; bina01 174.2; Blue Planet Studio 121.1; Boyes, Tyler 180.1; Comofoto 115.2; contrastwerkstatt 123.1; Countrypixel 90.1, 100.1; djama 31.4; DmytroKos 84.2; DOC RABE Media 86.4; Dreger, Thomas 31.2; ehrenberg-bilder 125.4; Engel73 56.1; eugenesergeev 119.2; eyewave 187.5; Florence 160.1; focus finder 163.4; Fotolyse 133.5; fototrm12 196.1, 203.6; goce risteski 114.3; greenpapillon 30.2; Grellmann, Tilo 195.6; Harald 145.4; hykoe 115.3; Ihlenfeld, Wilm 13.1; Jargstorff, Wolfgang 86.5; Jimenez, Luis Carlos 96.4; joel 159.2; juefraphoto 86.1; Kobben, Jean 132.1; Ködder, Rico 195.4; Kosmider, Patryk 76.4; Kramin, Vladimir 129.1; Kruse, Udo 56.5; ksena32 96.6; Kuvaiev, Denys 80.3; lastfurianec 114.1; maho 54.1; Marla 86.2; Melanie Titel; michal812 180.7; MicroOne 70.1; mojolo 56.2; Nardelli, Antonio 160.2; Nataliya Hora 112.2; niteenrk 111.4; ON-Photography 56.6; Oskar 204.1; oxie99 191.1; Pablo 5.1, 150.1; papii 180.2; Pict, Brad 170.2; Reinartz, Petra 87.1; Richardt, Dagmar 133.3; Rido 84.1; Rochau, Alexander 132.2, 133.7; Rudyi, Denys 111.1, 112.1, 114.2; Saimanfoto 138.3; SanGero 154.1; Schmidt, Irina 10.1; Schwier, Christian 105.1; SD Fotografie 39.1; Sinuswelle 106.2; SiRo 155.5; Smokovski, Ljupco 114.4; sp4764 56.4; Spörr, Alexander 98.4; spuno 133.1; Stefan 30.3; stockddvideo 112.3; stylefoto24 138.4; T.Sander 58.3; Tieck, Michael 180.3; Tobias Arhelger 126.1; Topf, Martina 31.3; uwimages 110.2; Wolter, Bernd 94.2; yingthun 96.2; Zhao jiankang 111.3. |UWG Neustadt a. Rbge. e.V., Neustadt a. Rbge.: 63.1. |Verkehrsgesellschaft Frankfurt am Main mbH, Frankfurt/M.: 83.4. |Volkswagen Sachsen GmbH, Zwickau: 113.3. |Vulkan Brauerei in Mendig, Mendig: 155.4. |Werb, Irmgard, Freiburg: 171.1. |Westmeier, Holger, Herford: 102.1, 104.2. |© European Union: © European Union, 2019 94.1.